一本讀懂中國史

鄭連根┄┄┄┄┄┄┄著

歷史觀也需要不斷升級

（香港版序）

我們不妨先從 App 說起。現今，我們每個人的手機上都會下載幾款 App。可我不知大家發現沒有，這些 App 經常會要求我們對它進行升級，甚至沒有任何一款 App 敢說，這就是我的終極版，再也不會升級了。

那麼，接下來的一個問題是：我們手機上的 App 需要不斷升級，那我們頭腦中的知識體系、思想觀念和認知模式等是不是也需要不斷升級呢？顯然需要。孔子說：「學而時習之，不亦說（悅）乎？」說的就是，保持學習的姿態，是獲得人生快樂的正確途徑。換言之，學習的人生才是快樂的人生。學習，不就是讓自己的頭腦（包括知識體系、思想觀念、思維模式等）不斷升級的過程嗎？事實上，保持學習的姿態，始終是我們提倡的正確人生姿態，只不過，在這個互聯網＋的時代，保持這種姿態尤其重要。幾百年前，很多人掌握了一門祖傳的手藝之後就不用再學習了，

他們靠著這門手藝就足以生活得不錯；幾十年前，很多人只要進了一個好單位，似乎也可以穩穩當當地過完一生。上述兩種情況在今天雖然還有少量存在，但顯然已經是落伍於時代了。可以預期，未來人們普遍的生存模式絕不會再是「工匠型」，而應該是 App 型的，即要始終保持學習的狀態，適時地提升自己的知識體系、思想觀念和思維模式。誰善於學習，誰長於認知升級，誰在這個急速變動的時代中勝出的幾率就大。

App 就是這個時代的一個巨大的隱喻，它在某種意義上揭示了當今時代的一個最重大的特點：沒有完成時，只有進行時。身處這個時代的人們，只有不斷升級自己的知識體系、思想觀念和思維模式，才能跟上時代的步伐。換言之，認知升級在未來的重要意義如何評估都不過分。

回過頭來說歷史和我寫的這本歷史書。說到歷史，很多人會本能地想到：歷史不就是過去發生的那些事嗎？這與認知升級有什麼關係？我的回答是：首先，一個人的歷史觀是他認知體系中的一個重要組成部分；其次，歷史是一門內容豐富、層次複雜、包羅萬象的學問；其三，歷史觀也是需要不斷升級的。

歷史不僅要告訴人們過去發生過哪些事，而且還

要對這些事情為何發生做出解釋；它不僅要告訴人們這個歷史事件與那個歷史事件之間的關係，而且還要對歷史事件和歷史人物做出恰當的評判；它不僅要幫人們釐清歷史的發展脈絡，而且還要啟發人們思考歷史規律和歷史大勢；甚至，歷史研究的關注點不僅僅是過往，還要涵蓋當下與未來。歷史研究不是一成不變的，而是不斷發展、不斷進步的，在某種程度上，它也像我們手機上的 App 一樣，需要經常升級，以修補漏洞。這麼說並不意味著歷史真的「就像任人打扮的小姑娘」（胡適語），而是意味著：即便面對完全相同的歷史事實，不同時代的人關注這段歷史時也完全可能得出不同的結論；即便是同一個時代的人，因為研究歷史的角度、思路、方法不同，他們對歷史的解釋與判斷也會彼此迥異。這就如同面對著同一座山，不同的攝影者會拍攝出不同的照片一樣，是一種完全正常的現象。正因如此，我們在閱讀歷史的過程中，不僅僅要了解歷史真相，而且還要關注著史者對歷史事件和歷史人物的解釋，以及他的思想觀念和價值取向。換句話說，讀史不但要「求真」，而且還要「求智」「求善」「求美」。

　　放在您面前的這本《一本讀懂中國史》，某種程度上就是我開發出的一款歷史 App。我力圖超越善

惡、忠奸的二元對立思維，超越成王敗寇的功利主義敘事，超越廉價的輝煌與憤怒的悲情，以一種全新的視角，借鑒多學科的最新研究成果，通盤審視中華文明的全部歷史。對於社會組織形態之升級、王朝之興衰、族群之凝聚與拓展，文化形態之生發與吸納，乃至民族精神之遞進與轉折，我在這本書中給予了特別的關注，並盡量以一種從容的敘事語調和現代化的闡釋方式呈現出來。

中國歷史悠久，歷史資源豐富，歷史典籍浩如煙海。這一點任何人都不能否認，可是，歷史悠久和歷史文獻的豐富並不能天然地讓今人具備正確的史識與史觀。今人要想對歷史有正確的認知，並在新的時代背景下激活歷史資源、汲取歷史智慧，這並不是一件容易的事情。長期以來，我一直讀史、寫史。在這個過程中，我越來越強烈地萌生了一個念頭：寫一本簡明而又適合現代人閱讀的中國通史，以便讓人在節約時間成本的情況下，能從整體上把握住中國歷史發展的大脈絡以及不同歷史時段的主要特徵，從而幫助人們建立起一種比較正確的歷史大局觀。

應該說，寫這樣一本書，對我來說既是誘惑，又是挑戰。結果，我沒能經得住誘惑，剩下的就只能是接受挑戰了。為了完成這本書，我動用了自己二十多

年來的讀史積累。對於前人的歷史研究成果，我反覆比對，斟酌取捨。準備工作完成之後，我開始動筆寫作。我盡量排除干擾，專心而又持續地寫作。我刻意讓自己的生活很有規律，以保證每天都有足夠的精力和時間用於寫作。如我所願，這本書的寫作節奏幾乎沒有被打斷過，幾個月之後，我寫完了這本書。

我希望自己寫出的是一本觀點中正、理性平和的中國通史。在寫作這本書的過程中，除了追求大家熟知的「真、善、美」之外，我還想在歷史寫作中加入「智性」追求，也就是要在寫歷史的過程中體現出理智和智慧，體現出我們身處新時代的新思考。如果再具體地說，就是在寫作的過程中盡量貫徹「三多」原則：多學科滲透的廣度；多層次審視的角度；多維度思考的深度。我的期許是，讀完這本書，讀者能對中國歷史有一個整體上的清晰把握，且能於字裏行間獲得一些驚喜：原來歷史還有這一面，或者，歷史還可以這樣解讀。

需要說明的是，我的《一本讀懂中國史》最早於2017 年在中國大陸齊魯書社出版，書名為《極簡中國史》。感謝讀者的厚愛，這本書獲得 2017 年全國優秀古籍圖書普及獎，隨後，版權輸出了英、俄、哈薩克等語種。現在，三聯書店（香港）有限公司即將出版

這本書的繁體字版。三聯書店（香港）有限公司是一家歷史悠久、聲名卓著的出版機構，我的書能在這樣一家出版機構出版，我由衷地感到高興。同時，我也希望香港的讀者朋友能喜歡這本書。

鄭連根

2020 年 1 月 15 日

目　錄

歷史觀也需要不斷升級（香港版序）

第一輯　從原始部落到邦國

兩條大河與六個文化區　/　003

黃土和黃帝　/　012

從大禹治水到商湯革命　/　021

從文王拘羑里到武王伐紂　/　032

西周王朝的衰落　/　041

春秋霸業與尊王攘夷　/　050

戰國：軍事對抗的時代　/　060

諸子百家：從神到人的文化覺醒　/　070

第二輯　帝國第一期 —— 秦漢

秦朝：中國歷史上的第一個帝國　/　087

西漢如何繼承「始皇帝的遺產」　/　097

漢武帝時代　/　109

後漢武帝時代　/　119

王莽改制與東漢盛衰　/　127

三國兩晉南北朝：戰亂與民族大融合的時代　/　138

第三輯　帝國第二期 —— 隋唐

隋朝：再造統一帝國　/　151

從建立大唐到貞觀之治　/　162

女皇時代　/　175

開元盛世　/　191

盛世中的危機　/　203

晚唐悲風　/　215

第四輯　帝國第三期 —— 宋元

五代十國：唐宋之間的混亂時代　/　227

從陳橋兵變到《澶淵之盟》　/　237

宋朝的變法　/　248

偏安的南宋　/　261

元帝國的興衰　/　270

第五輯　從帝國到共和 —— 明清民國

「雄猜之主」朱元璋　/　281

從靖難之役到土木堡之變　/　291

明亡清興　/　303

清朝前期的統治　/　312

清朝的衰落　/　321

民國風雲　/　334

第一輯

從原始部落到邦國

兩條大河與六個文化區

　　歷史離不開故事，故事又離不開人，和人活動的空間。

　　我們講中華簡史，當然離不開中國人和中國的地理。

　　在漫長的歷史演進中，形形色色的中國人是演員，而中國的疆域便是舞台。但我們必須清楚的是，兩者都是不斷變動的，也就是說，在中國歷史的這幕大戲中，不但演員不斷更換，而且舞台也時大時小，演出的內容更是常演常新。

　　先談舞台。以歷史的視角來考察中國地理，我們所稱的「中國」不是一個邊界清晰的國家疆域，而是指在不斷變動中孕育出中國核心文化的那片大致的自然地理空間。這片地理空間雖是一個彈性的存在，但我們可以確定它大致的範圍。這個範圍便是亞洲東部的一片廣大區域：北到蒙古大漠，南至大海，西到青藏高原的喜馬拉雅山脈，東到太平洋。

　　整體上看，中國的地理空間呈現一定程度上的封閉性，東面和南面為大海所限，西面和北面則有高山阻隔。在這片廣闊的區域內，地形地貌十分多樣，有平原有草原，有沙漠有山脈，有湖泊有島嶼，有盆地

有丘陵。與多樣的地理環境相配合，中華文化也是一種多元文化的集合體。多元文化的形成，最初與中華先民在各地的生活方式不同密切相關。比如，在橫跨中國北方的蒙古高原地區，那裏的先民以放牧為生，他們逐水草而居，一年之內就遷徙多次，他們創造了遊牧文化。黃土平原上的先民則以耕種農作物為生，他們吃苦耐勞、安土重遷，他們創造了農耕文化。在東南沿海地區，則生活著漁民，他們靠出海捕魚為生，他們創造了海洋文化。這些不同類型的文化最後都匯入到了一條文明的大河之中，這條大河就叫作「中華文明」。所以，我們一定要知道，中華文明自古以來就是多元共存、譜系豐富的。

當然，「羅馬不是一天建成的」，中國的疆域不是一開始就這麼遼闊的，中國文化也不是從一開始就這麼博大精深的。疆域的拓展和文化的生發是在漫長的歷史中逐步形成的，這兩點我們在後面會詳細談到。

接下來，我們遇到的問題是：最初的中國人來自何方？

關於人類的起源，有很多假說。其中，「現代人類非洲起源假說」是現代學者最認可的說法。根據這個假說，古代人類大約在二十萬年前就在非洲出現了。到五六萬年前，古代人類進入到亞洲。他們沿著

不同的路綫遷徙而來：一支經印度洋，從南路進入太平洋的東亞沿海；一支穿過東南亞進入中國西南，然後向北、向東擴散；還有一支經過中東，進入亞洲北部地帶。

最初，人類完全靠採集植物的果實和種子為生，所以他們一定要居住在水草豐茂的河流周圍。這樣，黃河流域和長江流域就成了中國的先民們最早聚居的生活場所。到了距今一萬年左右，北方黃河流域的人們學會了馴養黃牛、圍獵和捕撈，生產食物的方式開始變得多元化。這標誌著人類已從被動的食物採擷者向主動的食物生產者的轉變。這是一次了不起的進步。

距今七八千年前，人們在太行山東側至渤海平原一帶種植了粟（小米），這是中國人最早的農業活動。隨後，小米的種植迅速擴散，一直傳到今天的日本。與此同時，在南方的長江流域，人們也開始耕種水稻。浙江地區的河姆渡文化遺址顯示，當時的人們已經學會鑿井、造船，他們還知道如何充分利用河水灌溉水稻。這樣，農耕文明分別在黃河流域和長江流域發展了起來。根據袁行霈、嚴文明主編的《中華文明史》的說法，到了新石器時期，中華文明已經在黃河流域和長江流域形成了六大文化區，即：今天內蒙古東部、遼西、河北一帶的燕遼文化區，今天甘肅、青

海一帶的甘青文化區，今天山東一帶的山東文化區，今天河南、山西一帶的中原文化區，今天江蘇、浙江一帶的江浙文化區，今天長江中游一帶的長江中游文化區。這六大文化區均有著名的考古文化為之佐證，比如燕遼文化區考古發現了紅山文化和富河文化，山東文化區考古發現了北辛—大汶口—龍山文化，中原文化區考古發現了仰韶文化，甘青文化區考古發現了半坡文化，江浙文化區考古發現了馬家浜文化、良渚文化和河姆渡文化，長江中游文化區考古發現了屈家嶺文化。

更有意思的是，以上六大文化圈之間還彼此交流、相互影響。中原地區的仰韶文化、山東地區的北辛—大汶口—龍山文化與長江中游的屈家嶺文化彼此相鄰，自是不斷交流、相互學習。北方的紅山文化在四千多年前也經過張家口的草原通道，進入到了山西的汾河谷地，與關中的仰韶文化相匯合。六大文化區的各自發展及相互聚合，形成了巨大的發展能量，最終促成了中國歷史上著名的夏、商、周「三代」文明。

新石器時期的中國先民怎樣生活？

學歷史的人都知道北京人、元謀人、藍田人，他們是古代猿人，生活在漫長的舊石器時期。所謂舊石器就是指打製石器，基本類型只有砍砸器、刮削器、尖狀器等幾種。那時的猿人剛剛學會直立行走和使用火，利用石頭製造工具的技能還比較低。

到了新石器時期，人類社會從 1.0 版本升級到了 2.0 版本。這次升級的幅度相當大，「現代人類」不但學會了使用磨製石器（即新石器），而且還掌握了耕種技術，開始種植小米和水稻，自己生產糧食。

隨著生產技術的發展，人類的生活方式也發生了巨大的變化。距今六七千年前，中國各地出現了農業村落，人們開始以群居的方式結成更大的生產、生活共同體。他們有了分工，學會了建築城牆和房屋，學會了釀酒，也有了祭祀儀式。當然，這時部落中出現了貴賤之別，有了享受榮華富貴的統治階層和受苦受難的普通百姓。

位於東北的紅山文化顯示，當時已有大型的酋長墓葬和祭壇，還有女神廟。紅山文化的標誌性文物是玉龍，這說明當時已經能雕刻出極為精美的玉器，而能享用高級墓葬和精美玉器的，無疑是部落中的統治階層。

南方也一樣，江浙地區的良渚文化也有祭壇、墓葬和玉器。只不過，它的代表性玉器不是玉龍，而是玉琮。製造玉琮的技術更為不易 —— 它不僅要求工匠能精準地切割大塊玉石，還要將其加工成外方內圓的筒狀物，玉琮上還要雕刻精美的花紋。

山東半島的大汶口文化村落規模相當龐大，發現

的墓葬數量多，隨葬品豐富，出現了貧富分化和夫妻合葬，為母系社會向父系社會轉型提供了證據。大汶口文化以彩陶為特色，色彩艷麗，圖案豐富。晚期出現了白陶和黑陶。而將黑陶技藝發展到極致的則是承繼了大汶口文化的龍山文化，這一時期的黑陶精品以黑光亮著稱，尤其是一種極為精美的高柄杯，陶胎薄如蛋殼，被稱作蛋殼陶。

農業革命催生了社會升級

人類的歷史相當漫長，有文字記載的歷史只是其中比較短暫的一段而已。

人類在長達 250 萬年的時間裏只以採集和狩獵為生，到了大約一萬年前才發生了農業革命——人類獲取食物的方式從採集、狩獵轉向了耕種和飼養家禽。這是一次人類發展史上的重大革命。農業革命讓食物總量迅速增加，並出現了財產剩餘。農業革命也讓原始人的部落出現了更複雜的組織形態，有了社會分工，有了階層分化，有了生產力的極大提升和文化的極大繁榮。

當然，人類也為農業革命付出了巨大的代價。以色列歷史學家尤瓦爾·哈拉瑞在《人類簡史》中就說：「農業革命所帶來的非但不是輕鬆生活的時代，反而讓農民過著比採集者更辛苦、更不滿足的生活。狩獵、採集者的生活其實更為豐富多變，也比較少會碰上飢餓和疾病的威脅。確實，農業革命讓人類的食物總量增加，但量的增加並不代表吃得更好、過得更悠閒，反而只是造成了人口爆炸，而且產生一群養尊處優、嬌生慣養的精英分子。普遍來說，農民的工作要比採集者更辛苦，而且到頭來的飲食還要更糟。農業革命可說是史上最大的一樁騙局。」他還說：「農業革命的真正本質是：讓更多的人以更糟的狀態活下去。」

尤瓦爾·哈拉瑞的觀點固然是一家之言，且有比較充足的理由。可是，就歷史發展的全貌而言，農業革命的意義依然十分巨大。舉凡人類文明的各大發源地，它們之所以能成為古代文化的佼佼者，無不是因為這些地區較早地進入到了農業革命的階段。而且，也只有在發

生了農業革命之後，原始部落的社會結構才出現了升級。

　　世界上最早進入到農業革命的地區是兩河流域。位於今天中東地區的幼發拉底河和底格里斯河自西向東流淌，兩河的下游形成沖積平原。這裏的古人在距今一萬年前就馴養了豬和羊，約九千年前，他們種植了麥類，包括大麥、小麥、燕麥、黑麥。可以說，兩河流域耕種農作物和馴養家禽的歷史比中國早了一千到兩千年。不過，中國人最早耕種的農作物是粟，馴養的家畜是牛，迥然不同於兩河流域。可見，兩個古老的文明是各自獨立地發生了「農業革命」，不存在相互學習、借鑒的關係。

　　距今五千多年前，在幼發拉底河下游的沼澤地帶，誕生了歐貝德文化。歐貝德文化由一個中心村落及若干聚落群構成，這可說是人類城市經濟的序幕。當時的人們學會了建築城牆，城中還有集市。他們還掌握了天文曆法知識，會使用計量工具，也有了神廟。這些都說明，兩河流域的人們在距今約五千年已經發展為一個大型的複雜社會。這樣的複雜社會，有人群的大量聚集、有社會分工、有祭祀、有層級，與中國同時期的紅山文化、良渚文化的發展情形大體相同。

　　人類在靠採集、狩獵為生的 250 萬年裏，生活狀態和精神活動都極其簡單，且幾乎是一成不變。可是，進入農業革命之後，人類在幾千年的時間內就創造出了多樣的新石器文化。這樣的進步，不可謂不迅速。

　　其實，人類社會的發展一直就是以加速度的方式進行的。農業革命是一次加速度，它幾千年創造的文明成果超過了此前的 250 萬年；工業革命也是一次加速度，它兩百多年創造的社會財富遠遠超過了此前的兩千多

年；以生物技術、電子技術和互聯網技術為標誌的信息化革命更是一次加速度，它讓人們的生活在幾十年乃至幾年之間就能發生重大的升級。我記得三十年前人們還用發電報的方式傳遞重要信息，而三年前，人們幾乎都學會了使用微信交流。與發電報的昂貴、笨拙與不便相比，微信完全可說是科技進步賜給人們的一份大禮。

歷史是有光芒的，它的光芒從遙遠的古代發出，直接照亮了現實，並讓人們有足夠的理由相信未來。

黃土和黃帝

距今四千多年前，紅山、大汶口、良渚等新石器時期非常耀眼的幾個文化區域幾乎同時衰落。只有黃河沿岸的中原文化一枝獨秀，繼續穩定地發展。其他幾個文化區衰落的原因至今仍是一個謎。

古代氣象學顯示，在這一時期，整個北半球長期經歷乾燥與寒冷。那麼，是不是乾燥而寒冷的氣候導致新石器時期的文化區相繼衰落呢？如果是，那為什麼黃河沿岸的中原文化區得以獨存？在那個異常乾燥而寒冷的漫長歲月裏，中華大地上到底發生了什麼？我們現在還無法回答這些問題，至少目前不能給出令人信服的解釋。

且讓我們把目光投向黃河沿岸。這裏的土壤在地理學上稱為黃土台塬，土層深厚，深度從數百尺到數千尺。細如粉末的黃土中間有許多細小的孔隙，猶如毛細血管。通過這些黃土中間的細孔，地下深處的水分可以不斷地被吸到地表，供給農作物生長所需的水分。有人說，黃土地的這種特點非常適合發展農耕文明，這可能也是它得以經受住乾燥氣候考驗的一個重要原因。可是，農作物的生長不僅需要水分，還需要適合的氣溫，那麼黃土地又是如何讓生長在它上面

的農作物度過漫長的寒冷期呢？這一點，同樣是一個謎。黃土地本身的特性似乎無法提供充足的解釋。

但不管怎麼說，黃河沿岸的中原文化還是頑強地存活了下來，並不斷發展，最終成了華夏文明的核心區域。「五帝」的傳說就誕生在這片區域裏。

「五帝」指的是大禹建立夏朝之前的五位英明神武的聖王，他們是：黃帝、顓頊、帝嚳、堯、舜。在中國的歷史敘事中，「五帝」是聖賢君王的典範、是華夏文明的開創者、也是歷代君王學習的榜樣。司馬遷寫《史記》，開篇就是《五帝本紀》，就是從我們尊為華夏始祖的軒轅黃帝開始寫起的。

依照司馬遷的記述，黃帝是少典部族的子孫，姓公孫，名叫軒轅。他「生而神靈，弱而能言，幼而徇齊，長而敦敏，成而聰明」。意思是，他一出生就很有靈性，出生不久就會說話，幼年時聰明機敏，長大後誠實勤奮，成年以後聰明睿智、明察秋毫，一看就不是凡人。

黃帝之時，「諸侯相征伐，暴虐百姓」，各部落之間整天互相打架，百姓生活在水深火熱之中。為了把百姓從苦難之中救出來，「軒轅乃習用干戈，以征不享，諸侯咸來賓從」。可見，黃帝率領自己的部落，經過激烈的戰爭，打敗了其他的部落，取得了黃河沿

岸地區的統治權。

有兩個部落對黃帝不服，一個是炎帝部落，一個是蚩尤部落。結果，黃帝與炎帝「戰於阪泉之野」，大戰三次，打敗了炎帝，並將炎帝部落的人民和土地納入到自己的統轄之下。後世的中國人一直稱自己為炎黃子孫，其歷史淵源即在於此。

黃帝又與蚩尤「戰於涿鹿之野，遂禽殺蚩尤」。蚩尤本人先被活捉，後被殺掉，其部落也被黃帝收編了。自此之後，「諸侯咸尊軒轅為天子」，黃帝成了各部落一致公認的頭領。當上天子之後，黃帝仍然不斷地東征西討，「天下有不順者，黃帝從而征之，平者去之，披山通道，未嘗寧居」。誰不歸順，黃帝就帶兵去征討。平定一個地區之後，黃帝才撤軍，並為這一地區開山修路，改善民生。

黃帝居住在軒轅山上的時候，娶了西陵氏的女兒嫘祖。嫘祖是第一個植桑養蠶的人，她向百姓傳授了養蠶、繅絲、織帛技術。

嫘祖生了兩個兒子，一個叫玄囂，也就是青陽，青陽被封為諸侯，「降居江水」，這裏所說的「江水」就是今天四川省境內的岷江；另一個兒子叫昌意，也被封為諸侯，「降居若水」，這裏所說的「若水」，指的是四川省境內的雅礱江。從這兩個人的封地可看

出，黃帝通過不斷征伐，已經將勢力範圍拓展到四川的岷江和雅礱江流域。新石器時期的一個個分散的部落，到此時出現了整合的趨勢，一個比原始部落更高級、更複雜的政治文化共同體噴薄而出。這個共同體似乎還不能稱為嚴格意義上的國家，但它是眾多部落的大聯合，它有一個總盟主黃帝來行使最高權力，號令各部，統一治理。在後人的歷史敘事中，黃帝是中華始祖，是第一個模範「天子」，意即他統一了天下，並很好地治理了天下。「天下」不僅是地理概念，更是一種政治概念，擁有天下意味著有能力將廣大地域內的各股勢力納入到統一、有序的管理之中。

黃帝死後，埋葬在了橋山（橋山，一說在今陝西綏德西南，一說在今陝西黃陵縣北），而他所開創的天下基業則傳給了他的後代。第一位接替黃帝天子之位的人是顓頊。顓頊名叫高陽，他的父親是昌意，而昌意則是黃帝的兒子。史書記載，高陽「靜淵以有謀，疏通而知事，養材以任地，載時以象天，依鬼神而制義，治氣以教化，潔誠以祭祀」，完全是一個德才兼備的好領導。

顓頊去世之後，帝嚳繼承了帝位。帝嚳是黃帝的曾孫，他的父親是蟜極，蟜極的父親是玄囂，玄囂的父親就是黃帝。

帝嚳生子放勳，就是後來的堯。堯後來把帝位以禪讓的方式傳給了舜，舜後來又傳給了禹。這便是歷史上著名的堯、舜、禹時期的「禪讓」制度。

黃帝大戰蚩尤

蚩尤是當時九黎族的部落首領，史書上說他「兄弟八十一人，並獸身人語，銅頭鐵額，食沙石子，造立兵仗刀戟大弩，威震天下」。這寥寥幾筆的描述很容易讓我們聯想到魔獸世界或是科幻小說。試想一下，一個人長著野獸一樣的身體卻說著人話，腦袋硬得跟銅鐵一樣，吃沙子和石頭就像我們吃米飯和饅頭，而且他會製造各種高科技武器。我們不禁要問：這還是人嗎？即便是，恐怕也得是外星人吧？

再看蚩尤所造的兵器，劍、矛、戟、戈等全是他最先發明、製造出來的。最讓人佩服的是，據說蚩尤還發明了弩。弩能殺敵於百步之外，是冷兵器時代名副其實的遠程攻擊武器，相當於今天的導彈。即便到了今天，弩還在一些國家的特種部隊中使用。如果說弩真的是蚩尤發明的，那他可算是古代第一位武器專家，其在武器發展史上的至尊地位無人可以撼動。

蚩尤還會巫術，能呼風喚雨，以便戰時削弱敵方的戰鬥力。蚩尤如此厲害，炎帝都拿他沒辦法。開始時，炎帝曾以官職和財物收買蚩尤。但是，蚩尤貪得無厭，一心想奪取帝位。他發兵攻打炎帝部落，炎帝抵擋不住，敗逃到涿鹿，請求黃帝出兵救援。

黃帝決定與蚩尤交戰。因為黃帝深得民心，所以其他部落紛紛投奔到黃帝的麾下，幫助攻打蚩尤。戰爭的過程大體可分為以下三個回合。

第一回合：黃帝調集各諸侯的軍隊，在冀州的郊野與蚩尤交戰。黃帝首先命令長著翅膀的應龍在那裏蓄洪積水，想淹沒蚩尤的軍隊。結果，蚩尤發現應龍的意

圖，請來風神和雨神助陣。頓時，烏雲黑風彌漫，大雨瓢潑，黃帝的部隊迷失了方向，且為大雨所阻，陷入被動。

第二回合：面對困境，黃帝一邊繼續指揮作戰，一邊向天女魃求助。魃是個光頭女神，主管乾旱，所到之處滴水皆無，全部大旱數年。接到黃帝的求助後，魃趕到涿鹿，法力一施，大雨立止。蚩尤失去妖術，倉皇而逃。

第三回合：黃帝抓住戰機，並使用「指南車」給士兵指引追擊方向，一舉擊敗蚩尤的部隊，把蚩尤本人也抓住殺掉了。史書記載，這一戰異常慘烈，「流血萬里」。當然，「流血萬里」這種誇張性的描述與戰爭過程中雙方展現的神勇法力相比，誇大的程度只能算是小巫見大巫，根本不值得我們大驚小怪。

黃帝是中國人造出的第一尊神

　　黃帝的故事雖然是傳說，但我們依然可以據此大體確定，這一時期正是黃河沿岸的農耕部落不斷壯大，並通過戰爭兼併其他部落的階段。黃帝戰勝炎帝、蚩尤的傳說，表明的正是不同的部落族群之間相互兼併，走向更大共同體的殘酷歷程。

　　由於黃帝能領導自己的部落不斷地「從一個勝利走向另一個勝利」，統一了各部，所以他身上的光環越聚越多，他的神勇也在傳說的過程中越傳越神。最後，他走上了神壇，真的成了一尊神。連帶著後來繼承他帝位的四個人也成了神。

　　黃帝之後，堯、舜、禹的「禪讓」故事亦是如此。關於三位聖君之間的「禪讓」，自古以來就有兩種說法。一種是正統的歷史觀，稱這是品德高尚的統治者選賢、讓賢的經典案例，堯把帝位讓給了舜，舜在晚年又把帝位讓給了禹，權力交接始終是在和平友好的氛圍中完成的。另一種說法來自《竹書紀年》，說這三個君主之間的權力轉讓並不是和平而美好的，而是一種武力奪權——舜奪取了帝位，放逐了堯，禹也在奪權之後放逐了舜。而禹的兒子啟，乾脆以武力取代了原本被禹選為接班人的益。

　　兩種說法哪個更真實？我不知道。我能說的是：兩種情況在歷史上都有可能發生，而且還可以「合二為一」——表面上是莊重友好、彬彬有禮的「禪讓」，實際上則是以武力或實力來決定誰做領袖。三國時期，漢獻帝與曹丕之間的權力轉移就是以這樣的方式完成的。盛大的「禪讓」禮儀上，漢獻帝言辭懇切地表示「讓賢」，

將皇帝之位「禪讓」給曹丕，可實際上是形勢所迫，不得不讓。史書記載，完成「禪讓」儀式後，坐上皇帝寶座的曹丕曾「顧謂群臣」，說：「舜、禹之事，吾知之矣。」意思是，堯、舜、禹之間「禪讓」的事情，我現在終於知道到底是怎麼回事了。這話意味深長，且出自親歷「禪讓」大典的帝王之口，實在值得注意。

與黃帝類似，史書上記載其他「四帝」及大禹的傳說，表達的也是這些聖賢君王品德高尚、才能出眾，且擁有特異功能。這些記載運用了誇張的手法是不言而喻的。人不可能神勇到能呼風喚雨、驅使猛獸乃至使鬼神替自己作戰的程度。在科學昌盛的今天，人們對「五帝」身上的種種神異本領總是難以置信，這絲毫不奇怪。不過，遙想四千多年前的古代社會，我們大概能推斷他們何以被塑造成了神——他們本身不是神，但在部落不斷發展並向外擴張的過程中，他們的個人魅力被無限放大，他們成了部落和部落聯盟的代言人和精神領袖，他們完成了從人到神的轉變。在當時的文化和技術條件之下，造神非但不會受到人們的質疑，反而可鼓舞士氣、增強部落及部落聯盟的凝聚力。從這個意義上講，黃帝堪稱中國人造出的第一尊神。顓頊、帝嚳、堯、舜、禹等則因為繼承了黃帝的權力也相繼成神。

從大禹治水到商湯革命

「五帝」之後，中國歷史進入到了夏、商、周三代階段。這一時期的史料記述雖然比較簡略，但比以前的記述要確切不少。

夏朝的創建者是大禹。他在舜統治時任司空，主持內政，以治水聞名，留下了「大禹治水十三載，三過家門而不入」的說法。此前，大禹的父親鯀因治水失敗而被殺。大禹吸取前人的教訓，變堵塞為疏導，探索出了新的治水方法。他發現黃河流經的區域西高東低、北高南低，只要在太行山地段修鑿出一條通道，河水就可順利流向大海。於是，大禹成功治理了水患，得到了舜的信任和百姓的擁戴。他接受舜的禪讓，當上了君王。

大禹根據中國的地理形勢，將天下分為九州，並在九州實行父子相繼的分封制。受大禹所分封的每個州，都要向大禹統治的中央王朝進貢當地特產及賦稅，這種中央與地方之間的分封與朝貢的模式，顯然比原來的部落聯盟更易於管理。這在歷史上被稱為「禹定九州」。

「禹定九州」對後世影響深遠，「九州」後來成了中國的代名詞，很多地區至今還沿用當年九州的說

法，如冀州、青州、揚州、荊州等。這說明大禹治水及隨後統一管理九州的過程，其實也是一個傳播中原文化，使中原政權的影響力不斷擴張的過程。

為了大力發展農業、促進公平交易，大禹還下令統一了曆法和度量標準。禹向全國頒佈了夏曆《夏小正》。夏曆按照十二個月為順序，標示每個月裏的星象、氣象、物象以及與之相對應的農事和政事，以利於農業生產和行政管理，所以夏曆又叫「農曆」。另外，中國人至今還在使用的長度單位（如寸、尺、丈）和重量單位（如斤、兩等）也都是夏朝統一制定的。

大禹進行行政改革，創建了政軍建制，有「六卿」「六師」之類的軍隊官職，有「羲」「和」之類管理四時的官員，還有「車正」之類分管兵器的官員。

為了懲治犯罪，大禹還讓大臣施黯起草了《禹刑》，規定了各種罪行及相應的懲處辦法，為此，還專門創製了關押罪犯的監牢，名為「圜土」。

大禹鼓勵各地建造城市，以利於百姓定居和社會發展，《博物志》上說：「禹作城，強者攻，弱者守，敵者戰，城郭自禹始也。」此外，大禹還建立和健全了教育、財政、禮樂、宗教祭祀、神靈占卜等一系列的規則和章程。

大禹的上述功績不僅使他本人進入了聖賢君王的

行列，而且我們從中亦可窺見自部落到邦國之社會升級。從治理水患到確立中央與地方的權力格局，以及實施曆法、度量、行政等制度，這一切都表明大禹所統治的政權，已超出部落和部落聯盟的窠臼，升級到了王朝的架構之中。

在統治一個新興大國之際，大禹善用以德服人的策略，讓蠻族「三苗」自願歸順，這讓夏王朝的勢力範圍從黃河流域一下子拓展到了長江流域。大禹還親自到東南地區巡視，在今天安徽塗山舉行大會，會盟各方諸侯。塗山之會，再次佐證了夏王朝巨大的綜合國力和強大的影響力。凡此種種，使華夏民族一躍成為第一大政治文化族群。基於此，史學家將大禹定為夏王朝的開創者，堪稱實至名歸。

大禹去世之後，他的兒子啟繼承了帝位。至此，備受稱讚的堯、舜、禹之間權力交接的禪讓制為世襲制所取代。

夏朝大約存在了四百多年的時間（自公元前 21 世紀至公元前 17 世紀），但這個政權並非連續不斷地掌握在大禹的後人之手，政權一度被神射手后羿所奪取。待到少康中興後，夏朝的政權才重新得以鞏固。

夏朝的最後一個皇帝是夏桀。他是有名的暴君，搜刮民脂民膏，大興土木，過著奢侈糜爛的生活。大

臣關龍逄好言相勸：「照這樣下去，會激起更大民憤，喪失更多人心。」夏桀聽了，一生氣，就把關龍逄給殺了。夏桀說：「天上有太陽，只要有太陽，我就不會滅亡。」老百姓恨透了夏桀，就詛咒他說：「這個太陽什麼時候才會滅亡呀，我們寧願與你同歸於盡！」

夏桀聽說有施氏的女子長得非常漂亮，就出兵討伐有施氏，奪得美女妹喜。夏桀寵愛妹喜，愈發不把精力和心思用在治理國家之上。

就在夏桀日益墮落之際，黃河下游地區有個叫「商」的部落迅速崛起，這個部落的首領叫商湯。他是帝嚳後代契的十四代孫，帝嚳是黃帝的重孫。如此說來，商湯也是黃帝的後裔，根紅苗正。

商湯看到夏桀十分腐敗，就決心消滅夏朝。

商部落把祭祀天地和祖宗，看作一件無比神聖的大事。可與商部落相鄰的葛伯卻不以為然。商湯派人向葛伯施壓問罪。葛伯說沒有祭品敬獻，拿什麼祭祀？商湯就派人送去祭祀用的牛羊。

可是，葛伯並沒有用牛羊祭祀，而是自己吃了！可見此人是多麼無禮。

商湯再次派人去問，葛伯又找藉口說，我們窮得連用於祭禮的糧食都沒有啊！

商湯聽了，就派部落裏的青壯年去幫助葛伯耕田

種地，並讓老人和小孩去給他們送飯。葛伯不但不感謝商湯的好意，反而還殺死了商部落前來送飯的一個小孩。

此事激起了商部落的憤怒。

商湯當機立斷，出兵消滅了葛伯，收兵的時候，還順便攻取了附近幾個經常鬧事的小國，商部落的勢力迅速壯大。

在商部落實力大增之際，夏桀那邊卻出了麻煩。原來，九夷中的一些部落受不了夏桀的殘酷壓榨，叛離了夏朝。商湯看到消滅夏桀的時機已經成熟，就召集商軍將士，誓師討伐夏桀。在誓師大會上，商湯說：「我不是叛亂，而是夏桀作惡多端，上天要我去消滅他。上天之命，我是不敢違背的呀！」此話的意思是，由於夏桀的過分墮落，夏朝的政權合法性已經喪失殆盡。上天不再支持夏桀了，轉而命令商湯替天行道，去消滅夏桀。

商湯的軍隊與夏桀的軍隊在有娀之墟（今山西永濟市西）展開激戰。商軍一舉擊敗了夏桀。夏桀棄陣逃跑，跑到了鳴條（今河南封丘東），商湯帶兵追擊，雙方再次交戰，夏桀的主力部隊被消滅。夏桀繼續南逃，跑到南巢（今安徽巢湖市西南），商湯窮追不捨，夏桀無力抵抗，只好投降。商湯將夏桀流放，夏朝滅亡。

打敗夏桀之後，商湯建立了商朝，定都亳（今河南商丘一帶）。為了加強控制，商湯還分別在偃師和穀熟設立了西亳和南亳，把商人直接控制的地區稱為「內服」，把邊遠地區稱為「外服」，這就從體制上改變了夏朝那種中央與地方之間的鬆散關係，使得中央王朝的權力更加集中。

古時候，統治階級把改朝換代說成是天命的變更，所以史書上把商湯伐夏稱為「商湯革命」。

夏王朝初建時在黃河上游，為高地地區之王朝。商王朝初建時在黃河下游，為低地地區之王朝。對於商取代夏，錢穆先生在《國史大綱》中有這樣一段論述：「古代黃河自河南東部即折而北向，經今之漳河流域至今河北之滄州境入海。商民族則正居此河南、山東、河北三省相交黃河下游一隈之四圍，恰與夏民族之居河南、陝西、山西三省相交黃河上游一隈之四圍者東西遙遙相對……大抵下游低地，氣候土壤均較佳，生活文化較優，而居民較文弱，亦易陷於奢侈淫佚。上游高地，氣候土壤均較惡，生活文化較低，而居民較強武，勝於軍事與政治方面之團結。夏人勢力逐次東移，漸漸往下，征服下游居民，而漸漸習染其驕奢淫佚之習氣，於是下游民族，乘機顛覆此統治者而別自建立新王朝。殷人自商湯滅夏，漸漸形成規

模更像樣之國家，至周人則又起於西方，仍循夏人形勢，東侵征服殷人，而漸次移植於黃河下游一帶之平原。如此則黃河上下游相互縮結而造成中國古代更完備、更像樣之王國，是為周代。」可見，夏、商、周交替掌控王朝政權，意味著原本局限在中原區域的文化已經擴展到了整個黃河流域。與疆域擴大相伴而來的，還有王朝管理方面的一次次優化升級。這可說是夏、商、周三代歷史發展的大脈絡。

盤庚遷都

商朝最早的國都在亳（今河南商丘一帶）。在以後三百多年間，商朝的都城一共搬遷了五次，其中最有名的一次遷都就是盤庚遷都。

為什麼一次次地遷都呢？原因是天災加人禍。比如，有一次發了大水，把都城全淹了，這是天災，不得不遷都。還有就是商朝的王族經常爭奪王位，有的人說王位應當父死子繼，有的人說應當兄終弟及。叔姪之間、兄弟之間常常展開你死我活的鬥爭。內亂頻繁發生，搞得政局不穩定，有時也不得不遷都。

盤庚是商朝的第二十個君王，他為了避免自然災害，決定從當時的都城奄（今山東曲阜）遷都到殷（今河南安陽市小屯村）。

盤庚遷都最初遭到很多人的反對。大多數貴族貪圖安逸，都不願意搬遷，一部分有勢力的貴族還煽動平民起來反對，鬧得很厲害。面對強大的反對勢力，盤庚並沒有動搖遷都的決心。他樹起「天命」和「先王」兩面大旗，宣稱遷都是順應天命之舉，也符合先王法度。他把反對遷都的貴族找來，勸說他們：「我要你們搬遷，是為了我們國家的安定。你們不但不理解我的苦心，反而反對我，甚至製造恐慌。你們想要改變我的主意，這是辦不到的。」快要遷都之際，他又發出警告：如果有人還奸詐邪惡，敢於違反遷都的命令，我就把他們斬盡殺絕！

軟硬兼施之下，盤庚終於將商朝的都城遷到了殷地。

殷地土地肥沃，無論是建設都城還是發展農業生產，都比原來的奄地要好得多。此外，遷都之後，一切

從頭再來，王室、貴族的權力受到了限制，階級矛盾得以緩和，有利於商朝統治的穩定；最後，遷都還可以避開一些敵對勢力的攻擊，於國家安全方面也有積極意義。

盤庚遷都之後，商朝的都城就永久地固定在了殷，所以，商朝也稱作殷商。到了近代，人們在安陽小屯村一帶發掘出大量古代的文物，證明那裏確實是商朝的都城，遂稱其為「殷墟」。殷墟出土的文物中，最著名的就是青銅器和甲骨文，二者是商朝文化的絕佳代言。

◎ 觀點提煉

青銅器與甲骨文

青銅器和甲骨文的大規模出土是在 1934—1935 年的安陽考古發掘中發現的。

青銅器的發現令考古學家們大為驚嘆，若非親眼所見，他們不會相信古老的商朝竟然能製造出如此美輪美奐的青銅器。

2015 年秋天的一天，我去北京國家博物館參觀，殷墟出土的許多精美青銅器正在這裏展出。儘管一些青銅器的圖片我以前在書中見過，但當面對實物之時，我仍被深深地震撼了。商代青銅器種類繁多，有禮器、有兵器，也有日常生活器皿，其製作之精良、花紋雕刻之複雜精細、藝術水準之高超，令人嘆為觀止。那個著名的后母戊鼎，高 133 釐米，長 112 釐米，寬 79.2 釐米，巨大的體積帶給人們以極強的視覺衝擊力。還有婦好墓出土的眾多青銅器，幾乎每一件都是精美絕倫。

這些青銅器隔著玻璃，向外散發著幽幽的光芒，彷彿在訴說著遙遠的商朝故事。商代青銅器的花紋造型也極其獨特，它的美不是柔美，也不是壯美，而是一種特殊的猙獰之美，似乎是要讓人感到某種恐懼。這樣的審美，商代發展到了巔峰。商代之後，驟然不見。如此成熟的文化高峰突然矗立在我們面前，然後又突然消失，我深受震撼的同時，也深感錯愕和疑惑。按說，如此精美的青銅器之前，應該有一段不小的鋪墊，可是沒有；按說，如此燦爛的文化在其消亡之前應該有一個衰退期，可是也沒有。或許，這些都有，只不過我們還缺乏新的考古發現來加以佐證；或許，我們對商代的歷史還是知道得太少，還不能詳實地解釋這一切。

司馬遷曾去曲阜憑弔孔子，說：「適魯，觀仲尼廟堂車服禮器，諸生以時習禮其家，余低回留之不能去云。」我在商代那些精美的青銅器前細細觀看，久久徘徊，不忍離去，我複雜的心情與司馬遷大體類似。青銅散發出的光芒並不明亮，但它承載著一個王朝的重量，這重量足以讓我心生敬畏，並且浮想聯翩。

　　幸好，我們破譯了甲骨文。這些刻在龜甲和獸骨上的文字，多是用來占卜吉凶的。這說明商人愛占卜，要打獵或者出征，總要事前占卜一下吉凶。甲骨文的破譯，證實了漢人所說「商尚鬼」的說法。商人崇尚鬼神，喜歡祭祀和玄想，這與「夏尚忠，周尚文」的氣質迥然不同。「尚忠」也好，「尚文」也罷，推崇的都是一種實幹精神，「忠」強調忠信力行，「文」強調禮樂優雅，而「尚鬼」推崇的則是一種遠離現實的神秘文化。夏、商、周三代，各有各的文化風貌，於此可見一斑。

　　從文字學上看，甲骨文已是一種字形和語法都非常成熟的文字了，我們今天使用的漢字就是從甲骨文演變過來的。僅此一項成就，就足以增進商人管理大型共同體的能力，亦足以使商朝的文化彪炳史冊。

從文王拘羑里到武王伐紂

　　周滅商之前，是商王朝的一個附屬族群。他們最初居住在陝西、甘肅一帶，後來，受到戎、狄等遊牧部落的侵擾，東遷至岐山（今陝西岐山縣西北）之下的平原地帶。周部落在姬昌（即後來的周文王）做首領時發展壯大起來了，勢力遍及今天陝西、山西以及內蒙古河套地區，具有了挑戰商朝的實力。

　　商朝末期的統治者是商紂王，他和夏桀一樣，是歷史上有名的暴君。史書上記載，商紂王天資聰穎，氣力過人，「有倒曳九牛之威，具撫樑易柱之力」，能徒手與猛獸格鬥，是個大力士。他還很有軍事才能，當上國君之後，便發兵攻打東夷諸部落，把商朝的疆域擴展到了江淮一帶，國土則擴大到今天的山東、安徽、江蘇、浙江及福建沿海。但是，商紂王長期發動開疆闢土的戰爭，消耗了商朝的國力，加重了人民的負擔。

　　商紂王最受詬病的還是荒淫無度。他只知道自己享樂，不管治下百姓的死活。他搜刮民脂民膏，在別都朝歌（今河南淇縣）建造了富麗堂皇的宮殿，名為「鹿台」，裏面藏滿了珍寶。他建造了巨大的倉庫「鉅橋」，用來儲存糧食；他多方搜集狗馬和新奇的玩物，

放在自己的園林之中。他寵愛美女妲己，對妲己的話言聽計從。為了尋求刺激，商紂王還搞出了「酒池肉林」的享樂項目，即在大池塘裏灌滿酒，在酒池邊的樹林子裏掛滿肉食，商紂王和妲己泛舟酒池，岸上則有眾多男男女女跳裸體舞，陪著他們大吃大喝，尋歡作樂。

百姓對商紂王心懷不滿，一些諸侯也背叛他。為了鎮壓反抗，商紂王發明了「炮烙之刑」，把反對他的人抓來放在燒紅的銅柱上，活活烤死。

當時，西伯昌（即姬昌）、九侯、鄂侯是周朝的「三公」（最高級別的大臣）。九侯有一個漂亮的女兒，獻給了商紂王，可是這個女兒不喜歡商紂王。結果，商紂王不但殺了九侯的女兒，而且把九侯也剁成了肉醬。鄂侯覺得商紂王的做法太過分了，「爭之強，辯之疾」，極力替九侯辯解。商紂王一怒之下又殺死了鄂侯，並將其曬成了肉乾。商紂王的殘暴由此可見一斑。

姬昌聽說了九侯和鄂侯的遭遇後「竊嘆」，以嘆息表達同情和哀傷之意，不料就這一聲嘆息也給他惹來牢獄之災。商紂王的一個叫崇侯的大臣告發了姬昌。於是，商紂王就將他囚禁在了羑里（今河南湯陰縣西北）。

據說，姬昌在羑里被囚禁了七年。在這段的時間

裏，他忍辱負重，精心推演「易之六十四卦」，這就是著名的經典《周易》（也稱《易經》）。姬昌通過推演「易之六十四卦」認識到事物的發展有一定的規律，而君子則要順應這種規律，不斷修正自己的身心。修行的總原則就是向上天和大地學習，學習上天的自強不息，學習大地的厚德載物。這便是《周易》中最有名的兩句話：「天行健，君子以自強不息；地勢坤，君子以厚德載物。」

周部落為了救出他們的首領，向商紂王獻出了許多美女、駿馬和珍寶。商紂王得到好處之後，才釋放了姬昌。姬昌又向商紂王獻出了洛水以西的土地，以求廢除炮烙之刑。商紂王得到大片土地，就答應了姬昌的請求。通過這番斡旋，商紂王得到了美女、駿馬、珍寶和土地等實際好處，而姬昌則贏得了民心。這種交換，表面上是各取所需，實則上是高下立判。

姬昌回到周部落後，大力推行善政，同時訪賢任能，等待時機消滅商朝。不久，姬昌在渭水邊上打獵時遇到姜太公，兩人互相仰慕，一見如故，遂決定一同合作，共謀滅商大計。為了強大國力，姬昌還把都城遷到了豐邑（今陝西長安區西南），自稱文王。姜太公一邊輔佐文王，大力發展生產，一邊厲兵秣馬，加強軍備。經過一段時間的發展，周的勢力更加強

大，達到了「三分天下有其二」的程度。

　　姬昌沒有實現滅商大業就去世了。他的兒子姬發繼承了王位，是為周武王。他把都城遷到了鎬京（今陝西長安區西北），以姜太公為太師，以自己的弟弟姬旦為輔政，繼續用心經營父親留下的基業。

　　此時，商紂王不思悔改，依然過著荒淫無度的生活。賢臣微子多次勸諫商紂王，商紂王不聽，微子辭官歸隱了；商紂王的叔叔比干「強諫紂」，極力勸諫，結果商紂王剖了比干的心；另一個賢臣箕子非常害怕，就故意裝傻，「佯狂為奴」，結果還是被商紂王給囚禁了起來。商朝的太師、少師等一看情況不妙，就拿著祭器、樂器，逃到了周部落。

　　兩年後，周武王見商紂王眾叛親離，知道滅商的時機已經到了，就率領周及其他八個部落的軍隊討伐商紂王。周武王率領的軍隊在牧野（今河南新鄉市北部）與商軍展開大戰，一舉擊敗商軍。紂王見大勢已去，登上鹿台自焚而死，商朝滅亡。滅掉商朝之後，周武王建立了中國歷史上最長的一個朝代 —— 周朝。

　　我們知道，商朝在耕種、畜牧、建造、冶金等方面已經發展到了相當高的文化程度了。政治方面，中央王朝與四方諸侯之間的權力關係也早已確立了。此等情形之下，周取商而代之，於王朝權力方面固然

是一種顛覆，可在文化方面則又有一脈相承的發展關係。在政權治理結構上，周武王把全國分成若干諸侯國，分封給親族和功臣，享受世代承襲。各諸侯擁有自己的軍隊，且有權分封卿、大夫，享有很大的自治權。但各國諸侯要按時朝貢周天子，向其彙報工作。周天子出兵平叛及討伐夷狄時，諸侯國也有義務出兵相助。這便是著名的西周分封制，此種制度在歷史上影響深遠，初步奠定了周天子一統天下的政治格局。

西周封建

周武王滅掉商朝之後，並沒有將商人的勢力徹底清除，而是封商紂王的兒子武庚為諸侯，以朝歌為國城，繼續統轄商朝的遺民。為了防止商朝遺民叛亂，周武王在朝歌周圍分封了衛、鄘、邶三個諸侯國，交給自己的三個弟弟（即管叔、蔡叔、霍叔）統治，號稱「三監」，用意很明顯，就是要這三個諸侯國監視武庚和他治下的商朝遺民。此外，武王還封姜太公於齊，周公旦於魯，召公奭於燕等。這可說是西周封建的第一階段。

周武王實行封建制，其目的就是在全國建立起一種綿密的統治網絡，使每一個封國的國君不是王室就是功臣，諸侯國之間再互相通婚，如此一來，每一個諸侯國的君王都是周天子的親戚。西周分封制以血緣親情為紐帶，以分封為政治恩惠，將周天子與各諸侯國的國君緊密地捆綁成一個權力共同體，以維繫周王朝的政治穩定。西周封建的各諸侯國，均有都邑，居住在城裏的稱「國人」，居住在城外的稱「野人」，「國野之別」在於各自擁有不同的權利和義務，國中的居民多為貴族階層，負擔兵役、力役，而野人則為平民階層，負擔農業勞役和其他徭役。如此一來，西周封建制度等於編織了一張大網，將所有族群網羅一體。

可惜的是，周武王「天下未寧而崩」，在滅掉商朝的第二年就去世了。武王的兒子姬誦即位，是為周成王。周成王當時年幼，還不能治理國家，於是他的叔叔周公姬旦攝政，代成王行使權力。

危機也於此時爆發。身處東方的管叔、蔡叔等人懷疑周公要篡權，遂與殷商故地的武庚勢力聯合一處，發

動了叛亂。周公奉成王之命，率軍平叛，殺掉了武庚、管叔，流放了蔡叔。

平定叛亂之後，周公重新分封諸侯。中部地區，殺掉武庚後，封商朝末年的賢臣微子於宋，統治部分殷商遺民，同時封康叔於衛，亦得部分殷商遺民；西部地區，封唐叔於晉，控制夏墟；南部地區，封蔡仲於蔡；東部地區，封姜太公兒子丁公於齊，封周公兒子伯禽於魯。新封齊、魯兩國，表明周朝的勢力已然越過殷商，東達大海。

周公還營建了東都雒邑，這是一項很有遠見的決策。周朝都城鎬京位於關中地區，便於控制西部而不便於控制東部。於是，周公又在殷商地區的雒邑營建東都，名成周，西都鎬京則為宗周。宗周和成周兩都並立，互為支撐，能同時控制西部和東部。在當時的技術條件下，周公為統治廣大疆域而想出兩京制，可算是一種煞費苦心的創舉。至此，西周封建的第二階段宣告完成，西周王朝的整個政治體制也穩定了下來。

周公攝政七年後，還政於成王。成王去世後，他的兒子康王統治周朝。成王、康王統治期間，就是歷史上有名的成康之治，當時「天下安寧，刑錯四十餘年不用」，即父子兩代統治國家四十多年，沒有動用過刑法，百姓安居樂業，遵紀守法。中國人後來所說的「小康社會」，其來源就在於此。

周朝的文化貢獻

武王伐紂，以周代商，除了王朝政權的更替之外，還在思想文化上進行了一次大翻轉。商人「尚鬼」，重視祭祀，而周人「尚文」，重視禮樂教化和道德建設。這是兩種截然不同的文化。

周公在攝政期間，除了軍事平叛和政治治理外，還下大力氣「制禮作樂」，為貴族階層的成員制定了一整套的道德準則和行為規範，是為《周禮》。關於《周禮》的內容，有「禮儀三百，威儀三千」之說，極言禮儀規定之精細，這是周朝禮制發達之明證。後來孔子正是在《周禮》的基礎上提煉出了「仁道」「仁政」的理念，並進而發展出了「仁、義、禮、智、信」一整套的道德倫理體系。孔子說：「郁郁乎文哉，吾從周。」他盛讚周朝的文化，道理即在於此。可以說，孔子所創立的儒家思想，其思想根源可以上溯到周文王、周武王和周公的治國理念。尤其是周公，更是孔子的精神偶像，孔子連做夢都經常夢見這位聖賢。

周人還有一個了不起的貢獻，那就是他們在滅商之後並沒有被勝利沖昏了頭腦，而是認真地總結商朝滅亡的教訓，最後提出了一種全新的天命觀，即「天命靡常，惟德是親」，意思是，天命不會永遠地固定在某一個王朝政權之上，治國者只有符合道德的標準，才能獲得上天的護佑，秉承天命。

這樣的天命觀是一種前所未有的思想突破，其進步意義在於：其一，某一王朝政權的合法性，不是來自於族神、山神、河神之類的神秘授權，而是來自治國者的道德自律。帝王及其大臣的言行符合一定的道德標準，

其政權就具有合法性，若統治者言行悖亂，嚴重違反道德，「無道」，那政權的合法性也會隨之喪失，政權就會被他人奪走。其二，上天對帝王有監督權和裁判權。帝王需要負起上天賦予的道德責任，才能承受「天命」，享有治理天下的權力。而上天裁判帝王的標準也是看他的言行是否符合道德。如果帝王心懷天下，道德高尚，那就將「天命」授予他。反之，就收回「天命」，轉授他人。

周人的天命觀，突破上古時代的神權局限。自此之後，統治者始將治國的側重點從取悅神靈轉向約束自身，治國理念也從「尚鬼」轉向了「尚文」。至此，中國的古代文化逐漸從祭祀文化轉向了禮樂文化，從神秘主義轉向了理性主義。

西周王朝的衰落

我在前文提到，周人提煉出了一個很好的天命觀，將政權的合法性與統治者的道德修養緊緊地捆綁在了一起。這既是思想史上的一次巨大進步，又是周朝建立人間秩序的一種高遠理想。可是，「理想很豐滿，現實很骨感」。前輩制定的高遠治國理想和道德訴求，幾乎總會被後代所拋棄。

周朝前幾代君王對商朝覆滅有著刻骨銘心的記憶，所以他們念茲在茲的是「殷鑒不遠，在夏後之世」，極力避免重蹈覆轍。西周一朝，文王、武王、周公、成王、康王，均被後世認為是聖賢君王，堪稱後世君王的學習榜樣。可待帝位傳了幾代之後，新的統治者就難免麻木，放鬆警惕，並滑向「失德」的老路。提及西周王朝的沒落，人們一般都會想到周厲王和周幽王兩位暴君，這兩個人可說是「失德」君王的典範。

周厲王是西周的第十個君王，是個有名的暴君。他對老百姓的剝削和壓迫，達到了敲骨吸髓的地步。他寵信一個叫榮夷公的大臣，讓其盡一切可能斂財。於是，周朝開始實行「專利」制度，霸佔一切湖泊、河流、山林等天然資源，不准百姓利用這些資源獲利。如果人民想打獵、捕魚、採藥等，就得交納高額

賦稅。這是與民爭利，老百姓對此很是不滿，就「謗王」，批評周厲王的統治太殘暴了。

周厲王很生氣，下令禁止國人批評朝政。他還從衛國找來一個巫師，讓他專門監視那些批評朝政的人，發現有人批評朝政，就舉報給厲王，厲王便殺死此人。如此一來，許多人被殺，大家再也不敢批評朝政了，「國人莫敢言，道路以目」，大家都不敢說話了，熟人在路上相遇，也只能用目光交流，算是打招呼。

聽不到批評自己的聲音了，周厲王感到很高興，得意洋洋地跟大臣們說：「你們看，我能制止住謗言了，現在沒人敢說話了。」

大臣召公虎勸諫說：「這只不過是把言論堵住罷了。堵住百姓的嘴巴，比堵塞江河的後果都嚴重。堵塞的河水一旦決口，傷害的人一定很多，堵住人民的嘴巴也是一樣的道理。善於治水的人，應該疏通河道，讓水流暢通無阻，善於治理國家的人，也應該允許百姓說話，讓他們知無不言。硬生生地堵住河流，河流最後一定會決口；硬生生地堵住百姓的嘴巴，又能堵多久呢？」

召公虎的話非常有道理，可是周厲王不聽，繼續用嚴刑峻法「止謗」。結果，三年之後，公元前841年，都城中的國人忍無可忍，聯合起來舉行了暴動。

他們圍攻王宮，要殺死周厲王。周厲王倉皇出逃，一路逃到了彘地（今山西霍縣東北）。這就是西周歷史上有名的「國人暴動」。

周厲王被趕走之後，朝廷沒了國王，朝政就由召公虎和周公兩位大臣代理，史稱「共和行政」。從共和元年，也就是公元前 841 年，中國歷史才有了確切的紀年。

周朝在經歷了「國人暴動」之後，王權削弱，國勢衰微，曾經十分強大的王朝，至此僅剩下一個外強中乾的空殼。

共和十四年（公元前 828 年），周厲王在彘地死去，太子即位，這就是周宣王。周宣王比較開明，他的統治一度得到了諸侯國的擁護，史稱「宣王中興」。可惜的是，宣王之後，繼承王位的是周幽王，周幽王又是一個著名的昏君。

周幽王的皇后是申侯的女兒，皇后生子宜臼，立為太子。後來，周幽王又得到了美女褒姒，褒姒生子伯服。周幽王因寵愛褒姒，就想廢掉皇后和太子，改立褒姒為皇后，伯服為太子。如此一來，皇后、太子宜臼和申侯就結成一個政治聯盟，伺機反抗周幽王和褒姒。

褒姒一直不笑，周幽王想盡辦法逗她笑，都沒

有成功。後來，周幽王決定動用國防資源以博褒姒一笑。原來，周朝在驪山一帶建造了二十多座烽火台。若有敵人來進攻，就點燃烽火，向附近的諸侯求救。諸侯看到烽火，便知道有了緊急軍情，發兵前來相救。這次，雖沒遭到敵人的進攻，周幽王也下令點燃了驪山上的烽火。附近的諸侯看到了烽火，以為發生了戰事，趕緊帶兵趕來相救。待他們趕到時才發現，根本就沒有發生戰事。周幽王派人告訴他們，這不過是大王和妃子在玩煙火而已，你們回去吧！

褒姒感到這種點烽火的遊戲確實好玩，還真笑了。可是，諸侯遭到了周幽王的戲弄，非常生氣。

因為寵愛褒姒，周幽王最後還真的廢了皇后和太子宜臼。這下子觸怒了申侯，申侯聯合繒國和犬戎部落，向周幽王發動了進攻。

受到進攻之後，周幽王再次點燃了烽火，向附近的諸侯求救。可是，曾經遭受過戲弄的諸侯這次再也不肯來了。犬戎的軍隊攻陷了鎬京，殺死了周幽王和伯服，擄走了褒姒，大肆搶掠一番而去。西周王朝就此結束，時間為公元前 771 年。

周幽王被殺之後，諸侯共同立周幽王原來的太子宜臼為王，是為周平王。犬戎攻陷鎬京之後，王城破敗，隨時都有可能再次遭到犬戎的攻擊。為了躲避危

險，周平王於公元前 770 年遷都雒邑，此事標誌著東周的正式開始 —— 因鎬京在西，雒邑在東，所以人們將定都鎬京的周朝叫西周，將定都雒邑的周朝叫東周。

東周和西周雖然同屬於周朝，但其差別十分巨大。西周之時，周人以高原開拓者和文化再造者的雙重身份滅商建國，佔盡地理和道德方面的優勢。他們佔據黃土高原，俯視東部平原，在軍事上東征、南討，強勢進取，勢如破竹；政治上，他們分封諸侯，製造了一個組織嚴密的封建體制，周天子的權威如日中天；文化上，他們以德治國，崇尚禮樂，構建了一套十分成熟的社會層級秩序。可以說，西周實乃一個文治武功俱佳、建樹頗多的王朝。

與西周的強勢進取相比，東周明顯是一個守勢王朝。東周雖然名義上是西周的延續，可實際上，東周時期的周天子已然喪失了政治權威，不能再號令諸侯。東周時期的最大特點就是「禮崩樂壞」。「禮崩樂壞」其實是一種社會的全面解體狀態，既包含周天子政治權威之喪失，又包含貴族階層禮樂文化的沒落，同時還引發了倫理道德體系的全面崩潰和社會秩序的瓦解、混亂與重建。可以說，西周是中國歷史上一個穩定的建設時期，而東周則是一個動蕩的轉型時期，二者有著天壤之別。

昭王南征是西周衰落的轉折點

西周王朝的衰落，並非到周厲王時期才開始的，而是更早。就在著名的成康盛世之後，康王之子姬瑕繼承了帝位，是為周昭王。周昭王統治之時，周朝便「王道微缺」，國勢開始衰落了。衰落的標誌性事件就是「昭王南征不復」。

事情是這樣的：周朝建國及勢力拓展，取的是坐西向東、坐北望南之勢。所謂坐西向東，指的是從陝西出潼關，經河洛，至東都，經營黃河下游，直達齊魯。武王伐紂、周公東征兩次重大的軍事行動，經營的都是這個方向。所謂坐北望南，指的是從陝西出武關，向江漢，經營南陽、南郡一帶，直至江淮流域。昭王南征，其實是周朝向南討伐楚國。可惜的是，這次軍事行動失敗了，周昭王自己也「卒於江上」，在渡漢江時，船翻江中，淹死了。

值得關注的是，周昭王死後，周朝沒有向各諸侯國發佈訃告。有諸侯問及此事，周朝的回答是：昭王南巡，渡江時意外遇難，言辭之中遮遮掩掩。因此，史書上關於此事的記述也是一筆帶過。幸好，2003 年 1 月，陝西眉縣出土了一批青銅器，在其中一銅盤的銘文上刻有昭王「撲伐荊楚」的字樣，證明昭王根本就不是「南巡」，而是「南征」。「南征」之理由本來就不正當，行動本身又失敗，昭王本人也殞命江中，這可說是周朝勢力向南擴張的一次徹底失敗。周王朝也知此次「南征」太丟面子，故不願聲張，連天子之死都不肯向諸侯發訃告，誠可謂「理不直，氣不壯」。

昭王之後，周穆王仍想通過炫耀武力樹立國威，遂

出兵征討犬戎，結果僅「得四白狼四白鹿而歸」。本來是發動一場征犬戎的戰爭，結果卻變成了一次小型的打獵活動，甚是滑稽。更嚴重的後果是，「自是荒服者不至」，原本承認周朝並按時來朝貢的夷狄部落，從此以後再也不來朝貢了，也就是說，周王朝失去了對夷狄部落的影響力——人家既不對你感恩了，也不再害怕你了。不感恩是因為你無緣無故就興兵征伐人家，不害怕是因為人家發現你的征伐也不過爾爾，不足為慮。

昭王南征和穆王征犬戎，這兩次軍事行動的失敗嚴重地損害了周王朝的對外關係，大國形象因此大打折扣。這還不是最要命的，最要命的是，周穆王又用嚴酷的刑罰鎮壓人民。他制定了三千多條刑法，其中最有名的就是「五刑」，即黥刑（在額頭刺字）、劓刑（割鼻子）、臏刑（砍腳）、宮刑（毀壞生殖器）、大辟（死刑）。這種用嚴刑峻法鎮壓人民反抗的做法，走的不正是商紂王用炮烙之刑鎮壓反抗者的老路嗎？

◎ 觀點提煉

西周滅亡之原因

　　無論是在國家治理還是在文化創建方面，西周均有許多可圈可點之處，其對中國後世的文化影響也十分巨大。這樣一個卓有成就的王朝，其創建和發展必有可取之處，其衰落與覆滅也必有值得深思之因。

　　一般人很容易把西周的覆滅與周幽王的道德敗壞聯繫在一起。這當然不錯。在所有王朝的覆滅過程中，我們幾乎都可從其末代帝王的身上找到種種致命弱點，但是，若將統治者個人的原因誇張得過大，那也會阻礙我們對問題進行更深入的探討。

　　西周的情況尤其如此。需要為這個王朝覆滅承擔責任的統治者，顯然不止周幽王一人，周昭王、周穆王、周厲王都應該位列其中。可是，我覺得光批評這些統治者的道德瑕疵仍然不夠。在這幾位不靠譜的帝王之外，似還有更深層次的原因。

　　西周立國，靠的是自西向東的武力奪取，這是一種侵略性的武裝移民和軍事佔領。它建國之後的分封制和禮樂文化，無不是以強大的軍事攻勢做後盾的。武王先軍事討伐，滅商之後再分封；周公先東征平叛，平叛之後再次分封。這種武力征討在前、政治分封在後的封建模式，其疆域的拓展和政治的興盛，始終需要強大的武力貫徹。可是，鑒於商朝滅亡的慘痛教訓，周人確定的治國理念卻是「尚文」，推崇道德倫理，推崇禮樂教化。如此一來，在武力上的開疆闢土與文化上的道德本位之間就形成了一種治理錯位。雖說二者並非根本矛盾，但畢竟有相當大的內在衝突。道德本位的天命觀喊得越響，武力征伐的合法性就越容易被削弱。這種矛盾在王

朝建立之初可能還沒那麼明顯，可是愈到了王朝的中後期，二者的內在衝突就愈劇烈。

如果王朝一直由道德修養好、執政能力強的帝王來統治，那麼這種衝突或可得到緩解，西周王朝還能延續更長的時間。可是，哪一個王朝能保證它的帝王全是明君？在一個權力世襲的制度之下，帝王中出現昏君是必然的。因此，西周王朝出現昏君也是不可避免的。

昏君會激化王朝體系所隱含的內在矛盾，昏君的言行挑戰了道德本位的天命觀，並直接導致了「禮崩樂壞」。禮樂體系一崩潰，西周王朝也就「亂了綱常」，其覆滅的命運遂不可避免了。

春秋霸業與尊王攘夷

周平王遷都雒邑之後，東周開始。東周又分春秋和戰國兩個階段，之所以要做這種區分，實因春秋可概括為「霸政時期」，而戰國則屬於「新軍國時期」，兩個時代有著截然不同的特徵。

春秋時代的政治主題是創建霸業、爭當霸主。為什麼要爭當霸主呢？首先就是因為周天子的政治權威喪失了。《左傳》稱：「周之東遷，晉、鄭焉依。」即周平王東遷雒邑之時，就得依賴晉國和鄭國兩個諸侯國的力量，可見當時王室已然喪失號令諸侯的實力了。既然周天子已喪失了權威，各諸侯國就紛紛自作主張，爭奪霸權，春秋時代就此開始了。

春秋時代，與周天子喪失政治權威相伴而生的，還有整個社會秩序的解體。這種解體的第一個表現是各諸侯國的內亂。比如在鄭國，鄭莊公與弟弟共叔段交惡，直至兵戎相見；在以禮儀之邦著稱的魯國，發生了魯桓公弒兄魯隱公，然後自立的事件；在宋國，發生了華督殺掉孔父嘉、宋殤公的華督之亂。為了爭權奪勢，諸侯國中經常發生兄弟相殘、以臣弒君之類的政治動亂，這充分說明，周朝建國初期所確立的政治秩序和道德倫理體系均已崩潰，正所謂「禮崩樂壞」

是也。

社會秩序解體的第二個表現是諸侯間戰爭頻繁、兼併不斷。西周時所分封各諸侯，本來均屬周天子統轄之下的兄弟之邦，大家都是「華夏」的一分子，理應相親相愛。可在周天子失去政治上的統攝力之時，原本的「兄弟之邦」說翻臉就翻臉，有實力的大國不斷兼併小國。有人統計過，整個春秋期間，楚國兼併了42個小國，晉國兼併了18個小國，齊國兼併了10個小國，魯國兼併了9個小國，宋國兼併了6個小國，其餘不再一一列舉。

同屬「華夏」的諸侯國之間征戰，彼此消耗，則又引起了夷狄的進攻。所謂華夏與夷狄，其實指的是生活方式和文化理念之不同。西周建國，本是一種農耕民族的武力拓展，它所統轄的遼闊疆域之中，除了諸侯國的農耕區域，還有不少遊牧民族，被稱為「夷狄」或「蠻夷」。各諸侯國在實力強大之際，自是能抑制夷狄的搶掠；可待諸侯國實力衰弱之時，夷狄就會趁火打劫，攻擊諸侯國。當時對中原各諸侯國最有威脅的夷狄，北有狄人、山戎，南有對中原虎視眈眈的楚國（當時的楚國還被視為蠻夷）。

為了改變諸侯國一盤散沙的局面，以對抗夷狄，遂有齊桓公、晉文公等人霸業的興起。

春秋時期各大國之「稱霸」，實因當時大國不止一個，尚無一國可以盡數懾服所有諸侯國，所以只能以諸侯之長的身份自居，即霸主。春秋首霸就是齊桓公。

　　齊桓公當政期間，任用管仲為相，在齊國進行了一系列改革，使齊國一躍成為東方大國。在中原各諸侯國普遍陷入內憂外患的情況下，強大的齊國站了出來，通過武力保護和價值輸出兩種辦法維護了天下秩序。武力保護方面，齊國幫助邢國、衛國抵抗了狄人的南侵，幫助燕國打敗了山戎。武力之外，齊桓公和管仲君臣還提出了「尊王攘夷」的普世價值觀，這個價值觀的核心是：正因為周天子喪失政治權威，所以才有列國互相征戰的不團結局面；正因為中原各國不團結，所以不能抵禦夷狄的侵略。為了抵抗夷狄，我們必須尊重周天子，按時朝貢。可以說「尊王」是「攘夷」的必須手段，「攘夷」讓本已失去政治權威的周天子又保留住了名義上的尊貴位置。

　　齊桓公稱霸之後，先後會盟諸侯 15 次，確實抵禦住了北方狄人、山戎和南方楚國的進攻。除了政治和軍事上的重大作為外，齊桓公還重申了一些普世的治國理念和道德禮法。在公元前 651 年的葵丘會盟上，齊桓公向各諸侯國宣讀了共同遵守的盟約，其中

規定，各諸侯國要「言歸於好」；不可壅塞水源；不可阻礙糧食流通；不可以妾為妻；不可隨便殺死士大夫；不可不讓士世襲官職；要尊賢育才，等等。若有人違反這些盟約，就被視為「亂臣賊子」，就可以「人人得而誅之」。

齊桓公的這些「普世價值」在當時是一種先進的理念，且能救治時弊。比如，各盟國「言歸於好」，不可壅塞水源，不能阻礙糧食流通等幾條原則，實在是維護正常國際秩序的保證。各諸侯國出現糾紛，不可擅自動武，亦不可輕易使用「經濟制裁」，而是要提交霸主裁決，這種處理國際危機的機制遠比動輒兵戎相見強得多。另外，不可以妾為妻，不可隨便殺死大夫等幾條道德準則，看似有「干預他國內政」之嫌，實則是為了防止各國發生內亂。因為國君正妻的兒子才是嫡子，才有資格繼承國君之位。若沒有「不可以妾為妻」的硬性規定，小妾們多會憑著年輕貌美的資本和無所不用其極的手段挑戰正妻的位置，這種殘酷的宮廷鬥爭經常搞得父子反目、兄弟相殘，國家亦會隨之動亂不已。

那麼什麼樣的諸侯國國君才有資格成為霸主呢？很簡單，文治和武功都要過硬才可。要在春秋時期當霸主，沒有強大的武力做後盾當然是不行的，可是，

僅僅依靠武力也是不夠的，武力之外還必須講道義，這便是史書上所說的「大國制義以為同盟主」。霸主的文治武功，在齊桓公的身上可以得到很好的佐證。其他幾位霸主，也大體如是。

齊桓公去世之後，受齊桓公託孤的宋襄公曾有過曇花一現的霸業，但很快為楚國所敗。再之後稱霸的為晉文公、秦穆公、楚莊王。春秋晚期，吳王闔閭和越王勾踐也曾稱霸，不過二者的勢力僅限於東南一隅，對中原地區影響不大。

齊桓公之救燕、伐楚

公元前 663 年，山戎屢次侵犯燕國，燕國向齊國求救。齊桓公與魯莊公在濟水相會，商討共伐山戎之事。魯莊公表面答應共同行動，實際上卻按兵不動。齊桓公與管仲、隰朋率兵北伐山戎。齊國君臣上下同心，終於戰勝山戎，達到了救援燕國的目的。燕莊公對齊桓公感激涕零，離別之際，送了一程又一程，不知不覺間，就到了齊國的地界。按照當時的禮法，「諸侯相送不出境」。一看這種情形，齊桓公好人做到底，說：「我不可以無禮於燕」，遂把燕莊公所到之地劃給了燕國。諸侯聽聞此事之後，對齊桓公心服口服 —— 人家不僅有實力，還這麼講道義，太難得了！

北討山戎之外，齊桓公又向南伐楚。楚國始族季連，其後裔鬻熊曾在周文王時為官，傳至熊繹，被周成王封到楚地（今湖北省秭歸縣東南）。但楚以蠻夷自居，成王盟諸侯於岐陽，楚不參加會盟，等於不買周天子的賬。昭王二十四年（公元前 1026 年），周昭王親率六師，渡漢水南征。結果，船行至流水，船翻，昭王溺水而死，周軍大部喪亡，史稱「昭王南征而不復」。至楚武王、楚文王時，楚國連年擴張，伐隨、伐申、滅鄧、滅息，開拓疆域到漢水中游，國勢日漸強盛。公元前 666 年，楚國無故伐鄭，被齊、魯、宋聯軍擊退。公元前 659 年，楚國因鄭國親齊，又派兵伐鄭。

為了抗楚，公元前 656 年，齊國會合魯、宋、陳、衛、鄭、許、曹，八國聯軍征伐楚國。

楚成王派遣使者到諸侯軍中說：「君王住在北方，我住在南方，縱使牛馬跑散也不會到達彼此的邊境。不料

君王來到我國境內，這是什麼緣故？」

管仲代表齊桓公回答：「從前召康公命令我的祖先太公說：『天下諸侯，你都可以征伐他們，以輔佐周室。』賜給我祖先征伐的範圍，東到大海，西到黃河，南到穆陵，北到無棣。你們的貢物包茅不進貢王室，天子的祭祀不能得到充足的供應，沒有什麼用來濾酒祭神，我特來追究這件事。周昭王南巡到楚國沒有返回，我也一併追究。」

楚國使者回答說：「貢物沒有進貢王室，是敝國國君的罪過，豈敢不供給？至於昭王南巡沒有返回，君王到漢水邊上去查問吧！」

諸侯軍隊繼續前進，駐紮在陘地（今河南偃師縣東）。聯軍與楚國軍隊對峙到夏天。楚成王又派遣使者屈完前往諸侯軍中談判。齊桓公陳列諸侯軍隊，與屈完同乘一輛戰車觀看。齊桓公說：「這次用兵難道是為了我自己嗎？這是為了繼承先君建立的友好關係，你們楚國與我們繼續友好，如何？」

屈完回答說：「君王光臨，向敝國的社稷之神求福，承蒙收納敝國國君，這乃是敝國國君的願望。」

經過談判，楚國表示願意加入以齊桓公為首的聯盟，聽從齊國指揮。於是齊桓公與楚國的屈完簽訂了盟約。此次伐楚，齊桓公率領的諸侯聯軍雖沒有對楚國窮追猛打，但達到了讓楚國承認周天子地位、不再侵略中原各國的戰略目的。

齊桓公北抗狄，南伐楚，安內攘外，保護了中原經濟和文化的發展，其歷史功績是不可磨滅的。孔子曾說：「晉文公譎而不正，齊桓公正而不譎。」意思是，晉文公詭詐而不正義，齊桓公正義而不詭詐。這是一個比

較高的評價。我們知道，孔子對春秋時期的許多國君都看不上眼，稱他們是「亂臣賊子」。他之所以認為齊桓公「正而不譎」，絕不僅僅是因為其霸業本身，而是因為齊桓公有一定的道義和文化擔當。齊桓公的「尊王」對恢復《周禮》有積極作用，這一點與孔子畢生的文化訴求極為合拍；而「攘夷」則不僅保護了中原各國的經濟發展，對捍衛中原文明有著至關重要的作用。

◎ 觀點提煉

大國爭霸的實質及意義

春秋時期的爭霸戰爭及隨後的諸侯會盟，實質上是霸主國安排「國際秩序」的兩種手段。大國通過發動戰爭，掠奪了土地、人口和財物，擴大了自己的勢力，然後再通過會盟的形式將自己的利益和特權固定下來。小國為了自己的安全，只得依附大國，以政治上的臣服和經濟上的納貢來尋求大國的保護。人們常說的「春秋無義戰」，其道理就在於此，即這一階段的戰爭，本質上都是為霸業而戰，為利益而戰，而非為道義而戰。不過，這種爭霸戰爭及與之相匹配的會盟，在客觀上也起到了以下積極效果。

其一，爭霸戰爭進一步開拓了「華夏」疆域。比如，秦穆公稱霸西戎，將「華夏」的空間範圍大大向西拓展了；楚國兼併江淮、漢水流域諸小國，並隨後成為霸主，也等於將這些原本屬於「蠻夷」的南方區域納入到了「華夏」版圖。

其二，爭霸戰爭造就了幾個大的區域中心，促進了民族融合。春秋時期，因被稱為「夷狄」的少數民族不斷襲擾中原，中原的霸主也以「攘夷」為口號，整合資源，與之相抗，於是就出現了空前的民族大對抗、大遷徙與大交流。華夏各諸侯國與少數民族各部落通過相爭相抗達成彼此融合，加速了華夏族與其他民族的經濟、文化交流。各大國之間交替稱霸，在實際上形成四大區域中心，即以齊國為中心的東方民族文化融合區、以晉國為中心的中原民族文化融合區、以秦國為中心的西北民族文化融合區、以楚國為中心的南方民族文化融合區。這幾大民族文化融合區又通過頻繁的交往，互相學

習、互相促進，使整個社會的制度、經濟、文化、軍事等得以快速轉型、升級。

其三，爭霸戰爭加快了制度升級。西周時期建立的封建體系，原本是一種血緣共同體和權力共同體高度重疊的宗法體系。周天子既是天下共主，又是大家長。待到春秋時期，社會全面轉型，「禮崩樂壞」，先是周天子成為傀儡，號令諸侯的大權轉移到了霸主之手；接著，諸侯手下的卿大夫（比如魯國的「三桓」，晉國的「六卿」等）有樣學樣，也紛紛篡奪了諸侯的大權；到了春秋晚期，卿大夫手下的家臣（即所謂的「陪臣」）又篡奪了卿大夫的權力。權力不斷下移使老牌貴族逐漸被淘汰，新興的士大夫階層發揮的作用愈來愈大。與權力下移相伴發生的，還有文化的下移和制度的更新。文化下移體現為官學廢棄，私學興起，一度為官方壟斷的學術文化體系徹底瓦解，思想文化的傳授與傳播轉移到了民間。此事讓平民子弟得到了學習「詩書禮樂」的機會。一些平民子弟通過學習改變了命運，一躍成為「士人」，固化的社會階層被打破了，社會活力和個人潛能就此激活了。

在經濟方面，由於人口增長，各地彼此接觸，許多資源得以流通。以糧食而論，原本產於北方的黍稷、南方的稻穀，到春秋時期已能在各地普遍種植，小麥、豆菽的種植技術也推廣到了華夏各地。鐵器已出現，且大有取代青銅器之勢。華夏各地之間的物產交換愈發頻繁，貨幣廣泛使用，富商巨賈開始出現，商品經濟隨之誕生。

戰國：軍事對抗的時代

　　從公元前 476 年（周元王元年）到公元前 221 年秦始皇統一六國，這兩百五十多年的歷史被稱為「戰國」階段。以「戰國」二字命名這段歲月，足以說明戰爭在那個時代是多麼頻繁。

　　春秋末期，諸侯中的大國為晉、楚、齊、秦、越、燕六國，晉國擔任霸主國的時間最長。後來，晉國被趙、韓、魏三大政治家族所分，史稱「三家分晉」。與此同時，原本屬於姜姓的齊國也被權臣田氏取代，史稱「田氏代齊」。春秋與戰國兩個時代的劃分，即以「三家分晉」與「田氏代齊」為標誌。春秋末期驟然興起的越國，至戰國中期即被楚國所滅，如此一來，戰國時期的大國也變成了秦、楚、齊、燕、趙、魏、韓七個，是為「戰國七雄」。七個以武力爭勝的國家，相互之間或合縱或連橫，征伐不已，遂釀成烽火連天之勢。

　　春秋時代，國君要應對的兩件大事是祭祀與戰爭，「唯祀與戎」。等到了戰國時期，戰爭成了各國君王所要面對的頭等大事，重要性已遠在祭祀之上了。不唯如此，戰國時期的戰爭在性質、規模、戰術手段、軍事理論等各個方面都發展到了一個前所未有的

階段，值得單獨說一說。

　　春秋時期，戰爭的性質是「爭霸」，即爭奪霸主國地位 —— 兩國交戰，敗者稱臣納貢，承認勝方「老大哥」的國際地位。但到了戰國時期，戰爭的性質已經不再是爭霸戰爭，而變為兼併戰爭了，即發動戰爭的主要目的就是為了兼併土地、奪取城池。如果說爭霸戰爭主要是為了爭面子的話，那兼併戰爭所爭的可就不只是面子，更有實實在在的利益，土地、城池、人口等均成了爭奪對象。戰敗了，不但丟面子，還要丟城、丟地、丟人。正因如此，戰國時期的戰爭比春秋時期的戰爭規模要大得多，戰術手段也複雜得多、殘酷得多。春秋時代的戰爭規模小，投入的兵力少（一般不超過千輛戰車），戰爭基本在一天之內結束。到了戰國階段，戰爭動輒就要投入幾萬、十幾萬乃至幾十萬的兵力，雙方曠日持久地廝殺，一場戰役打幾個月是尋常之事。著名的秦趙長平之戰，歷時三年，參戰兵力近百萬，趙軍戰敗後，光被秦軍坑殺的降卒就有四十萬之多，其規模之巨大、戰況之複雜、戰局之殘酷可謂史無前例。

　　此外，戰爭手段和戰術水平在戰國時期也發展到了一個前所未有的高度，絕非春秋時代可以比擬。春秋時代的戰爭模式比較單一，兩軍都使用戰車，在

一個相對平坦的戰場列好陣形,然後發起衝鋒。可等到了戰國時代,隨著戰爭範圍的擴大和作戰條件的複雜,戰車就被淘汰了。為什麼?其一,戰車的使用條件太苛刻,必須在平原上使用,若在山區作戰,其劣勢就相當明顯。其二,與騎兵相比,戰車機動性太差。戰車與騎兵作戰,戰車一方即便打贏了,人家騎兵掉頭就跑,你追不上;若戰車方打敗了,你駕著四匹馬拉的戰車如何跑得掉?其三,戰車已經不適應新技術條件下的戰爭形勢了。戰國時期,各國都有弩箭部隊,那就是當時的「遠程武器」,戰車這麼大的目標,不正成為人家射擊的靶子嗎?正是基於上述原因,戰車這種作戰形式在戰國時期被淘汰了,取而代之的是騎兵、步兵、特種兵、偵察兵、箭弩兵等多兵種的協同作戰。在騎兵取代戰車的過程中,趙武靈王推行的「胡服騎射」是一場極其重要的社會變革,它直接將戰爭從 1.0 版本升級到了 2.0 版本。

戰術手段的豐富勢必然帶動戰場形勢的複雜化,而戰場形勢的複雜化又呼喚著軍隊訓練的專業化和戰役指揮的專業化,彼此互動,也就將軍事理念和戰術水平提升到了一個新的高度。秦國最後能兼併六國,很大程度上在於秦軍有它獨創的先進戰法 —— 箭弩陣與輕騎兵密切配合的突擊法。秦軍與敵方作戰,第

一輪上場的是訓練有素的箭弩兵，他們按一定的陣形擺開，對著敵方的部隊或城池，密集發射「箭雨」，這類似於二戰時期的「炮火打擊」。一陣密集的箭雨之後，秦國的輕騎兵趁著對方陣腳大亂之際就迅速發起衝鋒，他們或直插要害，「中央突破」，或「兩翼包抄」，合圍敵人。這種先進的戰法，再加上士兵訓練有素，所以秦軍才在戰爭中屢屢取勝，威震諸侯。在戰國後期，唯一能對抗秦軍的趙國軍隊，亦有他們的撒手鐧——騎兵衝鋒戰術。趙武靈王推行「胡服騎射」改革之後，趙國的騎兵規模和騎兵作戰能力均發展迅猛。趙國與他國作戰，往往就利用他們的騎兵優勢，以騎兵佔領戰場制高點，通過騎兵居高臨下衝鋒的方式衝垮敵人。公元前 269 年，秦趙之間在閼與交戰。趙國名將趙奢前期故意行軍緩慢，給秦軍造成趙國畏戰的假象，意在麻痹秦軍。隨後，他率部急行軍趕到戰場，以騎兵佔領戰場高地，迅速發起了衝鋒，一舉擊垮了秦軍。

　　戰爭頻繁，對手之間相互對抗，也相互學習，這使得戰國時期的戰術手段迅速提升。比如，秦國在秦孝公時期與韓國交戰，發現韓國的勁弩有強大的殺傷力，他們繳獲勁弩後就用心研究，隨後開發出威力更大的秦弩。在閼與之戰被趙軍打敗之後，秦人也積極

學習騎兵戰術，並結合本國特點，開發出了用輕騎兵迂迴包抄、合圍敵軍的戰術。公元前 260 年，長平之戰中，白起就利用輕騎兵包抄、合圍的戰法，將趙括率領的趙軍成功地分割包圍。

戰術手段之外，軍事指揮藝術在戰國時期也發展到了一個新高度。戰國時期，前期的軍事指揮還是軍政不分的，即一國的國相統領軍隊，指揮作戰。越到後期，軍事指揮越由專業化的戰將負責。為贏得戰爭的勝利，這些將領竭盡所能，創造出了許多新的戰役形式，指揮了許多經典戰例。這些戰例不僅豐富了指揮藝術，而且也推動了軍事思想的進一步發展。比如，孫臏在馬陵之戰中打敗龐涓，採用的是伏擊戰；廉頗在長平之戰中之所以能與秦軍對峙三年，用的是堡壘防禦戰；白起在長平擊敗趙括，打的是大規模殲滅戰；三家分晉之際，智伯先是對趙襄子用水攻，放水淹趙晉陽城，後來他自己也被趙、韓、魏三家水攻；齊國的田單用「火牛陣」奇襲燕軍大營，用的是火攻。這些不同的作戰模式和指揮思路，使得戰國時期的戰爭異彩紛呈、可圈可點。更重要的是，隨著戰爭實踐的發展，兵家和兵法理論體系亦在戰國時期趨於成熟，《孫臏兵法》、《吳起兵法》、《鬼谷子》直到今天還是人們津津樂道的重要軍事理論。

「胡服騎射」到底是怎麼回事？

戰國時期的趙國地處今天陝西、山西、河南、山東之間，西面是秦國和韓國，西北有林胡、樓煩等少數民族部落，北面是中山國，東北與燕國、東胡相接，東南與齊國、魏國為鄰，可以說是一個「四戰之國」，地理位置很差，飽受鄰國侵略之苦。

到趙武靈王當政之時，他敏銳地感覺到了騎兵在戰爭中的巨大威力，遂排除阻力，推行「胡服騎射」。具體措施有以下幾項：其一，放棄寬袍大袖的華服，改穿胡服。變履為靴，以便於騎馬，將原來用銅做的重甲改為用皮革做的輕甲，以減輕重量，便於在戰場上快速馳騁。其二，招騎射，以優厚的待遇招募會騎馬射箭的人充當騎兵。其三，收編胡兵，將趙地的胡人編入騎兵隊伍，發揮他們善騎善射的特長，讓他們帶隊伍，提升趙國騎兵的戰鬥力。其四，建立騎兵訓練基地，購買胡馬。生長在北方內蒙古高原一帶的馬匹善於奔跑，耐力好，比中原地區的馬匹更適合做戰馬。其五，給騎兵配備更適合馬上作戰的長矛和劍矛，更新武器裝備。從這些內容我們就可以看出，趙武靈王的「胡服騎射」實質上是一場全面的軍事革命，從服裝到武器，從鎧甲到戰馬，從士兵到戰法，圍繞戰爭的各個環節都進行了一次全新的升級。

一年之後，這項改革就見成效了。趙武靈王二十年（公元前 306 年），趙國進攻中山國，一直打到寧葭（今河北省石家莊市西北）。趙國的另一路軍隊向西進攻林胡，一直打到榆中（今內蒙古伊金霍洛旗一帶），迫使林胡王「獻馬求和」。一年之後（公元前 305 年），趙國

再次進攻中山，一路攻城略地，收穫頗豐，原屬於趙國的地被奪回。兩年後，趙國再次進攻中山國，中山國只好獻四城求和。到趙武靈王二十六年（公元前300年），趙國繼續進攻中山國，連續進攻五年後，終於將中山國全部吞併，趙國的土地連成了一片。

在進攻中山國的同時，趙國向北、向西不斷擴張領土，將包括今天山西北部、內蒙古中部的大片土地都收入囊中。國土面積的擴大，除了增加人口和耕地外，對趙國來說還有一個特別的意義，那就是得到了寶貴的戰馬產地。有了內蒙古高原這個優秀的戰馬產地，趙國騎兵的戰馬供給就不缺乏了，騎兵的訓練水平也水漲船高了，步步攀升。胡服騎射的改革至此步入了良性循環：改革增強了趙國的軍事實力，原來受侵略的趙國現在可以開疆闢土了，疆域的擴大使趙國有了更優越的戰馬產地，大量戰馬的出產進一步增強了趙國的軍事實力。

趙武靈王的胡服騎射，不僅惠及趙武靈王一朝，而且還澤被趙國後世。到戰國後期，在秦軍一枝獨秀之際，唯一能與秦軍對抗的就是趙軍。公元前269年，秦軍進攻中原，圍困了趙國的軍事重鎮閼與（今山西省和順縣），趙國的大將趙奢帶兵救援，在閼與之戰中靠騎兵衝鋒戰術「大破秦軍」，「解閼與之圍而歸」。趙軍騎兵強大的戰鬥力，當然與趙武靈王推行的「胡服騎射」改革密不可分。

戰國時期的變法與社會秩序重組

為了適應激烈的兼併戰爭之需要，戰國時期的幾個大國均進行了自上而下的政策調整，是為「變法」運動。比如，李悝在魏國實行變法，吳起在楚國實行變法，鄒忌在齊國實行變法，商鞅在秦國實行變法。這些變法在具體措施上當然有不少差異，但主要精神不外乎以下幾點。

其一，廢世卿世祿制為獎勵軍功制。西周時期，諸侯、卿大夫等貴族階層有封邑，封邑可以世襲，貴族的後代憑其血緣即可世代擔任高官，享受特權。這就是世卿世祿制度。但隨著宗法體系的沒落和社會活力的激發，與貴族世家沒有血緣宗法關係的「士人」階層開始登上了歷史舞台。他們憑著個人能力投靠到卿大夫之家，充當家臣，卿大夫則以祿田或粟米向家臣支付報酬。這其實已是一種新型的官僚制度。至戰國時期，隨著士人階層的不斷壯大，這種新型的官僚制度得到了確認與普及。適應此種情勢，各大國的統治者紛紛以「舉賢任能」為口號，打擊舊的世卿世祿制度，以給新崛起的士人階層提供更大的舞台。

其二，以郡縣制代替封邑制。這一點是加強國君權力之必需，也是國君為應付兼併戰爭，最大限度動員全國力量之必然手段。封邑制是西周時期宗法封建體系之產物，當時周天子統攝天下，各諸侯國國君之權力上面受周天子之控制，下面又受卿、大夫等家族勢力之掣肘，很難動員全國之力發動戰爭。可待宗法封建體系解體之後，諸侯國各自為戰，彼此征伐，此時諸侯國國君必須將權力集中到自己手中才能貫徹「全國一盤棋」的

執政思路，以達到「富國強兵」的目的。只有富國強兵，才能保證自己的國家有能力發動戰爭或者應對戰爭。正是基於這種考量，各國的變法才紛紛推行郡縣制。郡縣制之下，郡守、縣令均由國君任免，其職位不能世襲，視其忠誠度及能力優劣而任免進退。如此一來，國君對國家的掌控能力極大加強。這一點，也為後來秦始皇創建帝制打下了基礎。

其三，廢井田，開阡陌。這一點是由鐵製農具和牛耕技術的推廣而催生出來的生產力大發展。牛耕技術在中國產生於春秋時期，大面積推廣則到了戰國時期。冶鐵技術也一樣，它在春秋時期已經出現，但其成熟與推廣則是在戰國時期。二者天生是絕配，「只有鐵犁才能承受得住牛的拉力，也只有耕牛才能拉動鐵犁」。這兩項技術的廣泛推廣，不僅讓大面積的開墾與耕種變成了現實，而且也極大地提高了土地利用率。二者的效力一疊加，使得糧食的產量大幅度增加，農業經濟迅猛發展。在生產大發展的刺激之下，原來相互隔絕的一塊塊井田，勢必被整塊的大面積農田所取代。井田制一廢，國家趁勢將土地收歸國有，然後再以授田制的方式「授予」農戶，農戶耕種了國家的土地，向國家上交賦稅也屬天經地義。土地制度的變革由此完成，並在日後被沿用了兩千多年。

為了與大開阡陌相配套，一些國家還興修了大型水利工程。比如，魏國修了鄴渠，秦國修了都江堰和鄭國渠。這些國家修建的大型水利工程，既能防洪，還能灌溉，有時甚至能形成「沃野千里」與「天府之國」的奇效。此事一方面說明中國的農業和水利在戰國時期就已經發展到了一個相當高的水平，另一方面也看出中央集

權國家對社會經濟生活干預力度之強大。土地資源歸國家所有，國家為了讓土地發揮最大效率，不惜進行巨大投入，修建大型水利工程，以確保農民的農業收成。農民有了好收成，國家自然可通過收取賦稅來達成「國富」之目標。國庫充實之後，就可拿出更多的錢糧來擴軍練兵，「富國強兵」由此連為一體。而各國變法的最終目的，都是為了「富國強兵」。

　　概括地說，整個戰國時代就是一個通過戰爭這種最暴烈的方式刺激、重組國家秩序的歷史進程。在這一過程中，創建於西周時期的宗法封建體系被摧毀，百姓得以從等級森嚴的權力結構和宗法束縛中脫離出來，成為個人。可隨後他們又以個人的身份被納入到國家組織之中，成為國家的一分子，聽從國家的調遣，或按時交納賦稅，或被徵召為士兵。就此而言，我們可說戰國時代實乃是秦漢帝國的前夜。

諸子百家：從神到人的文化覺醒

　　大凡一個急速轉型的時期，人們的內心安寧多會被打破。在時代的巨變面前，人們的身心均要受到極大的刺激與震動。舊的世俗權威和精神權威都倒掉了，舊的秩序解體了，舊規則也沒幾個人遵守了。過時的東西必須被摒棄，可新的權威、秩序及道德倫理尚未構建完成。此等情形之下，大部分人都會感到茫然若失，身心疲憊。另有極少的一部分人則會自覺肩負起文化使命，冷靜地審視歷史和現實，用心地去尋找適應新時代的指導原則和價值理念。這極少數的人便是思想家、哲學家。

　　春秋戰國五百多年的歷史就是一個巨大的社會轉型時期，此間湧現出的諸子百家，是中國歷史上一流的思想家、哲學家，他們的思想可說是中國思想體系的核心部分。

儒家

　　孔子（公元前 551 — 公元前 479）是儒家思想的創始人，偉大的教育家、思想家。

　　孔子是春秋末期的魯國人，他的祖先是宋國人，他的父親叔梁紇是魯國的武士。孔子自幼好學，以

「知禮」著稱。所謂「知禮」，就是說孔子不僅懂得當時貴族流行的一切禮儀形式，還深入研究了這些禮儀的沿革和文化內涵。孔子在歷史上能確立儒家宗師的身份，最重要的一點就是他從《周禮》中提煉出了「仁」的思想理念，將一套事無巨細的貴族行為規範提升到了思想文化的高度。

孔子所說的「仁」，指的是人與人之間相親相愛的一種美好關係，正所謂「仁者愛人」。「仁」又可分為「恕」和「忠」兩個維度，「恕」是「己所不欲，勿施於人」，即不要將自己不願遭受的事施加於他人；「忠」是「己欲立而立人，己欲達而達人」，這代表一種可貴的分享精神，即自己有了成就和快樂，也希望別人有同樣的快樂。

孔子希望個人都成為「仁者」（至少也要做一個「君子」），政府實行「仁政」，不要橫徵暴斂，過度壓迫百姓。針對春秋時期「禮崩樂壞」的現實，孔子希望社會上的每個人都能恪盡職守，「君君臣臣，父父子子」，即國君要履行國君的職責，臣子要履行臣子的職責，做父親的要有當父親的樣子，做子女的要有當子女的樣子。

為了推行自己的「仁政」主張，孔子辭去魯國大司寇之職，周遊列國十四載，試圖說服其他諸侯國國

君接受其「仁政」思想，構建一個穩定和諧的天下秩序。孔子遊說諸侯國國君的行動失敗了，但他在周遊列國的過程中宣傳了「仁政」主張，擴大了儒家學說的影響力。

孔子念念不忘恢復「周禮」，這看似保守，其實他是一位偉大的思想革新者。他是當時最有名的禮學大師，擅長主持祭祀、葬禮之類的事情，但他卻把文化關注的目光從鬼神轉向了人 —— 從取悅鬼神的祭祀文化轉移到了構建人間和諧關係的「仁政」上。他對「鬼神」採取一種擱置不議的態度，宣稱「敬鬼神而遠之」，其用意正在於重視人的潛能開發、重視理性，而逐步擺脫神對人的束縛。

孔子還重新解釋了「天命」觀。他在《論語》中所說的「天命」，已不再是一個王朝的政治天命，而是指個人的天命，即一個人可以通過充分開發潛能，「盡人事，聽天命」，以自己的理性選擇和積極作為來完成自己的道德使命、文化使命和生命體認。這一思想顯然脫出了一切由神靈主宰的宿命論之窠臼，開啟了從「神本位」到「人本位」的偉大轉換。

孔子生前也曾短暫從政，但他絕大多數的時間都在從事教育工作。他興辦的私學是春秋末期最著名的私學，他的門下有「弟子三千，賢人七十二」，辦學

規模和教學成果都非常顯著。孔子辦私學，提倡「有教無類」，極大地降低了入學門檻，使平民百姓也可學習到以前貴族們才能獨享的文化和技能。錢穆先生說：「孔子是開始傳播貴族學到民間來的第一個。孔子是開始把古代貴族宗廟裏的知識來變換成人類社會共有共享的學術事業之第一個。」這個評價十分恰當。

孔子在教學過程中體現出了高超的教學藝術，他對弟子時而「因材施教」，時而「循循善誘」，師生之間如切如磋，如琢如磨，有著良好的人格熏染和學術砥礪。從這一點上看，孔子不愧為「至聖先師」，偉大的教育家。孔子和弟子之間相互問答的語錄，後來被弟子們編輯成《論語》一書，成為儒家最著名的經典。

孟子是孔子之後的又一位思想大師，被稱為「亞聖」。他是戰國時期的魯國鄒（今山東鄒城）人，其經歷與孔子很相似，也是早年喪父，由母親撫養長大，成人後以道德崇高、學問精深而著稱。孟子繼承了孔子的「仁政」思想，也一度周遊列國，試圖勸說戰國時期的各國君王實行「仁政」，他的勸說行動最後也以失敗而告終。他晚年和弟子一起編撰了《孟子》一書，系統地闡述了自己的思想主張。

孟子發展了孔子的「仁」政理念，提出了著名的

「性善」論，指出「人性本善」，人人皆有「四心」，即「惻隱之心，人皆有之；羞惡之心，人皆有之；恭敬之心，人皆有之；是非之心，人皆有之。惻隱之心，仁也；羞惡之心，義也；恭敬之心，禮也；是非之心，智也。仁義禮智，非由外鑠我也，我固有之也，弗思耳矣。」意思是，人人都有同情他人、明辨是非善惡的本能，仁、義、禮、智這些優秀的品格是人本身固有的，並非外界強加的，只不過有些人不善於開發這些潛能罷了。在孟子看來，既然人性本善，那麼做人行善行、執政行「仁政」也就成了順勢而為之事，而那些所謂的惡人，不過是丟失了自己的本性而已。

與孟子「性善」論相對的，還有儒家中持「性惡」論的荀子。荀子是戰國晚期的趙國人，曾在齊國的稷下學宮三任「祭酒」，即擔任學宮的最高職位，他後來遊歷楚國，當過蘭陵（今山東蘭陵縣）縣令。荀子認為，「人之性惡，其善者偽也」。意思是，人性是惡的，有性善的人，那是人為矯正的結果。而荀子正是想通過「禮」「法」並舉的手段來矯正人性之惡，使之棄惡揚善。

荀子說：「生而有耳目之欲，有好聲色焉，順是，故淫亂生而禮儀文理亡焉。然則從人之性，順人

之情，必出於爭奪。」意思是，正因為人性中有惡的因子，如果順從這種惡，任其發展，那社會秩序就亂了。為了制止引發社會動蕩的「爭奪」，就必須「明禮義以化之，起法正以治之，重刑罰以禁之，使天下皆出於治，合於善也」。即要用禮儀、法律和刑罰來治理民眾，防止其作惡。

孟子與荀子之間的「性善」「性惡」之爭，與其說是純粹的理論論爭，倒不如說他們是針對不同時代所開出的不同「救治」藥方。孟子生活在戰國中期，他的「性善」論針對君王，側重於正面引導，意在勸誘他們執行「仁政」；而荀子生活在戰國晚期，當時的戰爭更慘烈，社會更混亂，荀子的「性惡」論針對如何治理民眾，意在幫助統治者找到一種矯正現實弊端的執政理念。脫開孟子、荀子的具體時代而言，「性善」論和「性惡」論恰好從正反兩個方面充分論證了後天學習對一個人成長的重要性，也論證了一切社會治理都要遵循以人為本、懲惡揚善的基本路徑，這也更進一步地將文化關注的目光由神學（祭祀文化）拉向了人學（人間秩序的構建）。

道家

在中國，道家思想的地位僅次於儒家。如果說儒

家思想是士人階層的哲學的話，那麼道家思想就是隱士的哲學。

在春秋戰國這五百多年的社會轉型時期，有些人目睹了無休止的戰爭、動亂和死亡，對「禮崩樂壞」的社會痛感失望。他們選擇了歸隱，以退出爭奪權力、地位和財富的方式來換得生命的安全和內心的安寧。這便是道家思想產生的社會基礎。

春秋戰國時期道家思想的代表人物是老子和莊子。

跟孔子一樣，老子也看到了統治者對底層民眾的殘酷壓迫，並對此持強烈的批判態度。在老子看來，老百姓之所以難於治理，正是因為統治者法令滋彰、橫徵暴斂所致。老子反對統治者「瞎折騰」，提倡「無為而治」和「小國寡民」。

老子認為，「道」是萬事萬物獲得生存和發展的根源，「人法地，地法天，天法道，道法自然」。為了順應「道」，統治者應該「少私寡欲」，盡量少干預民眾的生活，讓社會順其自然地去運行，這頗有點「小政府，大社會」的味道。

老子善於使用逆向思維，提出了中國古代的辯證法，他認為事物之間是存在著矛盾的，矛盾的雙方又可在一定條件下彼此轉化。他說：「禍兮，福之所倚；

福兮，禍之所伏。」這是說禍福之間可以互相轉化；他說：「物壯則老，是謂不道，不道早已。」這是說事物發展到鼎盛就要開始走下坡路；他說：「有無相生，難易相成，長短相較，高下相傾，音聲相和，前後相隨。」這是對矛盾的雙方相互依存的一種經典概括；他說：「將欲歙之，必固張之；將欲弱之，必固強之；將欲廢之，必固興之；將欲奪之，必固與之。」這是辯證法在政治鬥爭和軍事鬥爭中的應用策略。

如果說孔子的思想是以「仁」和「仁政」為核心，側重構建人間和諧秩序的話，那麼老子的思想則是以「道」為核心，側重論述一種更抽象也更超越的宇宙觀。

到了戰國時期，莊子繼承了老子的思想學說，既批評統治者的橫徵暴斂，也反對儒家倡導的「仁義」道德與「禮樂」文化。他主動選擇歸隱，拒絕參與任何政治事務。他認為，亂糟糟的現實社會已不可救藥，不值得參與其中了，個人所應該做的就是要脫離對任何群體秩序的依賴，以歸隱的方式獨善其身，並實現精神上的絕對自由。

在中國歷史上，道家思想是儒家思想的一個很好的補充。當集權統治和儒家倫理極大地束縛人的心性之時，道家哲學則會讓人們從中找到難得的自由精

神，藉此抒發性靈。當一些官員在官場失意之時，他們也很容易從道家那裏獲得精神慰藉。因此，中國古代的文人在官場得意之時往往是心懷天下的儒士，而等他們遭貶謫之際則又自然而然地轉成了看淡名利、寄情山水的道家信徒。儒家思想倡導的是一種道德人生，道家思想倡導的則是一種藝術人生，二者恰可互補。

墨家

墨家思想的創始人是墨子。墨子原本受孔子思想影響，學習儒家學說。但學儒之後他感覺儒家提倡的「禮」太繁瑣了，儒家的厚葬做法太浪費錢財，儒家在服裝、飲食等生活方面比較講究，這些都會對普通民眾的生活造成傷害。於是，墨子拋棄了儒家推崇的周代文化，轉而倡導比周朝更早的夏朝文化，「背周道而用夏政」。錢穆先生稱：「墨家之學，蓋本孔子批評貴族階級之精神，而為更進一步之主張耳。……其思想激進，於先秦諸子中可稱左派，而儒家一脈則右派也。」

墨子的思想之所以比儒家更激進，我想可能與墨子的底層出身有關。墨子出身社會底層，面色黧黑，穿粗糙的衣服，吃簡陋的飯菜，「以自苦為極」，常年

為道義奔走，日夜不休，「摩頂放踵」，搞得自己年紀輕輕就禿了頭頂，就連腿上的汗毛都被磨掉了。

若說儒家是士人的哲學，道家是隱士的哲學，那麼墨家則完全是草根階層的哲學。正因為要替最底層的民眾代言，所以墨家比儒家更激進，甚至帶有「民粹」和「反智」傾向。儒家主張「仁愛」，墨家就主張「兼愛」，「仁愛」是一種講究等級秩序的愛，而「兼愛」是一種無差別的愛；儒家主張「學而優則仕」（先學好本領然後再當官），而墨家則主張國君乾脆就該把王位讓給賢人；儒家提倡「禮樂」治國，墨家則反對一切禮儀和藝術。他們認為，治理國家的根本目標就是滿足底層民眾衣食住行的最低要求，凡是與這一目標無關的活動都應該被禁止。而且，只要讓百姓維持最低的生活水平也就夠了，統治者和民眾都不應該享受豐富多彩的物質生活和文化生活。這便是墨家「非樂」「節用」「節喪」等主張的核心理念，這些觀點的本意是抨擊統治階層的奢侈腐化，是有進步意義的。可是，社會總是向前發展的，物質和精神財富是不斷增加的。在這種大趨勢之下，墨子卻想限制甚至取締人們的物質享受和精神享受，僅讓人們維持最基本的生存需求，這顯然是違反歷史潮流的。

墨家堅決反戰，主張「非攻」。為了維護和平，

墨子和他的門徒還曾建立了組織嚴密的民間維和部隊——巨子組織。在極其殘酷的戰國時代，墨子的主張一度受到了草根階層的擁護，不少底層民眾加入到墨家的巨子組織之中，過著「量腹而食」的清貧生活。可是，一旦社會步入到了一個正常發展的軌道，墨家的思想主張也就喪失了生存的土壤。對此，錢穆先生說：「彼墨徒，本天志，倡兼愛，廢禮樂，節喪葬，凡所謂貴族階級之生活，將盡情破棄，而使人類一律以『刑徒役夫』為例，是非人情也。」正因墨家的思想太極端，所以其歷史影響不及儒家和道家。

法家

法家思想的代表人物有商鞅、韓非、李斯等人，他們均主張君主集權，主張用「嚴刑峻法」來治理百姓，他們設計一整套措施，用來幫助國君實施對臣民的嚴密管控。

法家思想可用「兩面三刀」來加以概括。所謂「兩面」就是「賞罰」，即一面用「厚賞」的手段鼓勵人民為國家努力耕田和作戰，另一方面則用「重罰」的方式使百姓不敢觸犯法令。所謂「三刀」則是「法術勢」，「法」就是國君頒佈的法律、法令，「術」就是國君駕馭臣民的權術，「勢」則是國君高高在上的權勢

和地位。法家認為，國君若能很好地使用「三刀」，就能充分發揮權力的威力，最大限度地整合資源，把國家的人力、物力、財力全部投入到農業生產和擴軍備戰之中，如此便能實現「富國強兵」「成就霸業」乃至「一統天下」的目的。

　　法家的治國理念曾在戰國時期風行一時，秦國也正是通過商鞅變法而走上了富強之路，並最終統一了六國。但是，法家嚴刑峻法的治國手段也引起了人民的強烈不滿和不斷反抗，大秦帝國也因此「二世而亡」。自此之後，法家思想就與「苛政」的壞名聲聯繫在了一起，並受到了後人的嚴厲批判。總體而言，法家思想與其說是一種哲學，不如說是一種君王統治術更貼切。

陰陽家

　　陰陽家的主要人物是鄒衍，他是戰國中期的齊國人，與孟子同時代。他學識淵博，對天文、歷史、地理等均有研究，也曾在稷下學宮講學。

　　陰陽家的學說源自一種樸素的自然宇宙觀，即認為萬事萬物都有陰陽兩個對立面相斥相吸而構成，宇宙由天和地構成，天為陽，地為陰，人類由男人和女人構成，男性為陽，女性為陰。這種陰陽互補的二元

論，後來又與「金木水火土」五行相生相剋之說相融合，就構成了陰陽五行學說的主要內容。此種學說認為，宇宙的運行有一套自然秩序，那就是陰陽互補，「萬物負陰而抱陽」，同時，五行之間相生相剋，即：木生火，火生土，土生金，金生水，水生木；金剋木，木剋土，土剋水，水剋火，火剋金。這套理論再與天文氣象、王朝興衰、人事更迭乃至四季輪迴等相附會，就將自然系統與人事系統聯繫在了一起，形成了一種頗有神秘色彩的「天人合一」的宇宙觀。

陰陽五行學說在今天看來雖然有些荒誕，但它在古代卻是中國思想體系中的重要一環。如果說儒家思想是以「仁、義、禮、智、信」五常構建一套人間道德倫理秩序的話，那麼陰陽五行學說則以「金、木、水、火、土」相生相剋的理論構建一種自然秩序。兩套秩序平行發展，又時有交叉。

結語

除上面所說的五家之外，諸子百家中還有兵家、名家、縱橫家、農家、雜家等許多學術流派。相對上述五家的思想，這幾家更偏重於技術操作的層面，在此就不一一介紹了。概括地說，春秋戰國時期的諸子百家均生活在禮崩樂壞、戰火連綿的亂世，他們的

思想也產生於亂世，可他們的影響遠遠超越了他們的時代。他們的思想標誌著中華民族的第一次文化覺醒 —— 即在擺脫祭祀文化之後所能達到的理性高度。可以說，正是經過諸子百家這一思想上的黃金時期，中國文化才徹底從早期的神學（巫術和祭祀）階段過渡到了哲學階段。諸子百家是文化上的巨人，他們的「頭腦風暴」照亮了一個民族乃至整個人類的思想天空；他們的思想歷經千古，仍值得後人仔細咀摸、認真回味；他們的名字，也因此成了中國文化史上的一座座豐碑。

第二輯

帝國第一期

——秦漢

秦朝：中國歷史上的第一個帝國

公元前 221 年，秦始皇統一六國。此事一方面宣告戰國時代的結束，另一方面也開啟了中國歷史上的帝制模式。

秦始皇之所以統一六國，並非全憑其個人的雄才大略。秦國自商鞅變法時起就已成為當時的一流強國，自秦孝公至秦莊襄王，歷時一百三十餘年，連續六代君王都積極奉行「對外擴張政策」，不斷發動戰爭，蠶食六國。秦始皇最後完成對六國的統一，算是「奮六世之餘烈」，完成「兼併戰爭加速度」的最後一躍。

就內政而言，秦國一直以法家思想為意識形態，執政思路遵循商鞅變法時確定的方向。法家思想雖以「人性惡」為出發點，今天看來過於殘忍，也太急功近利，但在戰國時代它卻很有「現代性」，是跟那個急功近利的時代最配套的思想。法家不為傳統習慣、政治特權、血緣關係及道德觀念所左右，赤裸裸地講利害、講賞罰，高效快捷，最利於國家的高度集權，也最適應長期的「對外擴張」戰爭 —— 國家採用獎勵耕戰的政策，能最大限度地調動資源，支持大規模戰爭。當然，高度集權的國家會極大地壓縮百姓的個

人空間，但秦國官吏「嚴格執法」，不打折扣，這也頗能給當時的人們造成一種「王子犯法與民同罪」的平等感。這些因素綜合在一起，使得秦國的綜合國力最強，軍隊的戰鬥力也最強，堪稱戰國時代的「超級大國」。

秦國在地理上也有優勢，函谷關就是它的天然屏障。合縱成功之時，諸侯聯軍也曾聯合進攻秦國，但是打到函谷關就止步了。秦國憑著這個易守難攻的軍事要塞可基本保證自身的國土安全。秦軍作戰多是在敵境，戰勝可奪取對方的土地，戰敗亦可退守函谷關。所以，秦國發動的兼併戰爭一直是勝多負少，戰爭成了秦國的最大「紅利」。自秦孝公以來，富強起來的秦國就不斷對外發動戰爭，而戰爭又使秦國變得更加強大，如此滾動式發展，到了秦王嬴政手裏，秦國這個「雪球」足以大到了一口吞下六國的體量。

當然，六國如果能「團結一心如一人」，那秦國依然不能將它們各個擊破。可是，在一個不講道義、只講利害的年代，想讓六個各懷心事的政治軍事集團團結一致，那絕對是一件比登天還難的事。何況，秦國還採用「連橫」的外交策略，不斷分化瓦解六國的「合縱」。所以，到了秦王嬴政的時代，六國實現團結已然是不可能之事，六國不團結，秦國將它們一一吞

掉就成為一種歷史必然。

統一六國之後，秦王嬴政「自以為德兼三皇，功過五帝」，於是自稱「皇帝」。這充分顯示了秦始皇當時志得意滿、狂妄自大的心理。

面對著疆域空前廣大的國家，秦始皇採納了李斯的建議，將天下分為 36 個郡（後又增加至 42 個郡），每個郡設置郡守、郡尉和監郡三個地方官，他們是皇帝在地方的代理人，由中央任命，接受中央發給的固定俸祿。更關鍵的是，他們的職位不能世襲，皇帝隨時可以罷免他們。地方官員既然由皇帝任免，在全國推行統一的法律和稅收制度亦是順理成章之事。如此一來，皇帝的權力空前擴大，絕非周朝的周天子可以比擬。

為了鞏固統治，秦始皇收繳各國兵器，熔鑄成 12 個金人，放置在皇宮之前，以示從此不再有兵戈之亂。秦始皇將各國的豪門大戶遷到都城咸陽，以便於監視。他還修建了以咸陽為中心的網狀驛道，統一了度量衡、貨幣、文字以及車軌的寬度，「車同軌，書同文」。這些措施有效地整合了龐大帝國的各項社會資源，對華夏民族形成一個統一的文明共同體起到了至關重要的促進作用。

公元前 213 年，秦始皇在李斯的建議下「焚書」

「坑儒」，銷毀歷史文化典籍，坑殺儒生和方士。他的這項摧殘思想文化的政策飽受詬病，中國的歷史文化發展到秦朝也確實由此進入了一個「拐點」。先秦的中國文化和秦朝以後的文化，「精氣神」絕對不一樣。一提「先秦思想」，人們立馬能想到春秋戰國時期的「百家爭鳴」，會豎起大拇指，說那是中國思想史上的黃金時代。可秦朝之後呢？皇帝的權力確實是加強了，國家的疆域也拓展了，可思想文化方面卻再也沒重現過「百家爭鳴」的盛況。

秦始皇性情暴躁，性格殘忍，虛榮心強，且疑神疑鬼。他濫用民力，修建阿房宮、驪山陵墓，還派大將蒙恬北擊匈奴，修築了萬里長城。向南，他派兵攻下了南越，在那裏設立了桂林郡、象郡、南海郡三個郡，還修建了靈渠，中華的版圖歷史性地拓展到廣西、廣東和海南島。開疆闢土和大興土木，耗費了大量財力和民力。錢穆先生就認為：「秦之速亡，並不在於廢封建而創立郡縣制，而是統一天下以後，役使民力過多過急。如為修建造阿房宮及驪山陵寢就勞役了七十多萬人，戍守五嶺役使 50 萬人，戍守長城役使 30 萬人。加上墮城郭、決川防、夷險阻及築馳道的力役，恐經常得徵用 200 萬勞動人民，乃是驚人之數。民力安得不竭？……由於政府動用如此龐大之勞動

力，糧餉物資自亦相應增多。原來徵收十分之一的田租，可能增加到十分之五，甚至更多。」

完成統一的大秦帝國並沒有給人民帶來真正的福祉，反而成了壓榨人民的機器。秦朝的暴政讓民間的不滿情緒越來越重，秦始皇想靠不斷「出巡」來向百姓彰顯皇帝的奢華排場和絕對權威，他還想找到長生不老的藥物，以讓自己永遠地活下去，一直當威風八面的皇帝。但他的這兩個願望都落空了，不但長生不老藥沒能找到，他自己也死在了出巡的路上。

秦始皇死後，宦官趙高和丞相李斯即發動政變，矯詔將本該繼承皇位的公子扶蘇賜死，而扶持胡亥繼位，是為秦二世。秦二世更加殘暴、昏聵。百姓不堪秦國暴政，紛紛揭竿而起。三年之後，秦帝國滅亡。

大澤鄉起義

　　秦朝備受後世詬病的就是它的暴政，它最後的滅亡也是因為暴政激起了農民起義，這便是著名的大澤鄉起義。

　　秦二世元年（公元前 209 年）七月，秦朝從陽城徵調九百名普通百姓去戍守漁陽（今北京密雲西南），陳勝是這支隊伍的「屯長」。當這批戍卒到達大澤鄉（今安徽宿州東南）的時候，「會天大雨，道不通，度已失期。失期，法皆斬」。遇上大雨，道路不通了。等雨停路通之後一算，完了，不能按時趕到漁陽了。按照秦朝法律的規定，只要不能按時抵達戍守之地，就一律斬首。

　　生死存亡的危急關頭，陳勝毅然決定起義。他跟另一屯長吳廣商議，「今亡亦死，舉大計亦死，等死，死國可乎？」反正我們怎麼著都要死，與其等死，還不如奮力一搏，起義算了。

　　吳廣贊成陳勝的主張，兩人開始策劃起義。起義方案分為三步。第一步，搞造神運動，樹立陳勝的光輝形象。他們用朱砂在一塊綢子上寫「陳勝王」三個字，塞到漁民捕來的魚肚子裏。戍卒買魚回來，發現了魚腹中的「丹書」，甚為震驚。與此同時，陳勝又讓吳廣潛伏到營地附近一座荒廟裏，半夜裏點燃篝火，模仿狐狸的聲音，大喊「大楚興，陳勝王」！睡夢中的戍卒被驚醒，十分驚恐。第二天戍卒們交頭接耳，都指指點點地看著陳勝，越看越覺得陳勝不是凡人。

　　第二步，製造摩擦，為起義尋找導火索。吳廣趁兩個押送戍卒的將尉喝醉之際，故意揚言逃跑，激怒二人。兩個將尉果然中計，鞭打吳廣，結果「廣起，奪而

殺尉」，陳勝也隨即上場幫忙，殺了另一個將尉。釀成命案之後，衝突驟然升級，起義的導火索被點燃了。

第三步，戰前動員。殺了兩名押送戍卒的軍官之後，陳勝召集戍卒發表演說。他說，我們在這裏遇上了大雨，已不能按時抵達漁陽了，誤了期限大家都要被殺頭。退一步說，即便僥幸不被砍頭，戍守邊塞十分之六七的人也要送命。好漢不死便罷，要死也得取得大名聲啊！「王侯將相寧有種乎！」那些王侯將相難道都是天生的貴種嗎？

陳勝的動員演說很成功，戍卒們本就對秦朝的暴政不滿，這時都說：「敬受命！」我們願聽從您的號令！於是大夥兒在陳勝、吳廣的帶領下，以袒露右臂作為標誌，築壇盟誓，宣佈起義。陳勝自立為將軍，吳廣為都尉，一舉攻下大澤鄉，接著又迅速攻下了蘄縣（今安徽宿州）。中國歷史上第一次大規模的農民起義戰爭就這樣爆發了。

陳勝、吳廣起義之後，引發了連鎖反應，各地的百姓紛紛殺掉秦朝的官吏，響應起義。很快，趙、齊、燕、魏等地都打著恢復六國的旗號，加入到了反秦的大軍之中。至此，大秦王朝已成土崩瓦解之勢。

◎ 觀點提煉

「穿新鞋，走老路」的秦始皇

秦始皇統一六國，開啟了以皇帝集權和郡縣制為主要特徵的帝國制度，此事在中國歷史上無疑具有劃時代的意義。

若從春秋戰國以來的情勢而論，中國的統一是大勢所趨。戰國七雄最初都有兼併他國、統一天下的野心。諸子百家之論戰，已顯示出當時的文化精英匯合成一股統一的文化力量。他們的思想爭鳴，表面上看是各家開出各自的「救世」藥方，從長遠看則是為構建帝國做文化上的頂層設計。就民間而言，我們也可說，經過春秋戰國五百多年的頻繁接觸，各諸侯國之間已經形成了基本的文化共識。結束戰亂、實現統一在戰國中後期就已成為大勢所趨。各國所爭的，無非是由哪一國來完成統一的任務。秦國統一六國，正是在此統一大勢之下完成了一項歷史任務。

秦始皇的最大歷史功績就是開創了帝國體制，拓展了統一民族國家的地理疆域和文化疆域，奠定了中華帝國「車同軌，書同文，行同倫」的社會組織形態。而其最大悲劇則在於：他雖於制度層面創建了帝國，可在管理層面，卻依然是「穿新鞋，走老路」，繼續以治理秦國的思路來管理一個大秦帝國。換言之，秦始皇在大帝國的制度構建方面頗有建樹，可在治國手段的轉換與升級方面嚴重脫節。

秦始皇治理下的大秦帝國，其執政思路不過是戰國時期秦國的延續。自商鞅變法以來，秦國就一直奉行「戰時體制」，一切以軍事征服為目標。待秦始皇統一六國之後，戰爭已經結束了，這時秦帝國面臨的首要任務

是轉「武功」為「文治」，即如何有效地治理好這個疆域空前的國家。

可是，秦始皇依然用「戰時體制」下的一系列暴虐手段來治理大帝國。他北面打擊匈奴，南面進攻百越，兩綫同時作戰，帝國的疆域因擴張戰爭而迅速擴大，但付出的代價也相當慘重。北綫，蒙恬率領的進攻匈奴的兵力有三十萬人，南綫，派去進攻百越的兵力至少五十萬人。發動這兩場大規模的戰爭，可明顯說明，秦始皇在統一了六國之後繼續實行戰時體制。他在北方讓蒙恬主持修建長城，並建造了「秦直道」。「秦直道」是一條南北向的秦國交通大動脈，起於秦始皇的夏宮雲陽，向北進入鄂爾多斯沙漠，跨越黃河的北部大彎道，最後抵達九原（今天內蒙古包頭以西的五原），全長約八百公里（合當時的 1,800 秦里）。要修建這樣的大工程，在當時的生產力水平下絕非易事，所以「秦直道」至秦始皇死時還沒完成。在南方，秦始皇則修建了靈渠。

對於秦始皇發動擴張戰爭與大興土木之間的關係，日本歷史學家鶴間和幸在《始皇帝的遺產：秦漢帝國》一書中認為：「諸如長城、直道、阿房宮、麗邑、雲陽、靈渠的建設，都是在新的天下形勢下，為實行戰時體制所需要的土木建設工程。因此，不能說『秦統一天下而修萬里長城』，而應該說『秦統一天下後，在發動對外戰爭時修萬里長城』。」這個觀點我覺得非常值得重視。秦始皇之大興土木，實乃其戰時體制之組成部分，它們或直接服務於前綫作戰，或為了震懾百姓，以達到維護帝國穩定之效。

大秦帝國脫胎於戰國時期的秦國，它靠秦國強大的軍事實力統一了六國。可是，「馬上得天下，不能馬上

治天下」。靠武力奪得的天下，不能再用武力征服的手段來治理。治理大帝國一定要及時地轉換思路，棄「武功」，用「文治」，改「戰時體制」為「和平體制」。秦始皇在這個問題上犯了大錯，後來的漢高祖劉邦吸取了秦朝滅亡的教訓，在奪得天下之後及時採用「黃老之術」治理國家，讓百姓得以休養生息。於是，才有了西漢時期的「文景之治」。實踐證明，一個王朝能否及時地從戰時體制轉向和平體制，實在是一個至關重要的問題。

西漢如何繼承「始皇帝的遺產」

　　大秦帝國「二世而亡」，取代秦王朝的則是由漢高祖劉邦所創立的西漢王朝。自西漢王朝開始，中華帝國進入了一個較長時間的繁榮時期。漢朝的統治也使中國人和漢人幾乎畫上了等號，「漢人」和「漢字」的說法一直沿用至今。僅此一點，便可見漢朝對中國歷史影響之深遠。

　　劉邦僅比秦始皇小三歲，兩人均出生在戰國末期。在秦始皇當政時，劉邦僅是江蘇沛縣的一個小亭長，屬於社會底層之人。他在秦末天下大亂之際乘勢起義，加入到了反秦的隊伍之中。

　　各路反秦隊伍的盟主楚懷王曾與諸將有約：「先入咸陽者，王之。」意思是誰先攻克秦朝的都城咸陽，就封誰為秦王。當時反秦人士的考慮是，滅掉秦朝之後再恢復到戰國時期的諸侯國體制，六國各自復國，秦朝的土地和人民則封賞給攻克咸陽的將領。

　　劉邦率軍西進攻秦，項羽率軍北上救趙，兩路大軍從不同的方向進攻秦軍。結果，劉邦於公元前206年首先攻入秦都咸陽，秦王子嬰投降，秦朝滅亡。按照約定，劉邦此時應該被封為秦王。可是，項羽憑藉強大的武力推翻了「懷王之約」，重新分封諸侯，將

劉邦封在了蜀地，名為「漢王」，而項羽自己則自封為「西楚霸王」。

不久，劉邦發兵進攻項羽，歷時四年的「楚漢相爭」就此開始。在戰爭的初期，劉邦在軍事上並不佔據優勢，但劉邦善於使用人才，他的團隊中有蕭何、張良、韓信、陳平等奇才。這些人集合一處，項羽顯然不是對手。最後，雙方的軍隊在淮河岸邊的垓下（今安徽省靈璧縣內）展開決戰，項羽戰敗，突圍後逃至烏江岸邊自盡，楚漢戰爭以劉邦的勝利而告終。

公元前 202 年劉邦稱帝，建國號漢，他聽從張良的建議，定都長安，西漢王朝就此誕生。

劉邦出身底層，跟著他打天下的大部分人也是草根階層，所以西漢創建之初是一個徹底的平民政權。草根出身的君臣在當時無力重建一套政治運作體系，所以只能因陋就簡，「漢承秦制」。不過，漢朝人吸收了秦滅亡的教訓，「馬上得天下，不能馬上治天下」，知道治理一個大帝國不能一直採用戰時體制，不能用法家那套嚴刑峻法的方式治理國家。於是，西漢初期以道家思想作為治國理念，提倡「無為而治」，用「黃老之術」治國。這種理念一直沿用到文帝、景帝時期，創下了「文景之治」的美好局面。

權力分配方面，劉邦剛剛建立漢朝的時候，自己

當皇帝，也封功臣為王，共分了七個異姓王（韓信為楚王，彭越為梁王，韓王信為韓王，吳芮為長沙王，英布為淮南王，臧荼為燕王，張耳為趙王）。秦朝剛被推翻之際，項羽當楚霸王，曾試圖將秦朝的帝制變回到戰國時期的諸侯制，他分封了十八個王，劉邦是其中之一。現在，劉邦自己當皇帝，仍分封功臣為王，可見他採取的是一種混合政體——既繼承了秦始皇創建的帝制模式，又採用了當年項羽的一些做法。

混合政體並沒有持續太久。劉邦與功臣很快離心離德，互相猜忌。隨後，他以叛亂、暗殺、叛國等罪名將異姓諸王清除（僅長沙王吳芮幸免）。清除異姓王之後，劉邦大封同姓王和嫡系功臣，並約定「非劉姓不得王，非有功不得侯」。

劉邦清除異姓王、改封同姓王，這可看作是漢朝權力分配上的一次本能反應，其效果不大。異姓王靠不住，同姓王就靠得住嗎？也靠不住。在極大的權力誘惑面前，骨肉相親既然做不到，骨肉相爭也就在所難免。自漢文帝時期起，西漢的中央政權就逐步實施「削藩」計劃。

削弱藩國的行動一般通過下列措施進行：諸侯的封地被分成若干小封地，皇室近親中的劉氏成員被新立為小封地之王；若某一個國謀反，被鎮壓後中央就

接管該國的土地，將其化為帝國的郡縣；還有，若某王死後無子，沒有法定繼承人，那麼正好「國除」，這個封國就不再設了，封地也隨之收歸中央。經過文帝一朝，中央政府接管了梁的一部分土地，化為東郡；趙、齊、代等國的部分封地劃出來，增設了河間、城陽、濟北、太原四個王國。淮陽國則直接被分為淮陽、潁川、汝南三個郡，直接進了中央的口袋。

漢景帝時期，朝廷繼續採取措施縮小諸侯國的領地。最大的舉措當然要數平定「七國之亂」的軍事行動了。公元前 154 年，吳王劉濞聯合楚、趙等國發動了叛亂。漢代名將周亞夫很快平定了七國之亂，劉濞兵敗被殺。藉著平定七國之亂的機會，漢景帝將七國徹底廢除，其封地全部納入中央政府的管轄之下。

平定七國之亂，意味著由皇帝代表的中央政權在與諸藩王的權力較量中取得了勝利，諸王的權力則再一次被削弱。但是，七個藩國聯合發動叛亂，對帝國的打擊和震撼也是相當大的，這促使帝國的最高統治者下決心尋找更徹底、更完善的解決方案。到了漢武帝統治時期，實行「推恩令」政策，下令讓諸侯「推恩」，讓諸侯的所有兒子都有權繼承一份封地。如此一來，藩王的支庶都被受封為列侯，藩國被分為若干侯國。幾代之後，藩王轄地僅有數縣，再也無力對抗

中央了。至此，漢中央與藩王之間的權力平衡得到了確立，帝國的中央集權才名正言順地落到了實處。

從秦到漢，是中國歷史上的帝制創建階段。秦始皇創建了一個大一統的帝制王朝，漢朝在制度層面上繼承了這份「始皇帝的遺產」，但漢朝的幾代君臣通過一次次的修補，逐漸完善了帝國制度的意識形態、執政理念和權力分配格局。可以說，正因為有了這些「漏洞修補」措施，漢代才將一個皇帝集權的「帝國編程」傳給了中國。在漢朝之前，秦朝的帝國名聲不佳，在漢朝之後，帝國就已被人們接受為正統的國家治理模式，一直沿用到清朝才結束。

文景之治

文景之治是中國歷史上著名的盛世之一，對此，《史記·平準書》有一段經典的概括：「漢興七十餘年之間，國家無事，非遇水旱之災，民則人給家足，都鄙廩庾皆滿，而府庫餘貨財。京師之錢累巨萬，貫朽而不可校。太倉之粟陳陳相因，充溢露積於外，至腐敗不可食。眾庶街巷有馬，阡陌之間成群，而乘字牝者儐而不得聚會。守閭閻者食粱肉，為吏者長子孫，居官者以為姓號。故人人自愛而重犯法，先行義而後絀恥辱焉。」意思是，漢朝通過七十多年的持續建設，國家無大事，只要不遇到水旱災害，老百姓就會家給人足，國家積聚的錢幣千千萬萬，以致穿錢的繩子朽爛了，無法計數，國家倉庫的糧食大囷小囷如兵陣相連，有的露積在外，以至腐爛不能食用。普通街巷中的百姓也有馬匹，田野中的馬匹更是成群，以至騎母馬的人都會受到歧視，不好意思參加聚會。居住里巷的普通人也能吃上肥肉，為吏胥的老死不改任，做官的以官為姓氏名號。在這樣的盛世裏，人人知道自愛，崇尚禮義，不願意幹作奸犯科的事。

文景之治的盛世局面，當然與漢文帝與漢景帝兩朝的開明統治密不可分。漢文帝劉恆最受稱道的就是他的寬儉待民。漢文帝生活十分節儉，宮室內衣服很少添置，即便對他寵愛的慎夫人，也令「衣不曳地，帷帳無文繡」。他曾想建造一座露台，但一算要花掉十戶中等人家的財富，於是就取消了修建計劃。他為自己修建的霸陵，「不得以金銀銅錫為飾」，用的全是瓦器，墳墓也就著山勢而建，不用人工就將墳墓修建得高高大大。

漢文帝重視農業，多次下令勸課農桑，兩次「除田租稅之半」，一度把原來「十五稅一」的田租降為「三十稅一」。漢文帝十三年，他還下令全免田租。這些輕徭薄賦的政策無疑大大有利於百姓和國家的「休養生息」。

漢文帝當政期間，還有幾件事幹得比較漂亮。其一，漢文帝自己帶頭，模範守法，不以個人意志破壞法律規定。一次，漢文帝出行，路過渭橋，有人在橋下走出，御駕上的馬受驚而跑，文帝自己也受到了驚嚇。文帝很生氣，要求廷尉張釋之處死驚嚇了御馬的人。可是張釋之卻只判處此人罰金四兩。他向文帝解釋說，這種處罰是法律上規定的。法律是天子和天下人共同制定的，如果我們輕易地改變法律，就會使人們失去對法律的信任。所以，不能處死此人，只能依照法律來判決罰金之罪。漢文帝聽後說「廷尉當是也」，認為張釋之做得對。

其二，文帝下詔重新制定法律，廢除了「收孥相坐法」，即一個人犯罪不再連累他的家人，此外還下令廢除了黥、劓、刖、宮四種殘損肢體的肉刑。

其三，漢文帝還於公元前 178 年下詔廢除了誹謗、妖言之罪，以鼓勵進諫。他說，古代賢君治理天下都鼓勵進諫，可現在的法律卻還有誹謗、妖言的罪名，這會導致眾臣不敢盡情發表意見，而皇帝也不能聽聞到自己的過失。還保留著這條法律，怎麼能招來遠方的賢者？老百姓中有的人詛咒皇上，他們自己也相互謾罵，官吏就以為他們大逆不道。老百姓有其他對朝廷不滿的言論，官吏就認定他們誹謗朝廷，並判處重罪。其實，這不過是一些平民百姓愚昧無知罷了，他們因此就要被處死，我覺得這實在不應該。從今以後，對這樣的百姓就

不要治罪了。漢文帝能果斷地廢除了因言獲罪的法律，確實體現出了一代明君的不凡氣度。

此外，漢文帝還廢除了「盜鑄私錢令」，意思是百姓自己私自鑄錢也不治罪了，要鑄就鑄吧；原來歸屬國家的山林川澤，漢文帝也下令開放給民間，百姓有願意來採伐、開礦的，那就來吧。總之，政府能不管的就一律不要管，全面貫徹「無為而治」，大搞「簡政放權」。

漢景帝在道德水平上不如漢文帝高，但他在位期間繼續推行「無為而治」的執政理念，並大力「削藩」。在平定「七國之亂」後，諸侯王國控制的郡由漢高祖時的 42 個郡減為 26 個郡，而中央直轄的郡由漢高祖時的 15 個郡增加至 44 個郡，漢王朝中央的郡數遠遠超過了諸侯王國的郡數，這對帝國的鞏固意義重大。漢景帝還收回諸侯國的官吏任免權和鹽鐵銅等礦產的稅收權。如此一來，諸侯國的權力被削弱了，而漢王朝的權力則得以大大鞏固了。

文景之治是中國帝制歷史上的第一個太平盛世，漢初所奉行的「無為而治」並不是無所事事、放任自流，而是凡事量力而為，順勢而為，不瞎折騰，不擾民，是「簡政放權」，是帝制時代難得的「小政府，大社會」。

王朝政權合法性的構建

在夏、商、周三代，政權合法性的問題是建立在「君權神授」理論之上的，具體的操作方案則是通過占卜來完成的，比較有名的說法就是周成王「定鼎於郟鄏，卜世三十，卜年七百，天所命也」。意思是說，周成王知道自己能當天子不代表自己的子孫後代能永遠當天子，自己的王朝也不會永遠存續，他用占卜的方式給自己的政權賦予了一個期限：傳位三十世，七百年。

可是，秦始皇統一了六國之後，他覺得自己的功勞超過了歷史上的「三皇五帝」，自稱「皇帝」。不僅如此，他也不滿足於有期限的執政了，而要無期限執政，「朕為始皇帝，後世以計數，二世、三世，至於萬世，傳之無窮」。按照他的構想，秦既然能以武力統一六國，就足以靠武力維繫自己的政權，且「傳之無窮」。這種簡單、粗暴的思維方式與秦朝一貫奉行的法家治國理念是一致的。另外，秦始皇殘暴、驕縱的性格也讓他天然地把武力作為政權合法性的全部依據。

劉邦經歷了秦朝從統一到崩潰的全過程，且參與到了反秦運動之中，他對秦朝統治的種種弊端有著深刻的感性理解。劉邦建立漢朝之後，吸取了秦朝滅亡的種種教訓，其中也包括政權合法性的建構問題。概括地講，劉邦對漢朝政權合法性的建構基本上是通過兩個方面完成的，一個是編造謊言，另一個是實行「文治」。

先看劉邦如何編造謊言。《史記·高祖本紀》上來就說：「高祖，沛豐邑中陽里人。姓劉，字季。父曰太公，母曰劉媼。其先，劉媼嘗息大澤之陂，夢與神遇。是時雷電晦冥，太公往視，則見蛟龍於其上。已而有身，遂

產高祖。」這段記述，前半部分是寫實：劉邦是江蘇沛縣中陽里人，他爹叫劉太公，他媽叫劉媼。從他爹媽的名字就可看出，劉邦是個出身低微的人——爸爸、媽媽連個正經的名字都沒有。那這麼一個底層人家的孩子憑什麼後來能當上皇帝呢？後半部分就給出了解釋，劉媼在野外睡覺的時候夢見了神，當時電閃雷鳴，天顯異象。劉太公去的時候又看見有一條蛟龍在劉媼的身上。隨後，劉媼懷孕，生下的孩子就是劉邦。這段記述等於明白無誤地告訴我們，劉邦天生就不是凡人，而是龍種。既然是龍種，那日後當上皇帝還不是天經地義的事？你們要問漢朝的政權合法性在哪裏嗎？這就是政權合法性之一：劉邦是龍種，他當皇帝就是天命，天命不可違，所以漢朝的政權也是不可動搖的。

為了佐證劉邦是龍種，史書上還記述了發生在劉邦身上的其他異象，比如「隆準而龍顏，美鬚髯，左股有七十二黑子」，這個謊言好理解，既然是龍種，那長得就得跟龍有點相似。還有，「常從王媼、武負貰酒，醉臥，武負、王媼見其上常有龍，怪之」。這是說喝醉酒的時候，真龍顯原形了。劉邦遇蛇擋路，拔劍斬蛇。結果，有一老媼說，劉邦所斬之蛇是白帝子，「今為赤帝斬之」，這等於明白無誤地告訴人們：劉邦就是赤帝，是天龍下凡。劉邦斬蛇起義之後，為逃避秦朝官府的追殺，曾「隱於芒碭山澤岩石之間」，官府找不到，可劉邦的老婆呂雉就能找到，找到的原因竟然是「季所居上常有雲氣，故從往，常得季」。說劉邦所在的上空有雲氣，這雲氣就是呂雉的導航儀，所以她能輕易找到劉邦。

不要小看了劉邦身上這些有關龍種、龍顏、七十二黑子、雲氣等神乎其神的傳說。它們既然被當作正史記

載下來，這就足以說明劉邦有意通過權威機構來發佈這些謊言。這些謊言一遍遍地重複，最後竟然成了「主流敘事」和「主流史觀」。俗話說：「謊言重複一千遍就變成了真理。」我們在劉邦身上看到，謊言重複一千遍雖然仍是謊言，但是這些謊言幫助他完成了政權合法性的建構。換言之，謊言是假的，但它在歷史上所起到的作用卻是真的。

編造謊言之外，還要有「文治」理論來為政權尋找合法性的依據。為西漢政權提供「文治」理論的人是陸賈。陸賈曾追隨劉邦平定天下，他有出色的口才，曾成功說服南越王趙佗歸順漢朝。陸賈是儒生，常在劉邦面前「稱詩書」，劉邦向來看不起儒生，遂罵之：「乃公居馬上得之，安事詩書。」老子的天下是靠馬上征戰得來的，哪裏是靠談詩論書得來！

陸賈回答：「馬上得之，寧可以馬上治乎？」您從馬上奪得天下可以，難道治理天下也靠馬上功夫嗎？

反問之後，陸賈用歷史上正反兩方面的事例做了論證，告誡劉邦，秦朝的武力很強大，可他一味地迷信武力，靠嚴刑峻法來治理國家，結果很快就亡國了。假使秦在統一了六國之後實行仁義之道，陛下還能有機會得到天下嗎？

劉邦被陸賈說服了，他讓陸賈著書，專門論述「秦所以失天下，吾所以得之者」。陸賈連續寫了十二篇文章，結果，「每奏一篇，高祖未嘗不稱善」。陸賈所寫的這十二篇文章結集成書，是為《新語》。

《新語》可以說是「文治」思想的重要理論著作，亦可說是漢朝初年的執政綱領。按照陸賈的說法，秦朝之所以滅亡，既因為它的統治者傲慢自大、奢侈無度，亦

因為它的治理手段過於嚴酷殘暴、不近人情。《新語》強調，帝國一定要積極地推行仁政，帝王要盡力效法古代優秀帝王，要樂於傾聽大臣們的批評意見，要關心臣民的福祉。帝國政府不可迷信嚴刑峻法，而必須重視倫理道德的價值，並把「文治」作為取得國泰民安的最主要手段。

政權合法性問題從來就不是一個字面上的邏輯推演問題，而是一個政權如何實現優良治理以達到國泰民安的問題。政權合法不合法，很多時候不能光看如何得到政權，更多還要看一個政權的治理成效──百姓在你的王朝能安居樂業，他們就認可了你的政權，百姓認可了，你的政權也就合法了；相反，如果你的政權不能給百姓以福祉，不能贏得百姓的認可，那麼你的政權就不合法。這是政權合法性在治理層面的實踐邏輯，這個邏輯很樸素，卻最關鍵。

漢朝繼承的完全是秦朝的帝國制度，但它在構建政權合法性這個問題上顯然比秦朝技高一籌，秦朝治國全靠武力，而漢朝則在武力建國之後，迅速轉到「文治」的軌道上來。正因如此，漢朝成功地避免了秦朝的短命悲劇，並將帝國制度一步步地穩定、完善起來。

漢武帝時代

文景之治之後，西漢王朝進入到了漢武帝時代。漢武帝統治西漢王朝長達 54 年（從公元前 141 年到公元前 87 年），這一階段也是西漢王朝的強盛時期。

漢武帝於公元前 127 年，頒佈「推恩令」，令諸侯王將封邑分給子弟；公元前 122 年又由削藩引起了淮南王和江都王的反叛，削平叛亂之後，中央政權進一步鞏固；公元前 112 年，漢武帝又藉諸侯供奉皇室的酎金（諸侯於宗廟祭祀時隨同酎酒所獻的黃金）成色不足及數額欠缺之故，奪爵 106 人。至此，自漢高祖劉邦以來的封侯者被罷黜殆盡，地方再也無力對抗中央了。

與文治相比，漢武帝最大的功業還是他征討四方的武功。憑著漢王朝強大的國力，漢武帝在對外關係中一改前朝的防禦策略，轉而積極進攻。他先平定了南方閩越國的動亂，征服了現在的浙江、福建等沿海地區，隨後又征服了現在的廣東、廣西及越南北部地區。南方平定之後，他於公元前 129 年至公元前 119 年的十年間連續發兵進攻匈奴，奪取了今天內蒙古的河套地區，控制了河西走廊，將漢朝的北部邊疆從長城沿綫推至漠北。

在對匈奴的作戰中，漢武帝並非一味進攻，同時也在尋找一些盟友，以對付共同的敵人。他於公元前139年派遣張騫出使西域，最初的目的是為了聯合西域的大月氏，一塊夾擊匈奴。張騫在出使的過程中一度為匈奴人所俘虜，歷經艱辛才到達大月氏。可是，大月氏已經西遷至今天的阿富汗一帶，並建立了貴霜帝國，不想再捲入中亞的戰事。張騫於公元前126年返回長安，向漢武帝彙報了出使西域的全過程及西域各地的風土民情。漢武帝遂對西域地區有了極大的興趣。他隨後通過軍事行動將西域併入漢朝版圖，並於公元前121年在河西走廊上設立了武威、酒泉兩郡，後又於公元前111年增設張掖、敦煌兩郡，將長城延伸至玉門關一帶。如此一來，漢王朝的勢力就擴展到塔里木盆地一帶。

漢武帝之派兵東征西討，有些是必要的，有些是不必要的。即便是一些必要的戰爭，比如討伐匈奴，也不需要傾全國之力，付出那麼慘重的代價。比如，公元前119年那次進攻匈奴，漢軍取得了重大勝利，霍去病封狼居胥山（大約為今蒙古國肯特山）。可是，這次戰爭出塞前漢軍所帶馬匹14萬，入塞時所剩不到3萬匹，損失之慘重可見一斑。此後，漢軍再也無力發動對匈奴的大規模進攻了。匈奴的人口和實力，

大約只相當於漢朝的一個郡，而且，「其地不可耕而食也，其民不可臣而畜也」，根本不值得花費那麼大的力氣去征討。對於漢武帝的開邊戰爭，唐朝的李華寫過一篇《弔古戰場文》，其中直言：「漢擊匈奴，雖得陰山，枕骸遍野，功不補患。」此等結論可說是諸多史學家的共識。

漢武帝在位期間窮兵黷武，這是一把雙刃劍，它既使漢朝的國威和國力達到了最高點，但同時也耗空了國庫，引發了財政危機。為了應對財政危機，漢武帝想盡辦法，凡是能為政府增加財政的招數一律採納，包括公然賣官鬻爵。這其中的一項重要措施就是實行國家鹽鐵專賣制度，把煮鹽、冶鐵、鑄造錢幣等幾項高利潤的生產、銷售活動控制在朝廷手中。稍後，又將酒類列入國家專賣的範圍。

漢武帝還任用桑弘羊、東郭咸陽、孔僅等斂財高手做官，令其替國家斂財。這些人也果然身手了得，很會「與民爭利」。尤其是桑弘羊，他後來官至大農丞，掌控財權二十多年，用盡一切手段斂財，「盡籠天下之貨物，貴即賣之，賤則買之」，至此國家成了最大的商人，富商大賈的牟利空間被大大壓縮，儼然是經濟領域裏「國進民退」之漢代版。

漢武帝時期還施行「算緡告緡」的徵稅辦法，

設法將商人手中的錢財搜刮到國庫之中。算緡是國家向商人徵收的一種財產稅，告緡是國家對商人隱瞞資產、逃避稅收的懲罰措施。這項措施亦從公元前 119 年開始頒佈，商人被要求主動申報財產並交納財產稅，這叫「算緡」。若敢有隱瞞不報或呈報不實，查實後要罰戍邊一年，並沒收其財產。同時重獎告發者，告發他人隱瞞財產者，政府賞給告發者沒收財產的一半，這叫作「告緡」。「告緡」因有獎勵告密的實際效果，頗與儒家的「仁政」理念相抵牾，所以僅僅施行了三年就停止了。可是，僅僅三年的時間，中等以上的工商業者就因「告緡」紛紛破產，政府沒收的土地，大縣數千頃，小縣百餘頃，此外還有大量的房屋、奴婢，大批工商業者的財產就此轉移到國庫之中。最終，漢武帝度過了財政危機，但付出的社會代價也極其慘重。可以說，漢武帝之窮兵黷武與搜刮民脂民膏之間有著密切的因果關係，兩者疊加在一起，幾乎翻轉了文景之治時期「與民休息」的「仁政」方向，又退到了秦朝時嚴刑峻法的治國路徑。

漢武帝劉徹 16 歲時登基，70 歲時駕崩，統治帝國整整 54 年。在超過半個世紀的時間裏，他東併朝鮮、南吞百越、西征大宛、北破匈奴，在開疆闢土和大揚國威方面功勳赫赫。政治上，他頒行「推恩令」，

解決了諸侯王與中央政權相抗衡的問題，鞏固了中央集權的帝國制度。文化上，他採用了董仲舒的建議，「罷黜百家，獨尊儒術」，以儒家思想為主流意識形態，這一點為以後各個王朝所效仿，影響深遠。在經濟上，他建立鹽鐵專賣制度，將煮鹽、冶鐵及貨幣鑄造權等統統收歸中央，一改西漢前期奉行的「無為而治」理念，化「小政府，大社會」為「大政府，小社會」。他選拔人才不拘一格，他的人才隊伍中，既重用董仲舒這樣的大儒，亦接納東方朔這樣的滑稽人物；既有汲黯這樣的諍臣，又有寧成、周陽由、王溫舒等酷吏。他在國家意識形態方面推行儒家的思想，可本人卻經常搞神神鬼鬼的求仙活動，以致一再受騙，留下諸多笑柄；漢武帝喜歡寫詩，飽含感情，很有文藝範兒，但他又窮兵黷武，把幾代祖先積累下的殷實國庫快速耗空；他曾親臨黃河瓠子決口，現場指揮抗洪救災，「命群臣從官，自將軍以下皆負薪寘決河」，並作《瓠子歌》，很有悲天憫人的親民風範，可是他又好大喜功，不惜耗費大量的民脂民膏去搞封禪典禮之類的大排場。

漢武帝在位時間長，留下的故事多，功績大，缺點也不少。圍繞著他的是是非非，不同的人有不同的看法。國家主義者認為他雄才大略，是一代英主；自

由主義者則認為他是一個好大喜功、刻薄寡恩的專制帝王。即便是公認的史學大家，對漢武帝的評價也難有定論，班固在《漢書》中說他「雄才大略」「號令文章，煥焉可述」「有三代之風」，如「不改文景之恭儉以濟斯民，雖詩書所稱何有加焉！」評價甚高。可是司馬光在《資治通鑒》中卻毫不留情地給了漢武帝「差評」，他說：「孝武窮奢極欲，繁刑重斂，內侈宮室，外事四夷，信惑神怪，巡遊無度，使百姓疲敝，起為盜賊，其所以異於秦始皇者無幾矣。」說他的行事作風跟暴虐的秦始皇相差無幾。

可以說，在漢武帝身上，幾乎集中了帝國體制的所有優點，也幾乎暴露了帝國制度的所有弊端。在他的身上，人們既能看到一個大國領導人的赫赫權威，亦能看到一個專制帝王的刻薄殘忍；人們能看到一代雄主的英明神武，亦能看到他的利欲熏心。從某種意義上說，漢武帝是一個絕佳的樣本，裏面暗藏著人性複雜和幽深的基因密碼。

漢武帝的冒險性格

漢武帝原名劉彘，他幼時記憶力驚人，讀古代聖賢帝王的事蹟，常常過目不忘，「至七歲，聖徹過人」，漢景帝遂將其改名為「劉徹」。公元前 153 年，劉徹被封為膠東王。同年，景帝的長子、他的異母長兄劉榮獲封為太子。公元前 151 年，失寵無子的薄皇后被廢。公元前 150 年，劉榮被廢掉太子之位，改為臨江王。隨後，王夫人被立為皇后，劉徹立為太子。公元前 141 年，漢景帝駕崩，太子劉徹即位。

劉徹即位時只有 16 歲，他喜歡刺激，愛冒險，常常化名平陽侯，於夜晚出宮遊獵。第二天黎明的時候，他帶領隨從「入南山下，射鹿、豕、狐、兔，馳騖禾稼之地，民皆號呼罵詈」。他們馳騁打獵，踐踏了老百姓的莊稼地，招致了怒罵。地方官吏曾想抓捕這夥人，結果他們「示以乘輿之物」，拿出了皇帝特有的物件，「乃得免」，才免於被拘捕。漢武帝還曾在夜晚到柏谷（今河南靈寶市西南）這個地方住店，結果住進了一家「黑店」。店主「聚少年欲攻之」，想殺人謀財。結果，旅店的老闆娘「睹上狀貌而異之」，感覺漢武帝的相貌不一般，氣質異於常人，就對店老闆說：「客非常人也，且又有備，不可圖也。」意思是這個客人不是普通人，而且他們又有防備，還是不要攻殺他們了。

店老闆不聽。老闆娘就「飲翁以酒，醉而縛之」，把店老闆灌醉後綁了起來。如此一來，店老闆所召集的同夥才走散。隨後，老闆娘「殺雞為食以謝客」，好好地招待了漢武帝及其隨從。第二天，漢武帝回到皇宮，召見老闆娘，「賜金千斤，拜其夫為羽林郎」，以表謝意。

按說，身為「萬乘之尊」的皇帝，理應注重安全，少從事冒險活動，可是漢武帝卻愛冒險，要從冒險活動中尋求刺激。他不僅愛打獵，還特別愛獵殺熊和野豬等大型猛獸，後經司馬相如上書勸諫，才有所收斂。

　　漢武帝精力旺盛，富有想像力，做事不拘常規。他打算進攻西南夷，需要訓練出精良的水軍，可長安附近並沒有湖泊。他命人鑿地蓄水，建造「昆明池」，用以訓練水軍。他母親在金家生有一女，是他同母異父的姐姐，此事涉及皇太后的婚史，別人都有意隱匿。可漢武帝根本不管這些，親自尋訪到這個姐姐。「乘輿直入此里，通至金氏門外止」，怕姐姐逃走，他還「使武騎圍其宅」。金家人沒見過這樣的陣勢，異常「驚恐」，他的姐姐「亡匿內中床下」，躲藏到了床下，結果還是被找了出來。漢武帝見到姐姐後下車哭泣，說：「嚄！大姊，何藏之深也！」隨後就將姐姐接回皇宮，領著去見老媽，並賜予田宅、奴婢。衛子夫原本就是一歌妓，地位微賤，但漢武帝還是將其立為皇后；李延年的妹妹本來是娼女，但因有傾國傾城之貌，漢武帝也照樣笑納。李夫人死後，他還思念不已，作賦曰：「秋氣潛以淒淚兮，桂枝落而銷亡。」「是邪，非邪？立而望之，偏何姍姍其來遲！」從這些事可以看出，漢武帝是一個感情非常豐富的人，他不願意被條條框框所束縛。

董仲舒的「天人感應」理論

漢武帝剛剛當政之時，他的祖母竇太后尚在，且掌控朝廷。直到公元前 135 年竇太后去世，漢武帝才得以親政。親政之後，漢武帝改變了國家的意識形態，以儒家思想為治國理念。不過，此時的儒家思想已經不是孔孟時期的儒家思想了，而是經過了大儒董仲舒的改造。

董仲舒以孔孟的儒家學說為基礎，引用「五行相生相剋」的理論，發展出一套以「天人感應」為核心的新儒學思想體系。這套體系有效地將王朝政權的合法性問題安排在了更宏大、更空靈的宇宙秩序之中。董仲舒認為，「道之大原出於天」，自然、人事都受制於天命，因此王朝的政權是不是合法，就看它的統治者能不能正確地理解天命、順應天命。他說：「天令之謂命，命非聖人不行；質樸之謂性，性非教化不成；人欲之謂情，情非度制不節。是故王者上謹於天意，以順命也；下務明教化民，以成性也；正法度之宜，別上下之序，以防欲也；修此三者，而大本舉矣。」在董仲舒看來，皇帝要不辜負天命，就必須效法聖賢，行「德政」「為政而宜於民」，讓百姓在你的統治下得到真實利益；否則，天就會降下種種災異以警示皇帝。如果皇帝執迷不悟，不肯悔改，天就會收回成命，換掉它在人間的代理人，讓皇帝失掉政權。

在董仲舒的解釋中，皇帝的大權既然來源於上天，那皇帝及其王朝的種種作為就必須符合天道、秉承天意。如果違反了天道、天意，就可能導致天命的更改，天命一更改，你這個王朝就會被新的王朝所取代。從董仲舒的「天人感應」論中可以看出，皇帝和他所代表的

政權對天下根本就沒有所有權，只有經營管理權，而且這種經營管理權還是暫時的而非永久的。你的管理符合天道，上天就繼續授權給你；你的管理不合天意，上天就會收回你的管理權，再授權給別人。天是天下的董事長，而皇帝及其王朝不過是天暫時聘用的總經理而已。這樣，董仲舒一方面通過「天人感應」的理論限制了皇帝的權力，另一方面也為帝國的政權合法性提供了一種別開生面的解釋。對此，美國歷史學家費正清稱：「與其說是儒家思想征服了漢代學者，不如講是漢代學者改造了儒家思想。」

董仲舒的「天人感應」理論在中國歷史上影響甚巨，此後的歷代王朝，基本上都以這套理論來解釋自己的政權合法性問題。

所謂的政權合法性，其實就是對政權來源及權力使用規則的一種社會共識，它並不一定百分之百的精準和科學。在不同的時代，人們對合法性的認知是不一樣的。只要當時的人們能普遍接受某種理論，那麼這種理論就具有合法性。在帝制時代，在民主選舉之前，董仲舒的「天人感應」理論能在道統與法統之間、天命與皇權之間、皇帝與臣民之間、道義與利害之間找到微妙的平衡，能對無限的皇權加以限制，且能為上至帝王、下到黎民所共同認可，所以它就成了帝制時代有關政權合法性的最佳解釋系統。

後漢武帝時代

　　一個政治強人去世之後，他對社會的影響並不會馬上消除，他會留下一筆巨大的政治遺產。有時是一份爛攤子，有時是一筆財富，但更多的時候是一份好壞夾雜、憂喜互見的亂局、危局。

　　西漢的歷史進程中也遇到過這樣的情況，那就是昭宣中興的時代，即漢昭帝和漢宣帝兩朝（公元前 87 年至公元前 49 年）。漢武帝就是那個留下亂局、危局的政治強人，而昭帝和宣帝就是兩個替他收拾殘局的人。

　　漢武帝對外開疆闢土、大肆征伐，對內窮奢極欲、盤剝百姓，幾十年搞下來，整個國家「戶口減半」，財政出現了危機，甚至整個王朝都到了崩潰的邊緣。到了漢昭帝時期，秉政的霍光不得不調整政策，重新「與民休息」，同時恢復與匈奴的和親關係。經過一番治理，「百姓充實，四夷賓服」。

　　漢昭帝年僅 21 歲就駕崩了，之後，西漢王朝進入了漢宣帝時期。

　　漢宣帝劉詢掌權之後，以「王霸雜用」來治理國家。他繼續推行「與民休息」的國策，加大惠民力度，輕徭薄賦，對民眾實行儒家的仁政。他針對漕運耗人

力、浪費嚴重的問題，果斷減少了一半的漕卒，大省漕運力役。對於遭受自然災害的地區，漢宣帝則減免租賦，對流民的撫恤力度也是空前之大：凡是回歸原籍的流民，由政府分給田地，並給予糧種，供其免費耕種，還在一定的年限內免除租賦。經過多年的勸課農桑、輕徭薄賦，百姓民生得到了相當的保障，社會秩序穩定了下來。這是漢宣帝實行「王道」的一面。

漢宣帝的「霸道」則表現在他整頓吏治方面。漢武帝統治期間連年用兵打仗，到後來就出現了財政衰竭的問題。為了籌集錢財，漢武帝就用賣官鬻爵和輸財贖罪等辦法來增加財政收入。這樣一來，「入物者補官，出貨者除罪，選舉陵夷，廉恥相冒」，官場被搞得烏煙瘴氣，吏治異常混亂。漢宣帝親政之後，大力整肅吏治。漢宣帝在任命郡守、刺史等地方大員時，往往親自召見，通過察言觀色來了解官員的品行、能力，隨後向官員交代任務。官員到任之後，漢宣帝則讓有關部門將官員治理地方的情況記錄在案，以作為升降考核的依據。如此一來，漢宣帝一朝的執政就形成了「寬以待民，嚴以律官」的風氣，王霸雜用的治理模式就此形成。經過漢昭帝、漢宣帝兩朝的持續治理，西漢王朝又興盛了起來，史稱這一階段為「昭宣中興」。

大帝國的治國模式，從秦朝的法家到漢初的道家，再到漢武帝時的外儒內法，最後到漢宣帝時期的王霸雜用，不同的模式之所以要一次次地切換，並非完全出自不同帝王的個人喜好，實乃是帝國形勢發展之所迫。隨著帝國的發展及疆域的不斷拓展，其治理任務日益複雜。此種情形之下，任何單一思想文化下的治理模式都不足以承擔治理如此龐大帝國的複雜使命。大帝國的治理實踐，需要多元的思想資源來做文化支撐，而先秦諸子百家的思想又恰恰為華夏民族提供了足夠多元、足夠博大精深的文化資源。二者相互配合，大帝國的制度才能最終成熟，並得以長久存在。

　　我們可將「昭宣中興」看作是對漢武帝時代種種政治弊端的一次大規模「糾錯」，亦可在更大的時空範圍內將其看成是西漢王朝盛極而衰之際的一次迴光返照。因為自此後，西漢王朝就走上了衰落之路。西漢王朝的衰落期，包括漢元帝、漢成帝、漢哀帝、漢平帝四朝，從公元前 49 年直到西漢滅亡。

　　漢朝的宰相原本是很有實權的，全國的政治多以相府為轉移。可自霍光秉政之後，他以外戚身份自領尚書，而宰相都用自己的親信及年老無力之人。自此之後，相權衰微，政令多自宮中。皇帝掌控宮中大權，若皇帝聖明，問題還不大；若遇到荒淫昏聵

之君，則皇帝的大權極易為外戚、宦官等皇帝的身邊人所竊取。西漢王朝的沒落和最終滅亡，即源於外戚擅權。

公元前 49 年，漢宣帝駕崩，身為太子的劉奭隨後即位，是為漢元帝。漢元帝「柔仁好儒」，優柔寡斷，朝政遂受制於宦官弘恭、石顯等人，士大夫蕭望之、劉向等人遂竭力與宦官勢力鬥爭，但終告失敗。漢成帝是一個荒淫好色的皇帝，他寵愛趙飛燕、趙合德姐妹，荒廢朝政，遂使大權旁落外戚王氏之家，形成了嚴重的「外戚擅權」局面。漢哀帝當政時雖想把大權從外戚手中收回，但所用非人，他任用自己的男寵董賢為宰相，致使朝政愈加混亂。漢哀帝駕崩之後，外戚王莽乘機復出，迎立平帝，隨後弒平帝而立孺子嬰。王莽以「安漢公」的名義先攝政，後篡權，改國號為「新」，西漢王朝就此滅亡。

西漢末年的外戚擅權

對於西漢的末世，史學上有「衰於元成，敗於哀平」的說法，意思是漢元帝、漢成帝兩朝是衰落期，漢哀帝、漢平帝兩朝則是敗亡期。西漢王朝自漢元帝時期就走上了由盛轉衰的道路，及至漢成帝時期，其衰亡之勢不可遏止。歷史學家呂思勉先生說：「漢治陵夷，始於元帝，而其大壞則自成帝。帝之荒淫奢侈，與武帝同，其優柔寡斷，則又過於元帝。朝政自此亂，外戚之勢自此成，漢事遂不可為矣。」意思很明顯，漢成帝劉驁要對西漢王朝的滅亡負極大的責任。

事情可能還得從劉驁的母親說起。劉驁的母親叫王政君，原是漢元帝劉奭的皇后，兒子劉驁登基之後，她隨之成了皇太后，而漢成帝的舅舅王鳳則為「大司馬大將軍，領尚書事」，「益封五千戶」，外戚王氏的權勢由此迅速壯大。

漢成帝曾在公元前 27 年一口氣分封自己的五個舅舅為侯：王譚為平阿侯，王商為成都侯，王立為紅陽侯，王根為曲陽侯，王逢時為高平侯。一年就封王氏家族的五個人為侯，世所罕見，所以百姓就將這五人稱為「五侯」。與五人封侯相伴的，便是「王氏子弟皆卿、大夫、侍中、諸曹」，全部進入官場，當了大官，他們「分據勢官滿朝廷」，形成了極大的政治勢力。

王鳳在發展壯大自己家族勢力的同時，還打擊異己，排斥忠良，十分囂張。舉一事即可說明王鳳囂張到何等程度。公元前 24 年，漢成帝打算讓劉歆當中常侍，快要下發任命書的時候，皇帝左右的人說：「未曉大將軍。」皇帝說：「此小事，何須關大將軍？」這麼一件小

事，不用跟大將軍說了吧？結果，「左右叩頭爭之」，您還是跟大將軍打個招呼吧。

皇帝一看，那就跟大將軍打個招呼吧。結果，「鳳以為不可，乃止」。王鳳認為這個事不行，最後竟然把皇帝的這個決議給否決了。

王鳳權傾朝野，「公卿見鳳，側目而視，郡國守相、刺史皆出其門」。王氏家族的權力大到這個程度，怎能不跋扈囂張？史書載「五侯群弟，爭為奢侈，賂遺珍寶，四面而至。後庭姬妾，各數十人，僮奴以千百數，羅鐘磬，舞鄭女，作倡優，狗馬馳逐，大治第室，起土山、漸台、洞門、高廊、閣道，連屬彌望」。極盡享樂奢華之能事。

王鳳擔任大司馬大將軍長達 11 年，他臨死之前推薦王音代替自己。王音擔任大司馬大將軍 8 年後去世，接替他的是成都侯王商。王商輔政 4 年後因病「乞骸骨」，接替他位置的是曲陽侯王根。王根輔政 5 年，「乞骸骨」「薦莽以自代」，推薦王莽代替自己的位置。漢成帝也認為王莽「有忠直節」，遂提拔王莽為大司馬。

一年以後，漢成帝駕崩，漢哀帝即位。公元前 1 年，漢哀帝駕崩（在位 6 年）。哀帝無子，此時已是太皇太后的王政君遂任姪子王莽為大司馬。王莽為便於擅權，立年僅 9 歲的劉衎當皇帝，是為漢平帝。年僅 9 歲的皇帝不能親政，大司馬王莽名正言順地掌控了朝政。公元 6 年，漢平帝駕崩。此時，大權在握的王莽又徵漢宣帝玄孫中年齡最小的劉嬰為帝，此時他只有兩歲，史稱孺子嬰。兩歲的兒童更不能執政，王莽「踐阼居攝，如周公傳成王故事」，當上了攝政王。攝政三年之後，王莽乾脆廢掉了孺子嬰，自己另起爐灶，建立了新朝。至此，外戚徹底篡奪了西漢王朝的天下。

◎ 觀點提煉

漢人的政治觀念與王莽改制

西漢王朝自漢武帝「獨尊儒術」之後，儒家士人在政治上逐漸得勢，他們所抱政治觀念逐漸成為漢人主流的意識形態。這套觀念的要點如下：1. 聖人受命。各朝開國之君都是天上某帝某德而降生，如青帝木德、赤帝火德、黃帝土德、白帝金德、黑帝水德，「五德」相生相剋。2. 皇帝承受天命要有符瑞，相當於上天的授權證明，比如土德者當立，就要有黃龍出現。3. 封禪。聖人承受天命，要通過封禪儀式，昭告上天。4. 王朝德衰，天降災異。天命五德循環不已，當某一德運衰落之際，上天就降下災害或異象，以警醒世人。5. 讓賢禪國。災異頻發之後，統治者知道天命已改，就應該及早物色賢人，並適時禪讓皇位，以順應天命。6. 新王朝「易服色，更制度」，承接新的天命。

當然，漢儒這套「天人感應」理論除神秘之外，也有其理性的一面，那就是儒家一直提倡的「禮樂教化」。他們認為，政治的最大責任就在於通過用「禮樂」來教化百姓，使之過上一種有秩序、有意義的美好生活。要達到此目的，統治者就要恪守道德、克制慾望、恭儉自守，同時還要以有效的手段治理好國家，以確保人民能過上衣食無憂的安定生活。

王莽最後篡奪西漢的天下並進行改制，其政治上藉助的是外戚擅權之大勢，其文化上所遵循的則是漢儒的上述政治理念。漢室自漢元帝時起，帝王就一直短壽，元帝駕崩時 41 歲，成帝駕崩時 44 歲，哀帝駕崩時 25 歲，平帝駕崩時 14 歲，這本身就是國運衰落的象徵。而王莽本人在篡位之前堪稱「道德模範」，他孝敬母親

和寡居的嫂子，對叔伯長輩極其謙恭有禮。伯父王鳳病重時，他日夜侍候，衣不解帶。王氏家族的弟子奢侈享樂，「以輿馬聲色佚遊相高」，過的都是聲色犬馬的日子。只有王莽「折節為恭儉」，不但生活儉樸，而且還拜大儒陳參為師，「勤身博學，被服如儒生」。在王氏一群紈絝子弟之中，王莽的表現簡直可用「出淤泥而不染」來形容。因此，大司馬大將軍王鳳臨終之前，極力向王太后和漢成帝推薦王莽。

漢儒一直推崇讓賢，而在漢室國運衰微之際，王莽在政治、道德、學術及抱負上又恰好符合當時的「讓賢」推薦，所以他最後接受了孺子嬰的禪讓，做了新朝皇帝也算順理成章。

王莽改制與東漢盛衰

　　王莽於公元 8 年接受了孺子嬰的禪讓，稱帝，改國號為「新」。

　　當上新朝皇帝之後，王莽進行了一系列的改革，措施包括土地改革、幣制改革、商業改革及官名地名改革等，內容非常龐雜。不過其改革的總體思路具有復古主義和理想主義傾向。比如，他將土地收歸國有，稱為「王田」，不准私人買賣。這個措施本意是打擊西漢末年的土地兼併現象，可是一刀切地執行下去，也給民生造成了諸多不便。若有人恰好缺錢急用，原本還可賣地救急，經王莽改制之後，土地不讓賣了，反而一點辦法都沒有了；另有一些人辛勤勞作，本想賺錢買地置業，王莽將土地一律收歸國有後，這些人的夢想也隨之破滅了。再比如，王莽下令不得買賣奴婢，這本來含有尊重人權的色彩，可是在當時卻也屬不合時宜。當時的社會沒有充分的社會保障機制，一個人窮得走投無路之際，唯一活命的機會便是賣身為奴。王莽強令不得買賣奴婢，本想救窮人於水火，可實際上等於斬斷了窮人最後一條活命的出路。王莽還曾推行貨幣制度改革，結果也是事與願違，使經濟陷於癱瘓。總而言之，王莽的改革因其食

古不化及過度的理想主義而失敗了。

王莽改革失敗，各地不斷爆發農民起義，南方有綠林軍，北方有赤眉軍。公元 23 年，綠林軍攻入長安，王莽在混亂中被殺，新朝滅亡。

王莽新朝末年，天下大亂。各路起義之中，既有農民起義，也有漢室後裔領導的起義，還有地方的武裝割據勢力。經過一番混戰，漢室後裔劉秀取得了最終的勝利，於公元 25 年登基稱帝，定都洛陽，建立了東漢王朝。

東漢自光武帝登基到公元 220 年漢獻帝禪讓為止，共 192 年。一般認為，東漢的國力不如西漢強盛，因其定都洛陽，對西北地區的控制，不如西漢便利。不過，東漢王朝亦創下了治平之世，並有其不同於西漢的特點。

與西漢的創建者劉邦相比，東漢的創建者劉秀顯然更有文化，他在王莽當政時曾是太學生，在都城長安學《尚書》，親近儒學。東漢一朝的開國功臣，也多有儒生背景，如鄧禹是光武帝劉秀的同學，寇恂、馮異、馬援、賈復、祭遵、耿弇也都好學，「通儒」。因此，東漢王朝自建立之日起就可說是一個文質彬彬的士族政權。

創建東漢之後，光武帝劉秀「退功臣，進文吏」

「嚴以察吏，寬以馭民」，統治期間政治清明。公元 57
年，光武帝駕崩，太子劉莊立，是為漢明帝。明帝深
受儒學薰陶，治國有方，東漢王朝在他統治期間開疆
闢土。班超於公元 73 年奉命出使西域，通過高超的外
交手段控制了絲綢之路。在北方，漢明帝派竇固與耿
秉率軍深入草原，攻擊匈奴，奪取了吐魯番綠洲。明
帝於公元 75 年駕崩，兒子章帝登基。漢章帝同樣好儒
術，為政寬仁，但由於放縱外戚，埋下了和帝時期外
戚擅權的種子。漢章帝於公元 88 年駕崩，其子劉肇即
位，是為漢和帝。和帝親政之後，誅滅竇氏外戚，徹
底擊潰了匈奴，重新設置了西域都護。此時，東漢的
國力達到最強，史稱「永元之隆」。

　　凡事盛極而衰，漢和帝之後，東漢迅速走向了
衰落。

　　導致東漢衰落的原因很多，但最重要的是外戚
專權和宦官干政。東漢的外戚之禍，起於漢章帝。漢
章帝的皇后竇氏沒生兒子，宋貴人生子劉慶，立為太
子。梁貴人生子劉肇，被竇皇后收養為子，竇皇后誣
陷並殺害了宋貴人，將太子劉慶廢為清河王，而立劉
肇為太子。漢章帝駕崩後，年僅 10 歲的劉肇即位，
是為漢和帝。和帝年幼，不能親政，竇太后遂臨朝稱
制。竇太后倚仗親族，重用其兄竇憲，外戚專權的局

面就此形成。

漢和帝親政之後，為了把大權從外戚手中奪回，就聯合宦官鄭眾，與其一同謀劃，誅殺了竇憲及其黨羽。

漢和帝短壽，年僅 27 歲就駕崩了。和帝駕崩後，他出生僅百日的兒子劉隆被立為皇帝，是為漢殤帝。漢殤帝時，鄧太后臨朝聽政，太后的兄長鄧騭遂乘勢崛起，外戚勢力再次控制了朝政。漢殤帝在位一年即夭折，鄧太后迎立清河王的兒子劉祐為帝王，是為漢安帝。

漢安帝時，東漢王朝已是內憂外患，他統治前期，鄧太后臨朝稱制 15 年。鄧太后去世後，漢安帝又重用閻皇后的哥哥閻顯，並寵信宦官，朝政極為紊亂。閻皇后無子，後宮李氏生子劉保，立為太子。後李氏為閻皇后所害，劉保亦被廢掉太子之位。

漢安帝亦短壽，駕崩時只有 32 歲。閻皇后迎立漢章帝之孫北鄉侯劉懿為帝，但劉懿稱帝兩百多天即因病去世。此時宦官勢力開始登場，他們消滅了外戚閻氏，擁立劉保，是為漢順帝。漢順帝的皇位是靠宦官支持得來，他登基後遂重用宦官，有擁立之功的 19 個宦官均被封侯。

此外，漢順帝還重用皇后的父親梁商，導致外戚

梁氏專權長達二十多年。梁商死後，他的兒子梁冀繼續掌握朝政大權，此時外戚的權勢達到了巔峰。梁冀一門，「前後七侯，三皇后，六貴人，二大將軍，尚公主者三人，其餘列卿、將、校者五十七人」。梁冀秉政二十多年，飛揚跋扈，漢沖帝、漢質帝均被他牢牢控制，漢質帝因童言無忌而被他毒殺。

公元 159 年，漢桓帝聯合宦官誅滅了梁氏。外戚梁氏被誅後，朝政大權又轉移到宦官之手，幫助漢桓帝謀殺梁氏的 5 個宦官皆被封侯，稱為「五侯」。宦官勢力從此大張，而宦官之腐敗比外戚有過之而無不及。朝中官員與太學生聯合起來反對宦官擅權，結果反遭宦官迫害，是為東漢歷史上有名的「黨錮之禍」。經過兩次「黨錮之禍」的打壓，正直的士大夫全被排斥出東漢的朝堂，東漢王朝自此江河日下，瀕於滅亡。

公元 184 年，黃巾起義爆發。此時，腐朽的東漢朝廷根本無力平叛，遂下令各州郡自行募兵守備。黃巾起義後來雖被鎮壓了下去，但在此過程中，地方州郡長官開始擁兵自重，軍閥割據的局面形成了。

公元 189 年，漢靈帝去世，漢少帝劉辯即位，外戚何進官拜大將軍，掌控朝廷。他立志剷除宦官勢力，但遭到何太后的反對。士大夫領袖袁紹提出建議，讓西北軍閥董卓進京，逼迫何太后答應。何進同

意了袁紹的建議。然而事情泄漏，宦官先下手為強，殺死何進。當時在西園軍的袁紹聞訊，立即率軍攻入皇宮，屠殺了宦官，京城大亂。董卓乘亂擁兵入京，控制了整個中央政府。董卓同時清洗了宦官和外戚，還廢掉了漢少帝劉辯，立陳留王劉協為皇帝，即漢獻帝。

董卓在京城燒殺搶掠，招致山東州郡各路諸侯的聯合討伐。討伐董卓的各路軍閥雖組成了盟軍，但他們貌合神離，不久便發生了內訌。而董卓則挾持漢獻帝遷都許昌，臨走之前，焚燒了洛陽，東漢都城就此毀於一旦。

各地的軍閥為增強自己的實力，紛紛互相攻伐，中央王朝的威望蕩然無存。當時主要的地方割據勢力有冀州袁紹、兗州曹操、幽州公孫瓚、揚州袁術、荊州劉表、益州劉焉、漢中張魯、涼州馬騰、韓遂等。

公元 192 年，司徒王允巧施連環計，唆使呂布謀殺了董卓。但不久，董卓的部將李傕、郭汜又殺回來替董卓報仇，王允被殺，呂布出逃，東漢朝廷再度失控。公元 195 年，李傕和郭汜發生內鬥，漢獻帝劉協和群臣逃回了已是一片廢墟的洛陽。

一年後，曹操迎漢獻帝到許昌，從此曹操「挾天子以令諸侯」，逐漸掌握朝廷權力。曹操有雄才大略，

在諸侯混戰中壯大起來，擊敗袁紹、袁術、呂布等，統一了北方。

　　在曹操經營北方的同時，孫策、孫權兄弟在長江下游地區崛起，建立了自己的基業，而劉備也奪取了益州，三國鼎立的局面由此形成。公元 220 年，漢獻帝將皇位禪讓給曹操的兒子曹丕，曹丕改國號為「魏」，東漢王朝滅亡。隨後，公元 221 年，劉備也稱帝於蜀。公元 229 年，孫權稱帝於吳。至此，天下成魏、蜀、吳三分之局，歷史進入了三國時代。

東漢時期的門第

東漢較西漢更重視儒學，光武帝、漢明帝、漢章帝等幾代帝王均倡導儒學。公元 59 年，漢明帝劉莊在洛陽的明堂親自講解《尚書》，製造了萬人空巷的盛舉。隨著儒學的興盛，士人階層在政治上的影響也愈來愈大。在古代社會，讀書的機會不易獲得。別的不說，單是書籍就異常珍貴。因當時尚無印刷術，竹帛書籍必賴傳抄，所耗人力物力甚巨，非普通人家所能擁有。此等情形之下，學術文化的傳授往往限定在士人家族之中，這就造成了當時所謂的「累世經學」。當時的「經學」又是入仕做官的必要條件，因此「累世經學」又會造成「累世公卿」，即一個世代讀書之家很容易成為一個世代做官之家。

另外，漢代的人才選拔實行察舉制度，一個人做了地方官，不只有較高的官俸，而且還有權向朝廷察舉「孝廉」。如此一來，如果一個人官至郡守，一郡之下的「孝廉」都經他「察舉」，被察舉者對舉薦者心懷感恩，成為其門生故吏便是順理成章之事。日後，這些「孝廉」在政治上得志，也往往「察舉」自己恩人的後人。由此，「察舉」過他人的人，其子孫也極易被「察舉」。這樣一來，一個地方的「察舉」名額就永遠落在了幾個大家族之中，而這幾個大家族便是當地的名門望族。東漢時期的每個郡都有幾個這樣的名門望族，由此也就造成了門第現象和門第觀念。

東漢門第的形成，實質上是一種學術與權力的媾和。幾個名門望族長期把持一個地方的學術文化資源和權力資源，屢屢由「世代經學」而至「世代公卿」，

這雖不是赤裸裸的權力世襲，但也儼然造就一種貴族階層。這樣的門第勢力，在王朝政治清明之際，自可協助朝廷穩定地方秩序，可在王朝衰落及解體之時，也容易轉化為地方割據力量。東漢末年的袁紹家族就是比較典型的例子。

◎ 觀點提煉

從兩漢盛衰看王朝周期

　　從某種意義上講，東漢可算是西漢宗室復辟的產物。兩漢王朝在制度層面有很多一致性：二者均以農業經濟維繫著同樣制度的帝國體系，權力高度集中在皇帝手中，代替皇帝管理地方的是一個等級森嚴的官僚系統，普通人進入官場的方式依賴察舉制度。兩漢在國家意識形態方面也高度一致，都尊奉儒家思想，信奉大體一致的天命觀。甚至，兩個王朝的壽命都很接近，均為兩百年左右（西漢略多，東漢略少）。導致兩個王朝滅亡的原因中均有政治腐敗、外戚擅權、土地兼併嚴重、農民起義等常見的因素。這些現象在以後王朝的末期一再出現，似乎成了每個王朝末期的「常見病」。確實，人們從兩漢王朝的盛衰中大體可總結出中國王朝的周期率。對此，美國著名漢學家費正清先生說：「專制統治正是它本身最大的敵人。皇帝把大量的田地及農民永久性地賜給皇親國戚、寵臣奸佞和將相高官，而後者往往貪得無厭，又進一步導致了統治的惡化。」

　　我們可以從人才發現機制來考察帝國盛衰的規律。一般而言，一個王朝開國之際，明君賢臣風雲際會，彷彿遍地是人才，可是待到王朝末期，堂堂廟堂之上，竟然很難發現出類拔萃的人才。難道天地生人才，會在不同的時期有不同的分佈嗎？顯然不是。其根本原因就在於，中國各王朝的統治階層都是一個封閉的權力系統。在開國之初，君王要在「打天下」的過程經過殘酷的篩選，昏聵之輩根本沒能力奪得皇位，凡奪得天下者必有過人的本事。對功臣來說，他們多成長於亂世，來自各方，成分複雜，同樣要經過戰爭的篩選與歷練。這種明

君賢臣的合作模式，可看作是一個實力強大的創業團隊，其進取精神和應變能力絕對強大。

可是，開國之君打下天下之後，即把王朝視為自家基業，皇室集團遂成一個狹小封閉的圈子。王朝的未來之君必出自這個狹小的人才庫，如此一來，幾代之後出現昏聵之君也就實屬必然。功臣子弟得祖上蔭庇，享有超乎尋常的財富與特權，其成為紈綺子弟的概率也大大增加。如此，二代、三代之後，最多四代、五代之後，王朝的統治階層必定腐朽墮落，而此時，聚集在皇權周圍的外戚、宦官、寵臣等則恰好趁機弄權自肥。至此，朝綱紊亂、貪腐盛行遂不可遏制，王朝也由此失去了民心。民心一失，王朝沒有了凝聚力，勢必崩潰、解體。

三國兩晉南北朝：戰亂與民族大融合的時代

　　東漢王朝滅亡之後，中國進入到了一個長期戰亂的時代。這個漫長的亂世又分為三國、兩晉、南北朝三個階段。魏、蜀、吳三國之間彼此爭鬥的故事廣為人知，羅貫中創作的小說《三國演義》就是根據這段歷史改編而成。為了引人入勝，小說固然要加入許多誇張的鋪排和描寫，但總體輪廓還是不差的。那確實是一個亂世，同時也是一個英雄輩出的時代。魏、蜀、吳三個國家的第一代開創者及其麾下的將相個個都是英雄人物，他們歷盡艱難，開創了基業，可惜的是，這份基業並沒有得到很好的繼承，原因很簡單，當創建帝業的第一代英雄死去之後，他們的二代全是敗家子。俗話說「扶不起來的阿斗」，說的就是劉備的兒子劉禪不能守住父親創下的基業。公元 263 年，蜀漢政權在劉禪統治時期被魏國滅掉。

　　不過，此時魏國的曹氏家族也已經衰敗了。就像當年曹操控制漢獻帝一樣，司馬懿後來操縱曹魏政權。他的兒子司馬昭隨後徹底掌控了魏國的全部政權。在吞併蜀漢政權的兩年後，即公元 265 年，司馬昭之子司馬炎徹底篡奪了魏國政權，成立了西晉，是為晉武帝。

西晉於公元 280 年滅掉了吳國，完成了統一大業。然而，西晉也很快衰敗了。晉武帝死後不到兩年，晉王室就發生了「八王之亂」的嚴重內鬥。

就在西晉王朝日益衰落之際，匈奴人開始大舉入侵中原。公元 311 年，劉聰領匈奴軍隊攻佔了西晉的都城洛陽，俘獲晉懷帝。西晉只得在長安擁立晉愍帝，勉強延續西晉政權。但這種情況也僅僅維持了 5 年。公元 316 年，劉曜率領匈奴軍攻破長安，晉愍帝獻城投降，西晉結束。

晉王室丟掉北方之後南渡，於公元 317 年在南京建立了東晉。自此，中國分為南、北兩部。南方的東晉政權延續了 104 年，之後是宋、齊、梁、陳四個更為短命的王朝，一共經歷了近 170 年，是為南朝。中國的北方則為「五胡」政權交替控制，即由匈奴、鮮卑、氐、羌、羯五個少數民族建立了十六個政權，這也就是人們常說的「五胡十六國」。這些少數民族在中國北方建立政權，一方面與漢人勢力相對抗，另一方面也與漢人合作，無論是相互對抗還是相互合作，都極大地促進了民族融合。因此，「胡人漢化」和「漢人胡化」也就成了這一階段最重要的時代主題。

「胡人漢化」最典型的例子當屬北魏孝文帝所進行的改革。北魏孝文帝主動解散鮮卑族的部落，改族群

為鄉里，並讓鮮卑族使用漢字，改用漢姓。這種全面漢化的政策無疑大大加速了鮮卑族的漢化過程。

另一方面，中原地區的漢人也在與胡人打交道的過程中學習了胡人的文化，在潛移默化中接受了胡人的習俗。比如，一向席地而坐的漢人在這一時期開始使用「胡床」—— 胡人發明的高足座椅。隨著高足家具的流行，漢人放棄了席地而坐的習慣。此外，胡人的服裝、音樂、舞蹈等文化也為漢人所接納、效仿，胡笳、羌笛、琵琶等胡人樂器從漠北和西域傳入中原，使中國的音樂更加豐富；胡人擅長的牲畜飼養技術傳到了中原，胡人製作的毛氈、奶酪、酥油、胡餅等也為漢人所喜歡，胡漢互化結出了纍纍碩果。秦漢以來所建立的大帝國體系經過此番融合、重組之後，增添了不少外來基因。中國地區的人類組織，包括國家生態、地緣族群及文化成分等由此變得更多元、更複雜。可以說，經過這一階段的「胡人漢化」和「漢人胡化」，事實上形成了東亞地區的民族大融合和文化大融合。

還有一點也值得一說。佛教在魏晉南北朝時期迅速發展壯大。這一時期，無論是北方的胡人政權還是南方的漢人政權，均對來自異國的佛教持以特殊的好感。原因就在於，越是在動蕩不安的年代，人們越是

需要來自宗教的精神慰藉。佛教自東漢永明年間傳入中國，經過一段時間的傳播，這時恰好能承擔這種功能。自此之後，佛教深深地嵌入到了中國文化之中，成為「儒、釋、道」三種核心思想中的一支。

就治亂而言，三國兩晉南北朝時期無疑是一段長達四百年的亂世，在這個亂世之中，百姓飽受戰亂之苦。可若就國家形態的重組和再造而言，此一時期又是民族大融合與文化大升級的必經階段。

北魏孝文帝改革

　　北魏是鮮卑族建立的一個王朝，它的創建者是拓跋珪。

　　前秦統一中國北方時，鮮卑族也為前秦所統治。公元 383 年，前秦皇帝苻堅親率大軍討伐東晉，結果在淝水被東晉打敗。淝水之戰慘敗後，前秦在北方的統治隨之瓦解，拓跋珪趁機復國，改國號為魏，稱皇帝，史稱北魏。經幾代人的持續努力，北魏於公元 439 年統一了北方。

　　北魏的歷代君主都重視學習漢文化，等到了北魏孝文帝拓跋宏統治時，他更是啟動了全盤漢化的改革措施，史稱為孝文帝改革。

　　鮮卑人原本沒有文字，更不會讀書寫字。他們的官員也沒有薪俸，如果想要什麼東西就向治下的百姓索要或者搶奪。這樣的民族，在漢人眼裏簡直就是沒文化、沒教養，是徹徹底底的野蠻人。正因如此，北魏王朝的民族矛盾一直比較尖銳，漢人不斷起來反抗鮮卑人的殘酷壓迫。

　　北魏孝文帝對自己鮮卑族的政治形態和文化生活也深感不滿，覺得鮮卑族一定要學習漢人先進的政治制度和文化習俗。為了讓鮮卑人學習漢人的文化，模仿漢人的生活方式，孝文帝下令將北魏的都城從平城（今山西大同）遷到洛陽，因為洛陽是漢地，漢人多，漢文化發達，鮮卑人模仿起來更容易。

　　可是，大部分鮮卑貴族不願意遷都，對孝文帝全盤漢化的改革也不太認可，所以他們起來反對。為了讓自己的改革措施能很好地推行下去，孝文帝心生一計，

他下令全軍南下出征。鮮卑貴族敢於反對遷都，但總不能反對南征吧？於是，鮮卑大軍就離開平城一路南下，等走到洛陽時，恰好天上下起了傾盆大雨，道路泥濘不堪。這時，鮮卑貴族請求停止南征。孝文帝趁機跟鮮卑貴族討價還價：如果你們不願意繼續南征，那麼就得同意遷都洛陽。鮮卑貴族實在不願意繼續南征，只得同意遷都洛陽。

為了緩和鮮卑貴族不願意離開故土的情緒，孝文帝特許他們「冬則居南，夏便居北」，允許他們冬天住在洛陽，夏天回到平城。這在當時算是一種過渡的方式，孝文帝通過南遷實現鮮卑族漢化的改革目標一直沒變。他後來規定，遷居洛陽的鮮卑人死後一律葬在洛陽，不得歸葬塞北。

遷都洛陽之後，孝文帝又開始規定，鮮卑人一律穿漢服、說漢語、改漢姓，他自己就把「拓跋」這個鮮卑姓氏改為「元」。其餘的，「獨孤」改姓「劉」，「丘穆陵」改姓「穆」，「步六孤」改姓「陸」，「賀賴」改姓「賀」，「賀樓」改姓「樓」。孝文帝還鼓勵鮮卑人與漢人通婚，孝文帝自己帶頭迎娶崔、盧、王、鄭、李等漢人士族之女入宮，並強令六個兄弟也都聘娶了漢人士族之女為正妃。鮮卑人與漢人通婚之後，入居中原的鮮卑人很快就與漢族融合了。

此外，孝文帝還恢復了孔子的「素王」地位，通過提高尊孔、祭孔的規格來籠絡大批漢族士人。在政治制度方面，孝文帝也學習漢人文化，頒佈官吏官俸制度，還頒佈「均田令」，實行租庸調制。

孝文帝的這些全面漢化的改革措施，使胡人政權在政治、文化、習俗等各方面均被中原文明所同化，消解

了原本存在的民族矛盾。原本鮮卑人與漢人之間的差別迅速消失，取而代之的是士人與庶人之間的差別。這表明孝文帝的改革意在突破民族和種族的阻礙，建立一個更具有公共性的國家。

◎ 觀點提煉

東晉和南朝的門閥政治

在東漢一章中我們提到了門第現象。東漢時期的門第觀念不斷發展，造成了魏晉時期的世族高門；魏晉時期的世族高門發展到南朝，則演變成了門閥政治。

西晉滅亡的時候，晉王室「永嘉南渡」，在江南建立東晉王朝，其所依託的就是門閥士族的力量。以東晉第一高門琅琊王氏為例，整個東晉王朝，主要就是憑藉王家和謝家兩個大貴族勢力的支撐才建立起來的。王導、王敦、王曠等是最早一批推舉司馬睿當皇帝的人。東晉王朝建立之後，朝廷最依仗的便是王導、王敦兄弟，王導執政在內，王敦統兵在外，王氏權傾朝野。王曠有個兒子叫王羲之，是著名的書法家，而王導和王敦則是王羲之的伯父。可以說，大書法家王羲之的父輩就是東晉王朝的開國元勳。王氏家族的地位異常顯赫，當時便有「王與馬，共天下」的說法，意思是東晉王朝是由皇室司馬氏與琅琊王氏共同治理的。王氏之外，潁川庾氏、陳郡謝氏、譙國桓氏等在東晉的權力格局中也有舉足輕重的分量。

門閥政治是講究門第閥閱的貴族政治。所謂門閥有「門」和「閥」兩層意思，門指門第，即必須是出身於貴族的人才有資格做高官；「閥」則代表「閥閱」，即便是同屬貴族出身的人，還要看門第等級的高低，門第等級高的人當然要比門第等級低的人享受更多的特權。

門第現象在東漢時期是由「累世經學」而至「累世公卿」，那時還是先有學問修養而後才做高官。可是，到了東晉和南朝時期，只要是出生於名門望族，那就一定可以穩穩當當地做高官，根本不再需要「經學」之類

的做陪襯了。因此，我們可說，東晉和南朝時期的門閥政治實質上是一種貴族政治，但它既不是上古時期的氏族貴族，也不同於歐洲中世紀的領主貴族，而只是一種具有地方名門出身的貴族。這種貴族政治是由漢人官僚經過多次蛻變而成長起來的一種家族勢力，即某一家族在某地累世為官，成了當地的名門望族。這些家族成員的政治特權和經濟特權實質上並不來自於皇帝的封賞或任命，而幾乎完全來自他高貴的家族。此等情形之下，東晉和南朝的高官重臣，他們所極力維護的也自然是自己家族的利益，而非他所供職的王朝。

門閥政治有很大的弊病，其表現是，士族高門的子弟只要憑藉著顯赫的家世就能穩穩當當地做高官，而不必依靠真才實學。因為不需要依靠真才實學就可以做高官，所以貴族子弟也就喪失了進取心，他們整日沉湎於清閒、放蕩的生活，而不關心政治，也拒絕擔任繁雜而辛苦的工作。這種情形養成了高級貴族在王朝更迭的鬥爭中畏縮不前、明哲保身的習性，這些貴族平日雖為朝廷重臣，可實際上卻沒有為國家分憂的擔當意識。

南朝時期政權更迭頻繁，但是朝廷重臣中卻沒有殉節的人。當時的每個貴族都把自己的家族、門第看得更重要，無論怎樣改朝換代，高門大族依然是高門大族，它與皇帝和官位沒有關係，因此任何時候都不會考慮為皇帝和王朝殉節。這種將家族置於國家之上的門閥政治，最終也是導致東晉王朝走向沒落的關鍵因素。

高門大族的子弟長期縱情聲色，對外面事物一無所知。後人描述他們的生活是：「處廟堂之下，不知有戰陣之急；保俸祿之資，不知有耕稼之苦；肆吏民之上，不知有勞役之勤。」他們「出則車輿，入則扶持」，一刻

也離不開別人的伺候。有些人玩物喪志，連士大夫階層所必須掌握的文化知識也完全荒廢了，成了徒有高位的文盲。

為了維護自己家族的特權，高門大族不僅把持官場，不讓寒門庶族插足，而且在婚姻上也有嚴格的限制。高門大族只能和高門大族通婚，如果和圈外人通婚，則被視為「婚姻失類」，即所謂的「門不當戶不對」。因此，高門大族都非常重視家譜，講究郡望，由此家譜學成了當時的一門新興的「顯學」。名門望族的譜牒會被官府收藏，作為任命官員的重要依據。可見當時的門閥政治腐朽到了何等地步。

門第精神在兩晉維持了二百多年的歷史，他們雖然不能戮力政治治理，但尚能維持家教門風，這家教門風的來源則是東漢時期的儒家禮法。可是到了南朝之時，南朝君臣均是在高門大族的家庭中長大，他們只是稍微薰陶了一些名士做派，而沒有學到名士們的家教門風，所以，南朝時連魏晉風度都沒有了，原有的貴族之氣被放縱胡鬧所取代。門閥政治發展到這等地步，剩下的也就只有衰落一途了。

門閥政治的頹勢最先體現在軍事領域。高門大族的子弟耽於享樂，擔任不了武職，帶兵的武職便只好讓庶人出身的人來擔任，而庶人藉著武職，不斷靠軍功升遷，躋身政權高層，有的甚至奪取政權，自己當上了皇帝。南朝的四個開國皇帝，宋武帝劉裕、齊高帝蕭道成、梁武帝蕭衍、陳武帝陳霸先都出身庶族，先統兵，然後奪取了政權。這些庶族出身的皇帝當然看不慣高門大族紈絝子弟的享樂做派。他們雖不能在政策上放棄門閥政治，但他們卻可以通過提拔有本事的庶族人才來輔

佐自己。如此一來，高門大族的子弟雖仍可享受高官厚祿，但政治上的重要性卻在一點點降低。

王朝致命的一擊來自侯景之亂。羯族將領侯景在梁武帝晚年發動叛亂，帶兵攻陷了梁朝的都城建康（今南京），侯景的軍隊一番燒殺搶掠之後，繁華的建康城毀於一旦。昔日在建康城中過慣了錦衣玉食的高門大族「膚脆骨柔，不堪行步，體羸氣弱，不耐寒暑，坐死倉猝者，往往而然」。他們大部分在兵亂中死掉，僥幸逃走的，也再不能過上從前的貴族生活了。經此戰亂的巨大打擊後，梁武帝的子孫們分別投靠西魏、北齊，引異族相助，引發骨肉相殘的悲劇。

梁朝滅亡後，陳霸先趁亂建立了陳，這也是南朝時期最後的一個政權。陳所能控制的地盤，僅僅限於江陵以東、長江以南的狹小區域，已呈苟延殘喘之勢。至公元 589 年，陳為隋所滅，天下重新歸於統一。

第三輯

帝國第二期——隋唐

隋朝：再造統一帝國

「天下大勢，分久必合，合久必分。」這句話可以說是對中國歷史的一種事實性的評說。中國歷史在夏、商、周三個統一王朝之後，經歷了春秋戰國四五百年的分裂時期。之後秦統一了天下。中國歷史經過了第一次「分久必合，合久必分」的階段。在經歷了秦、西漢、東漢三個統一的王朝之後，中國歷史又進入了三國兩晉南北朝的長期分裂。這段長期的分裂最後也要統一，完成這一統一任務的是隋朝。公元581 年，楊堅篡奪了北周政權，建立了隋朝。

楊堅原本是北周的軍事貴族，他的父親楊忠是北周的重臣，楊堅本人具有漢族和鮮卑族的混合血統，身上兼具胡人與漢人的雙重色彩。這樣的家世和身份，使他所建立的隋朝具有與先前的漢帝國截然不同的特質。經過民族大融合和多元文化的重組再造，眾多遊牧民族已經基本融入到中華文明的體系之中，民族矛盾和民族衝突大大降低，所謂的「華夷之辨」此時已經不再是最主要的時代課題了。隨著門閥政治的衰落，原來彌漫在社會上的貴族精神也逐漸被追求平等、務實進取的新精神所替代。隋文帝楊堅順應了這種時代潮流，他所創建的隋朝既是在民族大融合的基

礎上創建的，同時也更保護民族間的融合。隋朝是在門閥政治廢墟上建立起來的，因此也就更具有平民意識和公正精神。因此，我們可說隋朝比此前的南北朝更具有公共性和包容性。

在某種意義上講，楊堅創立的隋朝很像秦始皇創立的秦朝。這兩個朝代都結束了長期分裂的局面，這兩個王朝也都比較短命，都是「二世而亡」，但他們所創建的許多制度都對後世產生了深遠的影響。秦朝的制度深刻地影響了西漢和東漢，而隋朝創建的各種政治制度，也深刻地影響了後來的唐、宋、元、明、清各朝。

隋朝在政治上的創舉是著名的三省六部制。隋朝的中央政府設立中書省、門下省和尚書省三個省。中書省是決策機構，門下省是審議機構，尚書省是行政機構。凡是國家的大政方針，先由中書省研究，做出決定，再由門下省審核，審核通過後交尚書省負責執行。如中書省做出的決策有失誤，門下省有權駁回。尚書省下設六部，也就是吏部、戶部、禮部、兵部、刑部、工部六個部門，吏部負責官員的銓選，戶部掌管錢糧、戶口，禮部掌管禮儀和文化教育，兵部負責軍事國防，刑部掌管司法，工部負責工程營建。六個部門分工明確，統管全國政治、經濟、文化、軍事等

各個方面的事務。這種三省六部制經過唐朝的改進，一直為後世所沿用，實在是一個了不起的創造。

為了打擊門閥政治，廢除地方長官推舉本地士人擔任官員的陋習，隋朝創建了更為公平的考試制度——科舉制。隋朝初年就明確規定，凡九品以上的地方官員一律要由吏部進行考核，通過考核之後才可以做官。以後又規定，州縣官吏三年一換，不得連任，也不許本地人擔任本地官吏。這樣就把選拔、任用官員的權力集中到了中央，徹底改變了長期以來士族大戶控制地方政權的局面。

科舉制更大的進步意義在於，它以公平的考試成績來選拔人才，而不是看門第的高低和身世的好壞。科舉制度是世界上最早的文官考試制度，它創建於公元 605 年，一直沿用到了清朝，直到 1905 年才廢除，在中國歷史上整整存在了 1,300 年。隋之後的王朝大多能保持長期的穩定，與科舉制這種比較公平的人才選拔制度關係極大。通過參加科舉考試，平民子弟也可以出任官員，參與政治，加入到管理國家的行列，這不僅有利於更廣泛地選拔人才，而且擴大了帝制王朝的統治基礎。

隋文帝楊堅在位期間，軍事上攻滅陳國，成功地統一了分裂數百年的中國，隨後又擊敗突厥，贏得了

「聖人可汗」的尊貴稱號。隨著軍事上的不斷勝利，隋朝的疆域也空前遼闊，其治理下的人口有四千六百多萬，堪稱國富民強。可惜的是，這種大好的開局最終毀在了他的接班人隋煬帝的手中。

隋煬帝楊廣是一個野心勃勃而又急功近利的人，他大興土木，在各地建了許多豪華的大宮殿，並搜羅數不盡的美女和珠寶以供自己享樂。他還下令開鑿了大運河，大運河修成之後，他就帶著嬪妃百官坐著大龍船，浩浩蕩蕩地去江南遊玩。隨行的船就有幾千艘，沿河兩岸還要建幾十座豪華的宮殿以供皇帝休息、享樂。像很多好大喜功的君王一樣，隋煬帝喜歡盛大的排場，貪圖享樂。為了滿足自己窮奢極欲的生活，他不顧民力，役使上百萬的百姓修建大工程，他大肆搜刮民脂民膏，苛捐雜稅層出不窮。

隋煬帝還喜歡炫耀武力，他下令遠征高麗，結果三次征伐高麗的軍事行動均宣告失敗；隋煬帝還曾發動討伐突厥的戰爭，結果也失敗了。無限的大興土木和無休止的對外用兵，耗光了國家的財力，更讓百姓怨聲載道。公元 611 年，王薄率領忍無可忍的民眾在今天的山東章丘起義，隋末民變開始爆發。隨後，劉霸道、孫祖安、張金稱、竇建德等紛紛率領農民起義。兩年後，農民起義發展到全國範圍，給隋朝統治

者以沉重的打擊。李密、竇建德、杜伏威、林士弘等人率領的農民起義軍屢次擊敗隋朝軍隊。隋煬帝楊廣試圖迅速鎮壓農民起義，但沒有成功。

也許是出於「眼不見心不煩」的心理，隋煬帝於公元 616 年離開東都洛陽，去了江都（今揚州），抓住最後的機會進行享樂。此時的隋朝已經陷入到了分崩離析、天下大亂的狀態之中。

隋煬帝在江都卻愈發荒淫昏亂，他命王世充挑選江淮美女充實後宮，每日酒色取樂。他也預感末日將至，曾對鏡自照，對蕭皇后說：「好頭頸，誰當斫之？」意思是，誰會砍掉我的腦袋呢？隋煬帝的感慨很快就有了答案。公元 618 年，衛兵在宇文化及的率領下發動了兵變，縊死隋煬帝，隋朝滅亡。

隋朝從公元 581 年建立，到公元 618 年滅亡，只有短短的 38 個年頭，是一個十足的短命王朝。可是這個王朝統一了中國，經歷長期分裂的各地區形成了共同的文化意識，並消滅了過時的制度，創造了一個中央集權帝國的結構。這些了不起的成就，為後來唐朝的興盛提供了制度基礎和文化保障。可以說，隋朝之於唐朝的意義，恰如秦朝之於漢朝，後一王朝充分繼承了前朝的政治成果，並極力汲取前朝短命的教訓，因此才有了中國歷史上的漢唐盛世。正如我們研究漢

朝的成功不得不看到秦朝的貢獻一樣，我們以後在談到唐朝的各方面的偉大成就時，也有隋朝在正反兩個方面的貢獻。

隋朝大運河

隋朝修建大運河是有歷史原因的。隋文帝楊堅以漢朝古都長安為首都，重建大興城。但由於隋朝疆域廣大，僅以大興城來控制新統一帝國實有力不從心之感。公元 584 年，楊堅就曾命宇文愷率眾開漕渠，自大興城西北引渭水，循漢代漕渠故道而東，至潼關入黃河，長一百五十多公里，初名廣通渠，後改名永通渠。

隋煬帝即位之後，馬上營建東都洛陽，同時下令開鑿大運河。他這麼做，不只是為了個人享樂，而是有適應大一統局面的雄心在其中。中國歷史發展到隋朝，南北方的政治、經濟、文化已經日益融為一體，南北之間的經濟交流和人員流動越來越頻繁。此時修建溝通南北水道的大運河，已成為社會經濟交流的一種需要了。隋煬帝在下令開鑿大運河的詔書中說：「南服遐遠，東夏殷大，因機順動，今也其時。」所言並非全是虛妄。因此，隋煬帝於公元 604 年下令修陽渠故道、汴渠故道為通濟渠，同年修東漢陳登所開的邗溝故道；公元 608 年又徵發河北民工百萬人疏浚漢代屯氏河、大河故瀆與曹操所開白溝為永濟渠；公元 610 年，又疏浚春秋吳運河、秦丹徒水道、南朝運河為江南河。如此一來，整個隋朝大運河以會稽、洛陽、涿郡為三個支點，分江南河、邗溝、通濟渠、永濟渠四段，將錢塘江、長江、淮河、黃河、海河五大水系連接起來，從北方的涿郡一直到達南方的餘杭，南北蜿蜒長達五千多里，是中國古代南北交通的大動脈，堪稱漕運史上的奇蹟。

大運河的開通，促進了運河兩岸城市的發展，江

都、餘杭、涿郡等城市很快繁榮起來。大運河把長江流域、黃河流域和北方的長城沿綫連成一體，使隋帝國能夠以南方的糧食和其他物資供應政治中心洛陽，並給北方邊境提供戰略後勤保障。這無疑有利於中央整合全國資源，構建一個更有深度也更有活力的政治、經濟和社會生活共同體。

◎ **觀點提煉**

隋煬帝並非簡單的「昏君」

中國傳統史學典籍中一直把隋煬帝當作亡國昏君的代表人物。他的荒淫無度、大興土木以及愛講排場等也確實為「昏君」的定位提供了某些依據。然而，隋煬帝絕不是一個無能之輩，似乎也不能簡單就說他是「昏君」。對此，《劍橋中國隋唐史》一書說：「在民間傳說、戲劇和故事中，他（隋煬帝）的形象被作者和觀眾的隨心所欲的狂想大大地歪曲了——人民生活在一個無節制地使用權力、有豪華宮殿和享有無限聲色之樂的世界中，只能產生這種感情上的共鳴。在中國的帝王中，他絕不是最壞的，從他當時的背景看，他並不比其他皇帝更加暴虐。他很有才能，很適合鞏固他父親開創的偉業，而他在開始執政時也確有此雄心。」

隋煬帝少年時期勤奮好學，精於文學，舉止穩重，很得父母的喜歡。公元 589 年，隋征服南方的陳朝時，楊廣是遠征軍的統帥。他在征服南方的過程中建立了赫赫戰功，征服陳朝之後，他對陳朝故地實行了卓有成效的管理。公元 600 年，楊廣一度擔任遠征突厥的統帥，可見其軍事才能是得到父親楊堅認可的。

當原來陳朝的一些地方爆發叛亂時，楊廣再次被任命為東南總管，駐守江都九年。為了緩和南方人對隋朝的怨恨和懷疑，楊廣採取了一系列消除政治和文化隔閡的政策。比如免除賦稅，贊助當地的文化事業等。他鎮守江都時曾置學士百餘人，令其修撰成書七千餘卷。楊廣本人很有文學才華，又會說吳語，加上他的妻子也是南方人，這些都有助於他很好地統治南方。

值得一提的是，楊廣還與佛教天台宗的創始人智者

大師有過深入的交流，他在智者大師座下受「菩薩戒」，成為一名虔誠的佛教徒。從他與智者大師的通信中，人們可以看出他有豐富的佛教知識和強烈的政治直覺。楊廣還喜歡結交文人，愛好讀書和著述。這些都說明隋煬帝在文治武功方面均有過人之處，絕非庸常之輩。

當然，隋煬帝也有致命的弱點，那就是任意妄為、不恤民力。他為了建立自己的功業，絲毫不顧及百姓的承受能力，大興土木、大肆征伐；他愛享樂，也好大喜功，為了實現自己虛妄的政治理想，就不惜把整個國家拖入到災難之中。

歷史學家錢穆先生說，隋煬帝的野心勃勃與好大喜功，「一面十足反映出當時國力之充實，一面是煬帝自身已深深染受了南方文學風氣之熏陶」。隋朝當時的社會，北方勝於吏治、武力，南方勝於文學，「文帝只知有吏治，並無開國理想與規模。煬帝則染到了南方的文學風尚，看不起前人的簡陋」。隋煬帝的心中有著「狂放的情思，驟然為大一統政府之富厚盛大所激動，而不可控勒。於是高情遠意，肆展無已，走上了秦始皇的覆轍」。按照這種解釋，隋煬帝的心中實有一高遠的理想，他想將南方的文學與北方的吏治、武力很好地結合一處，以造就一個更高、更強的統一帝國。這一理想本身十分美好，可惜的是，隋煬帝太急功近利了。他不明白，越是美好的理想，在實現的過程中越要有耐心。「理想越豐滿，現實越骨感」，如果只為理想的遠大所激動，而絲毫不顧現實，那麼就會心態急躁，手段過激，最終的結果就是事與願違。

央視《百家講壇》主講人蒙曼也說：「隋煬帝是大暴君，只是暴君不是昏君，隋煬帝雖然無德，但是有功。

只是他的功業，沒有和百姓的幸福感統一起來，所以才會有『巍煥無非民怨結，輝煌都是血模糊』的說法。換言之，他沒有處理好功在當代、利在千秋的關係，反而成了罪在當代、利在千秋，或許這才是隋煬帝多被詬病的最大的問題。」應該說，這個評價是十分恰當的。

從建立大唐到貞觀之治

　　隋朝末年，農民起義風起雲湧。但是，最終取代隋朝、建立新政權的，卻不是農民起義軍，而是隋朝的著名將領李淵。

　　李淵出生在一個身世顯赫的貴族家庭，他的祖父李虎曾是北周的主要將領，後來被封為唐公，這一爵位通過世襲傳給了李淵。隋朝建立後，李淵受到隋文帝楊堅的信任，先後擔任侍衛、刺史和郡守。公元615年，李淵被隋煬帝提拔為太原留守，成為西北地區最有實力的軍政長官。

　　當隋煬帝的橫徵暴斂激起很多農民起義的時候，李淵和他的軍事顧問們認為隋朝統治已經危如累卵，遂決定趁機起義，創建新的王朝。公元617年，李淵在晉陽（今太原）正式起兵，給奄奄一息的隋王朝以致命一擊。

　　為了保證後方的安全，李淵派劉文靜出使突厥，以稱臣的方式取得了突厥始畢可汗的支持。之後，李淵自封為大將軍，以長子李建成、次子李世民為左右大都督，發兵進攻隋朝的都城大興城。李淵的大軍從龍門渡黃河，攻取了關中，用了不到半年的時間就攻克了大興城。李淵先以代王楊侑為皇帝，尊隋煬帝為

太上皇，李淵自任為大丞相、唐王。

公元 618 年陰曆三月，隋煬帝在江都被宇文化及所殺，五月，李淵廢黜楊侑，自己稱帝，改國號為唐。

大唐王朝建立之後，李淵和兒子集中力量，平定各地的軍事集團，這一過程延續了十多年，其中，薛舉、王世充、李密、宇文化及、劉武周、竇建德、劉黑闥等人率領的軍事力量陸續被消滅。

隋末的軍事亂局平定之後，唐朝內部又爆發了激烈的政治衝突。李淵的次子李世民在平定竇建德和王世充的作戰中功勳卓著，聲望日隆，他的地位在其他王子之上，從而與太子李建成形成了抗衡之勢。太子李建成和四弟李元吉結成政治同盟，不斷打擊李世民。兩股政治勢力不斷爭鬥，恩怨越結越深，直到勢同水火。唐高祖李淵曾試圖緩解兩派之間的緊張關係，但沒有成功。

公元 626 年，突厥入侵唐朝邊境，李元吉率軍去抵禦突厥，他帶走了李世民手下最優秀的將軍和士兵，試圖削弱和瓦解李世民的勢力。甚至，李建成還想毒死李世民。兩派政治勢力激烈鬥爭，最終引發了玄武門之變。

經過秘密策劃，李世民向父親李淵上奏，說李建成和李元吉淫亂後宮，請求父親懲治二人。李淵打算

次日調查此事。次日一早，李淵的一個嬪妃把李世民的控告密報給了李建成和李元吉。李建成和李元吉決定速去皇宮向父皇求情，當二人經過玄武門時，遭到李世民及其心腹的襲擊。李世民射殺了大哥李建成，李世民的手下尉遲敬德殺掉了李元吉。一場骨肉相殘的政變以李世民一方的徹底勝利而告終。

玄武門政變之後，李世民派尉遲敬德去向父皇彙報結果。此時，唐高祖李淵正在湖上划船。尉遲敬德全副甲冑，荷戈而至，告知李建成和李元吉被處死的消息。我們可以說，李世民此舉表面上是向父皇彙報，實則是劫持父皇，控制整個政治局面。果然，玄武門事變發生三天之後，李淵宣佈退位，將皇位禪讓於李世民。李世民成了唐朝的第二個皇帝，而李淵則被尊為太上皇。

李世民是通過發動玄武門政變，以殺害兄弟、逼退父親的方式奪得皇位的，其奪權的方式並不合法，但他當上皇帝之後，在治國方面卻有很多可圈可點之處。此等情形，堪稱「逆得順守」。

李世民是一個有著英雄氣質的人物，他早年在平定國內戰亂和抗擊突厥的戰爭中屢立戰功，展現出了卓越的軍事才華。當上皇帝之後，他非常自覺地要做一位名垂青史的帝王。他深刻吸取隋朝滅亡的教訓，

幾乎做到了從善如流和愛民如子。他謹遵儒家教導，虛心徵求群臣的意見，誠心誠意地利用大臣的批評改善政務，他讓士大夫參與國事，使之有權有責、功過分明。他力行節儉，大規模削減大型工程，以減輕民眾的勞役負擔和賦稅。李世民本人還有很多優良的品質，比如知人善任、明察政事、仁慈勤政等，這些優秀作風給唐王朝帶來一種格局宏大而又剛健清新的政治風氣。

貞觀年間，唐朝湧現出了一大批才華橫溢的名臣，這也與唐太宗李世民高遠的政治理想和博大的胸襟密不可分。李世民善於選賢任能，他用人不計出身，不問恩怨。魏徵原係太子李建成舊臣，依然得到重用；尉遲敬德做過鐵匠，又是降將，也得到了重用。李世民還特別善於納諫，著名的諍臣魏徵，前後諫事二百餘件，常常直陳皇帝之過，李世民大多欣然接納，擇善如流。尤其感人的是，魏徵死後，李世民異常傷心，說：「夫以銅為鏡，可以正衣冠；以古為鏡，可以知興替；以人為鏡，可以明得失。魏徵歿，朕亡一鏡矣。」這種明君和諍臣的良好典範，千載難遇。由於李世民善於納諫，他的臣下也敢於直言犯諫，貞觀年間由此形成了君主專制王朝少有的良好政治風氣。貞觀年間的大唐王朝，人才濟濟，名臣輩

出，如房玄齡、杜如晦，人稱「房謀杜斷」；此外還有魏徵、王珪、長孫無忌、楊師道、褚遂良等，皆為忠直廉潔之士；其他如李勣、李靖、尉遲敬德、秦瓊等，皆為一代名將。這些棟樑之材，團結在明君李世民的麾下，精誠合作，共同開創了一段政治清明、社會安定、文化繁榮的太平盛世。

唐太宗李世民還很重視法治，要求官員執法時鐵面無私，真正地做到了「王子犯法與庶民同罪」。同時，李世民也讓臣下按寬簡原則減輕刑罰，最終修訂而成《貞觀律》，以體現儒家的「仁政」理念。據史書記載，貞觀時期社會穩定，犯罪人數大大減少，最少的一年，全國判處死刑的囚犯只有 29 人。貞觀六年（公元 632 年），唐太宗李世民曾釋放近四百個死刑犯回家過年，約定第二年秋天再回來接受死刑。結果，這些死囚次年秋天全部返回，無一逃亡。李世民為這些囚犯恪守承諾的舉動所感動，最後特赦了他們。

外交和軍事方面，李世民君臣勵精圖治，加強了對西域等地的管理。一方面平定了四夷，另一方面與亞洲各國友好往來，對待少數民族也「愛之如一」。外交和軍事上的卓越成就讓李世民贏得了「天可汗」的尊貴稱號。

李世民自公元 627 年到公元 649 年統治唐朝的這段時期，年號為「貞觀」，所以後世就稱這段時期為「貞觀之治」。

「天可汗」是這樣煉成的

在唐高祖李淵統治時期，新建的唐王朝大部分時間專注於國內事務。那時，唐朝最大的威脅不是來自國內的敵人，而是來自外部的東突厥。唐朝在還不夠強大的時候，唐高祖對東突厥採用賄賂的方式，李淵不斷地給突厥可汗送去大量的禮物，為的就是使其不侵略唐朝。可是，這種贖買政策並不成功，東突厥的胃口愈來愈大，他們拿了唐朝的禮物之後仍然沒有放棄武力侵犯。公元 622 年，頡利可汗就曾率領 15 萬大軍進犯唐朝的太原城，幸好被太子李建成和李世民率軍擊退。

到李世民統治時期，唐朝開始下大力氣用軍事手段對付東突厥。事情的經過是這樣的：公元 626 年 9 月，東突厥的首領頡利可汗率領 10 萬大軍進攻唐朝，人馬一直抵達長安北門外的便橋。當時大臣們紛紛勸李世民撤離長安，但李世民並不示弱，他率領一小隊騎兵出城與敵人談判。兩軍對陣之際，他用計將頡利可汗和他的主力部隊隔開，然後以騎兵包圍了頡利可汗，大有進行斬首行動的架勢。最後，東突厥退兵，雙方在渭水的便橋上殺白馬為盟，許諾保持和平。

此後不久，東突厥內部發生了動盪，臣服於東突厥的薛延陀、拔野古、回紇等部落起兵反抗東突厥的統治，頡利可汗的統治力就此削弱。隨後，東突厥境內又遭遇大雪災，大部分牲畜被凍死，從而引發了饑荒。李世民於公元 630 年趁機派出 10 萬大軍攻擊頡利可汗。唐朝大軍在名將李勣和李靖的率領下一舉擊敗了東突厥的部隊，並俘虜了頡利可汗。

當時，東突厥是西北地區最有實力的少數民族部落。東突厥被擊敗後，西北各部落首領到長安朝見，請求李世民接受「天可汗」的稱號。這意味著李世民擁有了對西北各部落的宗主權，西北各部落要臣服於唐朝，各部落之間的糾紛也要交由唐朝裁決。

　　擊敗東突厥後，李世民的下一個目標就是對付西突厥。李世民巧妙地利用「以夷制夷」的政策，他支持西部聯盟的沙缽羅葉護可汗，讓其與東部聯盟的咄陸可汗相互進攻。咄陸可汗派人刺殺沙缽羅葉護可汗，統一了西突厥。咄陸可汗對唐朝心懷不滿，拘留了唐朝的使者，隨後入侵甘肅。

　　公元 642 年，西突厥內部有幾個部落對咄陸可汗的統治不滿，他們派使者到長安請求幫助。李世民抓住這個機會，又冊封了一個新可汗乙毗射匱。這樣一來，西突厥就又發生了內亂。咄陸可汗很快就失去了所屬大部分部落的支持，被迫逃入吐火羅國。乙毗射匱順理成章地掌控了西突厥的政局，他遣使者到唐朝請求和親。李世民答應了他的請求，西突厥也承認了唐朝的宗主國地位。此外，李世民在西域用兵征服了高昌、焉耆；在西北則綏服了吐谷渾；在西藏則通過和親的手段，嫁文成公主於吐蕃王松贊干布，吐蕃承認了唐朝的宗主國地位。

　　通過強硬的武力征服和懷柔的和親政策，李世民統治下的唐朝控制了西北、西域和西南雅魯藏布江流域的廣大地區。唐朝還在西域設立了安西都護府，所轄地區從甘肅的敦煌直到焉耆。如此一來，大唐王朝的領土東臨大海，西逾葱嶺，北抵漠北，南至南海，疆域空前遼闊，絕對是東亞地區當之無愧的宗主國。

◎ 觀點提煉

制度創新永遠在路上

對於中國歷史，一直有「強漢盛唐」之說。唐朝之所以強盛，當然與它的制度構建密不可分。概括地說，唐朝優良的制度構建主要包括四個方面：政治上實行三省六部制，經濟上實行租庸調制，文化上實行科舉制，軍事上實行府兵制。四者相互配合，較好地整合了社會資源，激發了社會活力，促成了唐朝前期一百多年的盛世局面（從貞觀之治到開元盛世）。關於三省六部制和科舉制，我們在講述隋朝的一章中已經提及，故在這裏就只介紹租庸調制和府兵制。

要說清租庸調制，就得先說均田制度，因為租庸調制是建立在均田制的基礎之上的。均田制是北魏創造的一種土地分配制度。當時，中國北方長期戰亂，人民流離失所，田地大量荒蕪，國家賦稅收入受到嚴重影響。為保證國家賦稅來源，北魏孝文帝於公元 485 年頒佈「均田令」，把國家掌握的土地按照人頭分配給農民耕種，農民只需向政府交納租稅，並承擔一定的徭役和兵役。均田制是國家抑制豪強兼併土地的一種政策，農民通過接受國家的授田，就不需要再向豪強交納租稅，接受他們的嚴重盤剝了。這一制度對鞏固封建統治、恢復和發展農業生產有積極的作用。

唐朝繼承了北魏的均田制，並在此基礎上創建了租庸調制。租庸調制的內容是：每丁每年要向國家交納粟二石，稱作租；交納絹二丈、綿三兩或布二丈五尺、麻三斤，稱作調；服徭役二十天，閏年加二日。如果不願意服役，則可交納一定數量的絹或布，僱人代替服

役，這種「納絹代役」的方式叫「庸」。與之相對，如果有人願意多服役，在正常每丁服役二十天之外再加服二十五天徭役，則可免其「調」，若再加役三十天，則「租調全免」。此外，唐朝還規定，如果出現水旱等嚴重自然災害，農作物損失十分之四以上免租，損失十分之六以上免調，損失十分之七以上，賦役全免。

唐朝的租庸調制堪稱一項「以民為本」的賦稅設計，它不僅給了交納賦稅的農民以種種便利，而且真的徹底貫徹了「輕徭薄賦」的理念。可以用數字來說明這個問題，戰國時期，孟子以「什一稅」（也就是國家收農民收入的十分之一）為王者之政。到了漢朝，稅收的額度到了「什五稅一」（收農民收入的十五分之一），而且常常只收一半，也就是三十分之一。等到了唐朝實行租庸調制之後，農民實際的賦稅降到了四十稅一（也就是只交收成的四十分之一給國家）。在這樣的賦稅制度下，唐朝的農民比較容易安居樂業。在一個「以農為本」的國度裏，農民的生活富庶了，國家的富足也就變成了順理成章之事。杜甫有詩云：「憶昔開元全盛日，小邑猶藏萬家室。稻米流脂粟米白，公私倉廩俱豐實。」說的就是唐朝開元年間的富足狀況。這種經濟上的富足與唐朝成功地實行租庸調制密不可分。

唐朝的府兵制集合了北魏、北周兵制的優點，堪稱當時最先進的軍事制度，原因就在於它是一種「全兵皆民」的制度，既為國家節約了軍費，又保障了軍隊訓練的質量。唐朝的府兵制度定於貞觀年間，其內容為：分天下為十道，設置折衝府六百三十四個，府分三等，上府一千二百人，中府一千人，下府八百人。每府置折衝都尉一人，左右果毅都尉各一人。士兵以三百人為一

團，團有校尉。

府兵制創立後，規定每三年補充一次缺額（後改為六年），士兵服役期間，免除課役，但衣裝、輕武器（弓箭、橫刀）及基本軍需均要自備。府兵有固定的所在地和軍墾田，兵士無故不得隨便遷徙。他們平時務農，農閒練武，有戰事則出征。他們輪流到京師擔任宿衛任務。無宿衛任務的府兵於和平時期從事軍墾和練兵，一旦有戰事發生，國家就命將領統率所需要的府兵出征。戰事結束後，士兵再回到原來所在的折衝府，這叫「散兵於府」，可有效防止軍人擁兵自重、形成割據勢力。

唐代的府兵制在唐太宗和唐高宗統治前期執行得比較好，也取得了良好的成效。此項制度在唐高宗統治後期逐漸遭到破壞，到唐玄宗統治時被徹底廢除。府兵制度遭破壞的主要原因是戰事頻繁，兵役越來越繁重。

兵役繁重，府兵的地位卻大大下降了，不僅戍邊時間長，而且原來的各種好待遇也沒了，在戰場上立功常常不能及時得到提拔，即便戰死，也往往難以得到國家體面的撫恤和補償。原來，折衝都尉和果毅都尉這樣的軍官多是「富室強丁」出任，他們身體素質較好，在戰場上立功很容易得到提拔。如果戰死沙場，國家則會予以弔喪，追贈官職。到了後來，兵役太多，這些待遇根本無從落實，士兵的社會地位也隨之下降了。對此，杜甫在《兵車行》中有生動的寫照：「或從十五北防河，便至四十西營田。去時里正與裹頭，歸來頭白還戍邊。」唐朝從貞觀之治到開元盛世，享受了一百多年的和平歲月（期間即便有戰爭，規模也不大）。社會和平既久，經濟和文治日益興隆，國家對軍事便不再像開國前期那麼重視。國家對軍備先在精神層面出現了鬆懈，隨後府

兵制在具體執行的過程中便一天天走樣，直至最後遭到徹底破壞。

另外，唐太宗和唐高宗統治時期，府兵輪流擔任拱衛京城的重任，足見國家對府兵制的重視。可到了武則天統治時期，她為了扶植自己的軍事勢力，將拱衛京師的重任轉交貴族官僚的子弟，府兵失去了護衛都城長安的要職，這也是導致府兵制迅速衰落的一個原因。

以上各種原因綜合在一起，導致府兵的人員構成和整體素質也發生了巨大的轉變：由原來的富貴人家的強壯子弟轉為貧弱之人充當。伴隨著府兵制的沒落和廢止，唐朝的軍備也從強盛轉向了廢弛。

對於盛唐時期的各項制度，錢穆先生有過這樣的評述：「唐代的租庸調制，奠定了全國農民的生活。唐代的府兵制，建立起健全的武裝制度。唐代的進士制（科舉制），開放政權，消融階級，促進了全社會的文化發展。唐代的政治組織，又把一個曠古未有的大國家，在完密而偉大的系統下均勻地、合理地凝造起來。事實勝於雄辯，盛唐的偉大，已在事實上明確表出。」他還評說這些制度背後所體現出的歷史光明面與黑暗面之間的關係，說：「此種政治、社會各方面合理的進展，後面顯然有一個合理的觀念或理想為之指導。這種合理的觀念與理想，即是民族歷史之光明性，即是民族文化推進的原動力。他不必在某一個人的事業上表現出來，而是在整個民族的長時期奮鬥下，篤實光輝地產生。從北魏到北周以及隋唐，逐步進展，光明在黑暗的氛圍中長養成熟，在和平的環境下達其頂點。至於社會不時的動亂，只是黑暗與盲目勢力，給與歷史進展的一些波折。」錢穆先生的這些觀點，對我們深刻地理解盛唐時期的各種

制度創建很有幫助。

　　一切優良的社會制度都不會憑空創建，它一定是既有歷史傳承，又有強烈現實針對性的。同時，不論多麼優秀的制度，都不能保證一勞永逸。在長期的執行過程中，再好的制度也會變形走樣，它的積極效應會經歷一個衰變期。因此，制度建設應該時刻保持開放的狀態，及時與現實發生良性互動。換言之，制度創新沒有真正的完成時，制度創新永遠在路上。

女皇時代

　　唐朝是中國歷史上一個比較輝煌的王朝，這個王朝在政治、經濟、文化等各個方面都取得了令人矚目的成就。可是即便如此，權力爭鬥的戲碼仍然在唐朝的宮廷中不斷上演，而且異常血腥、異常慘烈。

　　權力爭鬥的悲劇其實自唐朝建立之初開始了。唐高祖李淵的幾個兒子就鬥得你死我活，最後勝出的李世民便是通過弒兄殺弟才登上皇位的。李世民去世之後，權力爭鬥的情形愈演愈烈，其中尤以武則天簒唐稱帝的部分最為驚心動魄。

　　武則天原名武曌，出生於太原地區的一個名門望族，父親武士彠曾在隋朝做過小官兒，也做過木材商人。李淵起兵時，武士彠棄商從戎，加入到了李淵的隊伍之中。大唐王朝建立後，李淵封賞功臣，武士彠被封為二級功臣，後官至工部尚書。這可說是武氏家族與李唐王朝最早的接觸。

　　公元 637 年，年僅 14 歲的武曌被送入皇宮，成了唐太宗李世民的「才人」，也就是一個低級的嬪妃。不過，在做「才人」時，武曌就表現出了她異於常人的狠勁。有一回，唐太宗李世民得到一匹烈馬，李世民自己不能馴服，就問手下：「有人能制服這匹烈

馬嗎?」

　　武曌立即表示她可以制服這匹烈馬。李世民不信,就問:「你一個小女孩如何制服得了這匹烈馬?」

　　武曌說:「只要給我三樣東西 —— 鞭子、錘子和匕首就可制服烈馬。烈馬不聽話,就用鞭子抽它;如果仍然不聽話,就用錘子敲它的腦袋;如果繼續不聽話,就用匕首割斷它的喉嚨。」只有14歲的武曌就說出了這樣一段兇狠的話,其心狠手辣的性格暴露無遺。

　　據說,就在做李世民的「才人」期間,武曌與李世民的兒子李治有了私情。李治8歲時,母親文德皇后就去世了。幼年喪母的傷痛可能是導致李治愛上武則天的一個重要的心理原因 —— 小時候缺乏母愛,長大後就只好從姐弟戀中得到補償了。武曌比李治大四歲,而且還是李世民的「才人」,這本來是一段不倫之戀,但武曌硬是憑著這種關係一步一步地登上了權力頂峰。這也不能不說是一個奇蹟。

　　唐太宗李世民去世後,武曌和李世民的其他宮女一樣,被送往佛寺,出家為尼,過著一種與世隔絕的生活。可是,已經當上了大唐皇帝的李治在到佛寺進香時遇見了當年的情人,並且不能自拔,他又將武曌接回皇宮,並冊封為「昭儀」。

　　回到宮中的武曌經過一系列複雜的宮廷鬥爭,

擊敗了王皇后和蕭淑妃，完全迷住了甚至是控制了唐高宗李治。最後，李治貶黜了王皇后，改立武曌為皇后。在這段後宮鬥爭中，武曌充分展示出了她為達目的不擇手段的性格特點。據史書記載，為了讓唐高宗李治下決心貶黜王皇后，武曌曾親手殺死自己的小女兒，然後嫁禍王皇后。

當上皇后之後，武曌又開始在朝廷中培植自己的勢力。李治的健康狀況比較差，便將很多政務委託給武曌來處理。武曌藉高宗的名義一步一步地掌管了國家大權。她建了一套密探制度，在朝廷中打擊異己，培植親信。貞觀年間的老臣長孫無忌、褚遂良等都遭到了武曌的殘酷打擊，而她自己的親信許敬宗和李義府等人則得到了提拔重用。

公元 683 年，唐高宗李治駕崩，唐中宗李顯即位，但朝政大權依然控制在武曌手裏。武曌行事異常放肆大膽，完全不顧道德，蓄意打擊報復，誠可謂心狠手辣。她有超強的權力慾望，也有與之相匹配的超群的政治才能。在她身上，一半是天使，一半是魔鬼。她堅毅、果決而又冷酷無情，她居心不正而又能力超群。

唐朝的宮廷爭鬥接連不斷，但整個大唐帝國的行政機器依然保持著正常運轉。那些久經沙場的將軍

們依然在守護著大唐的疆土，那些勤勞的農民依然在耕種大唐的土地，大唐王朝也繼續書寫著它的強盛與輝煌。

公元 684 年，武曌廢黜了自己的兒子中宗李顯，改立李旦為帝，是為唐睿宗。武曌此舉其實是為自己稱帝做準備。此時，以徐敬業為首的一批反對者發動了一場旨在顛覆武曌統治的軍事行動。徐敬業是唐初大將徐世勣（後賜姓李）的孫子，唐高宗時任太僕少卿、眉州刺史，公元 684 年被貶為柳州司馬。他約同監察御史薛仲璋等，在揚州起兵，反對武則天，打出的旗號是擁立已廢太子、恢復唐室。唐朝著名的詩人駱賓王寫了一篇有名的檄文《為徐敬業討武曌檄》，痛罵武則天，說她「洎乎晚節，穢亂春宮」。「入門見嫉，蛾眉不肯讓人；掩袖工讒，狐媚偏能惑主」。

對付反對派，武曌絕不手軟，她組織了 32 萬大軍，迅速打敗了徐敬業的大軍，徐敬業本人，也在兵敗後自殺。經此事件，武曌於公元 690 年乾脆廢黜了唐睿宗，自己稱帝。她改「唐」這個國號為「周」，讓自己的兒子改姓「武」，變「李唐」為「武周」。當上皇帝之後，她便自稱武則天，意思是要做一個像天一樣偉大的女人。她不穿女人的服裝，而是完全把自己打扮成男皇帝的樣子，直接面對群臣處理國家大

事。以女人的身份直接稱帝，在中國歷史上只有武則天一個人。

男皇帝都有很多嬪妃，武則天也不甘落後，她在後宮中養了很多男寵。她也知道很多人不服一個女人當皇帝，就用各種酷刑來懲罰反對者。當時有一種酷刑叫「鳳凰展翅」，就是把犯人的手腳綁上短木，然後扭絞短木上的繩索，折磨犯人；還有一種酷刑叫「仙人獻果」，就是讓犯人赤裸地跪在碎石之上，雙手捧著木枷，枷上屢屢加磚，令犯人舉過頭頂。有名的幾個酷吏，如索元禮、來俊臣、周興、侯思止等人，在武則天掌權時均得到了重用。

武則天稱帝之後，武氏家族的勢力迅速發展，其家族成員獲得了大規模的封賞，武則天的姪子武承嗣甚至想當太子，日後繼承皇位。朝廷圍繞著可否立武承嗣為太子的問題發生了激烈的爭論。武則天在此問題上一直猶豫不決，最後，著名的大臣狄仁傑提醒武則天，姪子畢竟不如自己的兒子更親近。於是，武則天於公元 698 年重新召回李顯，立為太子。此舉意味著，武則天已決定將帝國再次交到李氏家族之手。這一決定，使武氏利益集團大為失望，武承嗣不久就懊惱而死。

武則天的私生活一向不檢點，晚年尤甚。張易之

和張昌宗這兩個同父異母的兄弟成了武則天的男寵，並權傾一時。武則天過度迷戀於張氏兄弟，對他們有求必應，極其縱容。張氏兄弟的奢靡和腐敗行為招致了朝廷大臣的強烈不滿，武則天的威望也隨之下降。在這種情況下，以丞相張柬之為首的一批大臣策劃了一次宮廷政變。公元 705 年正月的一天夜裏，張柬之召集一批大臣，擁戴李顯為皇帝，帶了五百名御林軍殺進玄武門，處死了張氏兄弟，包圍了武則天的寢宮。被逼之下，女皇武則天不得不宣佈退位。幾個月後，82 歲高齡的武則天含恨離世。

唐中宗李顯復位之後，名義上成了大唐帝國的最高統治者，可是他還像從前一樣軟弱。唐中宗的妻子韋后也是一個行為放蕩的女人，她與武則天的姪子武三思發生私情。武三思藉此謀取權位，武氏家族再次興盛。韋后將自己的女兒安樂公主嫁給武三思的兒子武崇訓，韋后藉此與武家勾結，專權干政。唐中宗還十分寵愛一個叫上官婉兒的女人，上官婉兒此時也出來干政，勸說韋后效仿武則天。武三思和韋后大搞陰謀活動，一度想將安樂公主立為皇儲。唐朝此時的朝政比武則天時期更為混亂。公元 710 年，韋后為了奪權，毒死了唐中宗李顯，企圖取而代之。

韋后有武則天那樣的野心，但卻沒那樣的好運

氣。她篡權的行為一暴露，就激起了皇室成員的激烈反抗。李旦之子李隆基發動政變，率兵殺入皇宮，斬殺了韋后和安樂公主，然後李旦被立為新皇帝，是為唐睿宗。而李隆基本人，則被立為太子。唐睿宗當政時期，妹妹太平公主依然干政，並與太子李隆基明爭暗鬥。

公元 712 年，唐睿宗將皇位傳給兒子李隆基，自己當太上皇。

公元 713 年，太平公主倚仗太上皇的勢力專擅朝政，與李隆基發生尖銳的衝突，朝中七位宰相之中，有五位是出自她的門下，文臣武將之中也有一半以上的人依附她。太平公主與她的黨羽密謀，想廢掉李隆基。此外，太平公主還與宮女元氏謀劃，準備毒死李隆基。

姑姪鬥法的最終結果是李隆基搶先發動政變，誅殺了太平公主的黨羽，並賜死了太平公主本人。至此，唐朝的宮鬥大戲以李隆基的最終勝利而告一段落。李隆基就是歷史上著名的唐玄宗，大唐王朝在他的統治時期將達到鼎盛階段 —— 開元盛世。

從公元 649 年李世民去世到公元 713 年太平公主被賜死，這 64 年的歷史可以說都是圍繞著武則天展開的。武則天的一生與權力攪在一起，密不可分。她

當皇后 28 年，皇太后 7 年，親自做皇帝 15 年，加在一起，控制朝政整整 50 年。這 50 年又可分為三個階段，在當上皇后之前，是武則天一步步獲取權力的階段；自當上皇后直到從女皇的位置退下，這是武則天使用權力的階段；從武則天退位至太平公主被誅這一階段，則可看作是武則天影響之下的「紅妝時期」，也就是韋后、上官婉兒、安樂公主、太平公主等幾個女人企圖效仿武則天，也想當女皇的階段。隨著這幾個野心膨脹的女人的陸續失敗，「紅妝時代」宣告終止。

對於武則天的歷史功過，自唐代開始就有各種不同的評價。唐代前期，由於所有的皇帝都是她的直系子孫，所以對武則天的評價相對比較積極正面，多說她有政治才能，創下了偉大功業云云。但是到了宋朝，司馬光在《資治通鑒》裏面對武則天進行了嚴厲的批判。到了南宋期間，程朱理學在中國思想上佔據了主導地位，武則天的種種作為更被視為大逆不道。到了明末清初，著名思想家王夫之對武則天討厭至極，說她「鬼神之所不容，臣民之所共怨」。

時至今日，史學界已對武則天做出了比較客觀的評價。對她的負面評價包括玩弄權術、心狠手辣、重用酷吏、大興告密之風以及荒淫無度等。她的這些致

命缺點破壞了貞觀時期君臣一心、清正廉潔的政治風氣，並直接導致了唐朝宮廷的多次動盪。對武則天的正面評價是，她確實有政治才能，善於治國、重視人才，能重用狄仁傑、張柬之、桓彥範、敬暉、姚崇等中興名臣，因此，在武則天主政期間，大唐王朝政策穩定、文化繁榮、百姓富裕，有「貞觀之遺風」，為後來唐玄宗統治時的開元盛世打下了比較好的基礎。

武則天時期的酷吏

武則天當政時期重用酷吏，著名的酷吏有四個人，即索元禮、來俊臣、周興和侯思止，他們是武則天豢養的「四大殺手」，專門幫武則天剷除異己。

索元禮是波斯人，性情殘忍兇暴，以誣告陷害他人為能事，因而得到武則天的重用，還當上了武則天男寵薛懷義的乾爹。索元禮最大的特點是發明了若干酷刑，「鳳凰展翅」和「仙人獻果」就是他發明的。此外他還發明了「千鈞一髮」，就是將犯人倒懸樑上，頭髮上再繫上大石頭；他還發明了「天崩地裂」，就是將鐵籠套在犯人頭上，四周楔入木楔，越楔越緊，直至使犯人腦漿迸射。

來俊臣是雍州萬年（今陝西西安）人，早年遊手好閒，不事生產，是個地痞無賴，還因姦盜之罪入獄，後靠多次上書密告而得到武則天的重用，歷任侍御史、左台御史中丞等官職。來俊臣審案，善於逼供，並以殺人為樂，毫無人性可言。犯人只要落到了他手裏，如同下了地獄。史書記載，因害怕來俊臣告密，網羅罪名殘害，當時的朝廷官員人人自危，早上去上朝都憂心忡忡的，生怕遭到來俊臣的陷害。

周興年輕時學習法律，曾當過尚書僉事，後因告密而得到武則天的重用，他一步步升遷，每一步升遷都是靠誣告、陷害他人實現的。最後，這個惡貫滿盈的人也被別人密告謀反。此時有趣的一幕出現了。來俊臣在家裏置辦了一桌豐盛的酒席，請周興來赴宴。席間，來俊臣問周興：「我碰到了個技術難題，請兄弟你來幫忙出個

主意。我剛接了個案子，皇上要我一定審個水落石出，但是那個小子就是不招供。你說該怎麼辦呢？」

周興得意地回答：「這個好辦。先找一個大甕，四周架上炭火，這樣那個大甕就如同一個熔爐，你把犯人放到甕裏面去，不論他是什麼材料製成的，一定會老老實實地招供。」

「好主意，好主意！」來俊臣連聲讚嘆，隨即命人抬來一口大甕，按周興說的那樣在四周點上炭火，然後對周興說：「宮裏有人密告你謀反，皇上命我嚴查。對不起，現在就請你自己鑽進甕裏吧。」這就是成語「請君入甕」的出處。

聞聽此言，周興立刻嚇得面如土色，趕緊「招供」。周興被來俊臣定為死罪，報上去之後，武則天將其改為「發配嶺南」。無奈，周興作惡太多，在發配嶺南的半道上就被仇家殺掉了。

侯思止是雍州醴泉人，本來是個賣大餅的，後來跟著遊擊將軍高元禮當僕役。他也是靠誣告而得到武則天重用的。當時，武則天鼓勵告密，告密者往往可以得到五品御史的官職。侯思止也要求得到御史之職位。武則天問：「你不識字，怎麼能當御史呢？」

侯思止回答：「獬（傳說中的一種獨角獸，專用角攻擊惡人）何嘗識字，不也能以角觸殺邪惡之人嗎？」

武則天聽了很高興，就任命侯思止為侍御史。有一次，武則天要把沒收反臣的住宅賞給侯思止。侯思止卻說：「臣下憎恨那些亂臣賊子，怎麼能住進他們的故宅呢！」這話討得了武則天的歡心，武則天對他愈發重用。

公元 693 年，武則天下令：除皇室之外，其他人都不准使用錦緞。可侯思止膽大包天，偷偷地積蓄錦緞。

這件事被揭發之後，宰相李昭德負責調查，他直接將侯思止亂棍打死在朝堂之上。

說到底，酷吏不過是武則天手中的工具。既然是工具，那麼武則天對他們的態度就是：對自己有用時就使用，對自己無用或有害時就丟棄。對武則天來說，重用酷吏或者拋棄酷吏，不過是不同的統治手段而已。

在即將稱帝和稱帝的初期，武則天知道宗室大臣對自己不服，決定殺人立威，於是就提拔、重用酷吏，以維護自己的統治。她下令獎勵告密，聲稱只要有人告密，臣子不得過問，都要提供當時最快捷的交通工具——驛馬，並以五品官員的待遇供飲食，讓其一路順暢地抵達皇宮，由武則天親自接見。如果告密者所說的話符合武則天的心意，那麼此人馬上會得到重用。如果告密者所說的話是虛構的，武則天則不予追究。這無疑是對告密分子的最大慫恿，武則天時期的「四大酷吏」幾乎全部是靠告密起家的。

武則天借這些酷吏大搞恐怖政治，打壓異己力量，登上了皇位。待她當上皇帝之後，尤其是在鞏固了自己的統治之後，武則天為了籠絡人心，則掉過頭來開始殺掉酷吏以贏得人心。因此武則天時期的「四大酷吏」無一人得以善終。

周興是第一個被清算的酷吏，索元禮隨後也被殺掉，侯思止被宰相李昭德亂棍打死。來俊臣是「四大惡人」中最後一個被處死的，他被武氏諸王和太平公主告發，定為死罪。其被殺之日，「仇家爭啖俊臣之肉，斯須而盡，抉眼剝面，披腹成泥」。得知來俊臣為天下人如此痛恨之後，武則天親自下詔，歷數來俊臣的罪行，稱：「宜加赤族之誅，以雪蒼生之憤，可准法籍沒其家。」

把來俊臣全家都抄斬了，以此再次籠絡人心。

　　看到酷吏被誅，百姓於額手稱慶的同時，自然會高呼「吾皇聖明」。而這恰是武則天所樂見的，她要的就是這種效果。在帝制時代，皇帝的「聖明」往往不是因為皇帝一貫堅持正義，而是因為其擅長統治術，善於籠絡人心。此等情形，不斷重演，甚至已經成了經典「套路」。

大唐王朝的「紅妝時代」

武則天從一個後宮的「才人」一步步地奮鬥成皇后、女皇，以女人之身登上九五之尊，她的人生故事刺激了很多人，尤其是她身邊的女人。這些女人也想效仿武則天，也想當女皇。於是，一些野心膨脹的皇族貴婦開始瘋狂地攫取權力。大唐王朝開啟了一段特殊的女人掌控大權的「紅妝時代」。

武則天是「紅妝時代」的開啟者。在她之後，又有四個女人捲進了對最高權力的角逐，這四個女人分別是：武則天的兒媳婦韋后，武則天的女兒太平公主，武則天的孫女安樂公主，武則天的「秘書」上官婉兒。這四個女人在武則天去世之後，將大唐王朝的宮廷攪得天翻地覆。

公元 705 年，張柬之等人發動兵變，逼迫武則天退位，擁戴李顯重新稱帝，而韋氏也重新當上了皇后。像武則天一樣，她當上皇后並干預朝政之後仍不滿足，還想著當女皇。唐中宗的昭儀上官婉兒也鼓動韋后，勸她效法武則天，窺視女皇之位。為了尋找政治同盟，上官婉兒向韋后推薦了武三思。韋后與武三思私通，又將女兒安樂公主嫁給了武三思的兒子武崇訓，由此，他們形成一股強大的政治力量。

安樂公主是唐中宗李顯和韋皇后的女兒，從小受到父母的極度寵愛，飛揚跋扈，不把任何人放在眼裏。她看不起庶出的太子李重俊，對他如對僕役。李重俊終於忍無可忍，於公元 707 年發動兵變，殺死了武三思、武崇訓父子。但是安樂公主這天正好回了皇宮，逃過一劫。

聞聽變亂，唐中宗李顯、韋后與安樂公主都嚇得抖成一團，幸好上官婉兒非常沉著，她請求唐中宗親臨城樓督戰，這才平定政變，李重俊被殺。

　　後來，無法無天的安樂公主還要求父親立自己為「皇太女」，為了達到這個目的，她甚至讓自己的新婚丈夫武延秀（此時武崇訓已死）去陪親娘韋后尋歡作樂，以換取母親對自己要當「皇太女」一事的支持。韋后雖然廣納男寵，但對女婿武延秀似乎格外滿意，還真在唐中宗的面前支持立女兒為「皇太女」的無理要求。

　　一向糊塗的唐中宗李顯總算靠譜了一回，他拒絕了韋后和安樂公主的無理要求。韋后和安樂公主對唐中宗大為不滿，最後竟然合夥毒死了唐中宗，並想篡奪最高權力。

　　關鍵時刻，臨淄王李隆基和太平公主聯手，發動了唐隆政變，斬殺了韋后和安樂公主，清除了韋氏黨羽。

　　太平公主因與李隆基一起誅殺韋后而立功受賞，並得到了唐睿宗李旦的高度信任。李旦經常同她商量朝廷的大政方針，每次她入朝奏事，都要和李旦坐在一起談上一段時間；有時她沒去上朝謁見，李旦會派宰相到她的家中徵求意見。宰相奏事的時候，李旦總要詢問：「這件事曾經與太平公主商量過嗎？」接下來還要問道：「與三郎（即太子李隆基）商量過嗎？」在得到宰相們肯定的答覆之後，李旦才會對宰相們的意見表示同意。可見當時的太平公主擁有多麼巨大的權力。據說，自宰相以下的文武百官，太平公主說一句話就可導致他們升遷或降免。

　　權力鼎盛之際，太平公主的兒子武崇行、武崇敏、薛崇簡三人都受封為王，太平公主的田產園林遍佈長安

城郊外各地，她家在收買或製造各種珍寶器物時，足跡遠至嶺南及巴蜀地區，為她運送這類物品的人絡繹不絕。太平公主在日常衣食住行的各個方面，也處處模仿宮廷的排場。

李旦曾試圖在李隆基和太平公主之間尋求政治平衡，以避免傷害到任何一人，但這種努力沒有成功。在李隆基登基之後，太平公主依然糾結黨羽，策劃政變，試圖廢掉李隆基。最後，李隆基搶先發難，挫敗了太平公主的勢力，並賜死了自己的這個姑姑。大唐王朝的「紅妝時代」就此結束。

大唐王朝的「紅妝時代」，其實就是「後武則天時代」。四個野心膨脹的女人因效仿武則天而不斷策劃政變、攪動宮廷政局，這些女人有武則天一樣的政治野心，也像武則天一樣荒淫奢靡、任性殘忍，但她們並不具備武則天那樣的政治才華，尤其是在遇到唐玄宗李隆基這樣英明神武的強勁對手時，她們的那些陰謀被一一擊破了。而她們自己，也在一場場的政治豪賭中輸得一乾二淨 ——不光丟掉了榮華富貴，而且還丟掉了性命。她們是飛蛾，前赴後繼地飛向最高權力的燈光。她們干預朝政，玩弄權術，她們嚐到了權力的甜頭，但最終也被權力的火焰燒死。

開元盛世

公元 712 年，李隆基登基稱帝，是為唐玄宗。次年，唐玄宗清除了太平公主的政治勢力，開始整頓朝綱。

此時，距武則天去世剛過八年，可這八年之間，大唐宮廷歷經五次政變，政局波詭雲譎，動蕩不安。有鑒於此，李隆基將年號定為「開元」，意在結束動蕩，開創新局面。為此，他以進取的姿態，精簡機構，裁減冗員，同時啟用了一大批名臣，提拔了姚崇、宋璟、張嘉貞、張說、李元紘、杜暹、韓休、張九齡等名臣為相。這些人各有所長，通曉治國方略。李隆基還恢復了「貞觀之治」的優秀傳統，廣開言路，鼓勵進諫，這些做法又將大唐王朝的政治拉到了公正廉明的軌道上來，一改「紅妝時代」任人唯親的污濁之風，給大唐王朝的官場注入了正氣和朝氣。

開元年間，大唐王朝改革財政，制訂新的經濟措施，打擊豪強，勸課農桑，大力發展農業；唐玄宗還進行了兵制改革，在邊境地區大力發展屯田，提高軍隊戰鬥力，擴張疆域；與此同時，還實行民族和解政策，改善民族關係，這些措施對促進社會的穩定和繁榮起到了積極的作用。

經過一番勵精圖治，大唐王朝在開元年間進入到全盛時期，這一階段政治穩定、經濟繁榮、國力空前強盛，史稱「開元盛世」。

當時的唐都長安是一座國際化的大都市，擁有海納百川的精神和雄偉博大的盛唐氣象，可說是開元盛世的一個很好的縮影。

唐都長安由宮城、皇城、郭城三部分組成。宮城在北面，是皇宮所在地。宮城南面是皇城，是政府所在地。郭城位於宮城和皇城的東、西、南三面，是居民住宅區和工商市場的所在地。整個長安城的外圍城牆周長 36.7 公里，城牆內的面積 84 平方公里。郭城有十三座城門，從皇城的朱雀門到郭城正南的明德門，有一條居中的朱雀大街，寬達 150 米。如此規模宏大的城市，在當時的世界上是首屈一指的。

長安不僅是全國的政治、經濟、文化中心，而且還是舉世聞名的國際性大都會，是東西方文明的交匯中心。各國使節和商人絡繹不絕地來到這裏，從事政治和商貿活動，他們將域外的文化帶到了大唐，又從這裏將中國文化帶到域外。據《唐六典》記載，當時與大唐通使的國家有三百多個，僅日本一國，就派遣使者到長安 15 次，東羅馬帝國派遣使者到長安 7 次，阿拉伯帝國派遣使者到長安的次數高達 36 次，西域各

國「入居長安者近萬家」。

在唐都長安，有來自波斯的珠寶、有來自西域的良馬和音樂、有來自阿拉伯帝國的香料和藥材。中原地區的絲綢、茶葉和瓷器等物資也源源不斷地彙聚到長安，然後從這裏沿著絲綢之路銷售到西方。

物質豐富、經濟繁榮之外，當時的長安更是世界上多元文化的交流中心。佛教高僧大德在長安的佛寺裏翻譯佛經、講經說法。道教、景教（基督教的一支）、摩尼教、祆教等也在長安有自己的寺廟或教堂。大唐王朝以中國文化為主流，兼容並蓄，廣泛吸納外來文化，形成了那個時期特有的開放包容、富有生命力和創造力的盛唐文化。在長安城中，漢人穿著胡人的服裝，胡人戴著漢人的帽子；漢人吃胡餅，胡人說漢語、胡漢之間，難分彼此。此外，唐朝政府中還有外國人前來做官，他們為大唐政府服務，居住在唐都長安，說漢語、寫漢字，對漢文化一往情深。

可以說，全盛時期的大唐王朝，不僅開創了一個開放包容、多元共生的盛世，而且還以經濟文化交流為紐帶，將政治制度、木版印刷術、詩歌、建築等先進的文化傳到了日本、朝鮮和越南等地，加速了華夏文明向外擴展的進程。

佛教在唐朝完成了中國化

佛教起源於印度，創始人為釋迦牟尼。釋迦牟尼俗名叫喬達摩·悉達多，是印度半島一個小國的王子。他年輕時捨棄王子之位，出家修行，六年苦修之後，他在一棵菩提樹下大徹大悟，從此開始講經說法，傳播教義。

佛教認為，每個人都要經歷生老病死的痛苦。產生痛苦的根源，就在於人的內心之中有「貪、嗔、癡、慢、疑」五毒煩惱，即人性中有貪婪、嗔恨、愚癡、傲慢、疑慮五種重大的弱點。正因為無法克服這些弱點，所以芸芸眾生才會在生死苦海中無休止地經歷輪迴。為了超越輪迴，擺脫生死，就要克服人性的弱點，並體認到世界萬物的空性，通過訓練使心靈專注，最終充分開啟智慧，達到徹底覺悟和涅的境界 —— 也就是佛的境界。

佛教自東漢永平年間傳入中國，在魏晉南北朝時期得到了發展，在唐朝達到繁榮期，並完成了中國化的進程。佛教中國化的完成，一方面要把佛教經典譯成中文，另一方面要使佛教理論和佛教實踐活動能與中國社會形成良性互動。因此，我們可以說，佛教中國化的完成其標誌就是佛經翻譯的完備和中國佛教八大宗派的創立、成熟。

佛教經典卷帙浩繁，佛經的翻譯工作也不是一朝一代就能完成的。自佛教傳入中國之時起，佛經翻譯事業就隨之開始啟動，比如東漢時期就有著名僧人迦葉摩騰和竺法蘭翻譯了《四十二章經》，這是最早翻譯成中文的一部佛經。到了魏晉南北朝時期，傑出的佛學大師、

佛經翻譯家鳩摩羅什翻譯了《金剛經》《阿彌陀經》《法華經》《維摩詰經》等眾多佛經。到了唐朝，在佛經翻譯上做出巨大貢獻的人則是玄奘大師。

玄奘大師，俗名陳褘，河南偃師人。他於唐貞觀元年（公元627年）從長安出發，西行求法。歷經艱難之後，他到達佛教的發源地印度，在那爛陀寺拜印度高僧戒賢法師為師，在那裏學習了五年，學成之後又遍訪各地，講經說法，成為享譽印度半島的高僧。

貞觀十九年（公元645年），玄奘大師帶著657部佛經回到長安。唐太宗李世民親自接見了他。玄奘大師向唐太宗介紹了西行求法的所見所聞，尤其是西域和天竺的風土人情。唐太宗對此非常感興趣，就讓玄奘大師寫了一部書，這就是著名的《大唐西域記》。唐太宗對玄奘大師捨身求法的精神非常欽佩，遂下令組織了規模宏大的佛經譯場，支持翻譯佛經的事業。於是，玄奘大師又花了19年的時間，帶領弟子精心翻譯了74部佛經，共計一千三百多萬字。這是一項非常偉大的事業，精通梵文的季羨林先生曾說，玄奘大師所譯的佛經，無論是質量還是數量，都是首屈一指的。

玄奘大師之後，還有義淨、實叉難陀、菩提流志、金剛智等唐朝高僧繼續翻譯佛經，經過幾代人的努力，印度佛教的著名經典和論著已經比較完備地譯介到了中國。

由於佛教是一個博大精深的體系，佛經數量巨大，修學法門眾多，一般的人難以準確地把握、學習。於是，中國的高僧們就在充分研判佛教經論的基礎上，創建了不同的教學體系，這些不同的教學體系，便是佛教的宗派。這就相當於一所綜合性的大學，裏面又分了不

同的學院和科系。佛教進入中國之後，經過六百年的發展，到唐朝時形成了八大宗派，分別是禪宗、淨土宗、律宗、密宗、法性宗（又稱三論宗）、唯識法相宗、天台宗、賢首宗。

禪宗的發展過程似乎最能讓人體會到佛教的中國化到底是如何完成的。禪宗的發展歷程大體是這樣的：在靈鷲山法會上，釋迦牟尼佛拈花微笑，「是時眾皆默然，唯迦葉尊者破顏微笑」。於是，釋迦牟尼佛說：「吾有正法眼藏，涅妙心，實相無相，微妙法門，不立文字，教外別傳，付囑摩呵迦葉。」這種「不立文字，教外別傳」的佛法便是禪宗，而迦葉尊者就是禪宗第一代祖師。此後禪宗在印度代代相傳，至二十八代傳至達摩大師。

達摩從印度來到中國，禪宗也隨之傳到中國，達摩遂成為中國禪宗的初祖。之後，禪宗在中國經過五世單傳，即達摩傳衣缽於二祖慧可，二祖慧可傳衣缽於三祖僧粲，三祖僧粲傳衣缽於四祖道信，四祖道信傳衣缽於五祖弘忍，五祖弘忍傳衣缽於六祖惠能。

六祖惠能大師是個奇才，他能深入淺出地闡釋佛學精華，同時使之與中國人的生活實踐緊密結合。比如，佛家講「持戒」「忍辱」「禪定」等，戒律很多，修行的法門也很多，一般人很難抓住精髓，經惠能大師一解釋，問題立馬明瞭：「心平何勞持戒，行直何用修禪。恩則孝養父母，義則上下相憐。讓則尊卑和睦，忍則眾惡無喧。若能鑽木出火，淤泥定生紅蓮。苦口的是良藥，逆耳必是忠言。改過必生智慧，護短心內非賢。日用常行饒益，成道非由施錢。菩提只向心覓，何勞向外求玄。聽說依此修行，西方只在目前。」一首偈，直截了當，就把佛學的精華概括得差不多了。

再比如，佛家講「戒定慧」三學，關於這三個方面的經論非常多，一般人也很難抓住問題的實質，而惠能大師又是用一首偈就把「戒定慧」三學的核心問題講清楚了：「心地無非自性戒，心地無癡自性慧，心地無亂自性定，不增不減自金剛，身去身來本三昧。」這首偈一下子就抓住了佛學的核心，佛學是「心」學，學佛最重要的就是要「修好這顆心」。只要能修好這顆心，採用什麼形式並不重要。

　　六祖惠能還將傳統佛教的出世解脫轉化為世間解脫，使佛教充分生活化。佛法傳入中國之後，傳法的高僧大德一般都是僧人身份，他們一般遠離塵俗，寄情山林，這也讓很多人誤解，認為學佛一定要出家，一定要出世。針對這種誤解，六祖惠能說：「佛法在世間，不離世間覺；離世覓菩提，恰如求兔角。」「若欲修行，在家亦得，不由在寺。……但願自家修清淨，即是西方。」自六祖惠能之後，禪宗乃至整個中國佛教便逐漸朝著既入世又出世的道路發展，即「以出世之心，做入世之事」「身在紅塵，心懷淨土」，這樣，便將世間與出世間打成一片，使佛教充分生活化、普及化。

　　禪宗經六祖惠能大師弘揚之後，高僧大德輩出，禪宗此前五世單傳的局面徹底終結，隨後更是出現了「五家七宗」的繁榮局面。

　　禪宗以外的七個宗派的形成過程也是遵循大致相同的路徑，它們都是將佛教理論與中國國情緊密結合的產物。從某種意義上講，佛教中國化的過程，也是佛教與中國本土的儒家、道家思想相互融合的過程。佛教八大宗派的形成，標誌著佛教理論及其修學體系都已經實現了中國化，此時的佛教已然成為中國文化不可分割的一

部分，它深深進入了中國人民的思想觀念和社會生活之中，對中國的詩歌、音樂、繪畫、書法、建築等均產生了深遠的影響。

盛唐氣象 —— 文化自信與包容精神

唐朝人既不是魏晉以前漢人的簡單延續，也不是胡人單向地融入到了漢族之中，而是「胡人漢化」和「漢人胡化」雙向互動催生出的民族文化共同體，這一共同體在唐朝三百年的歷史中，又陸續不斷地與胡人、外國人進一步互動，不斷兼容並蓄，不斷吸納創新。因此，大唐王朝才在政治、經濟、文化等各方面都顯示出了海納百川的博大胸襟和磅礴氣象。這種胸襟和氣概，被後人稱之為「盛唐氣象」。

唐朝人之所以有「盛唐氣象」，是以充分的文化自信為基礎的。對此，美國著名歷史學家伊佩霞曾說：「與20世紀前中國歷史上任何其他時期相比，初唐和中唐時的中國人自信心最強，最願意接受不同的新鮮事物。或許是因為來自異邦的世界性宗教使中國同波斯以東的所有其他亞洲國家建立了聯繫，或許是因為當時很多士族豪門為胡人後裔，或許是因為中國有強大的軍事力量鎮守絲綢之路，保證了商旅暢通無阻……總之，這個時期的中國人非常願意向世界敞開自己，希望得到其他國家的優秀東西。」

大唐王朝以海納百川的氣概，廣泛吸收優秀的外來文化。這方面以服飾和歌舞最為突出。初唐時期，祖孝孫把南樂與北曲融為一體，協調了「吳楚之音」和「周齊之音」，成就了大唐雅樂。唐太宗平定高昌之後，又引進了高昌樂。至此形成了唐朝的「十部樂」，其中只有燕樂和清商樂是傳統的古樂，其餘的龜茲樂、天竺樂、西涼樂、高昌樂、安國樂、疏勒樂、康國樂、高麗

樂都是從邊疆和外國引進、改造的。

最值得一提的是，唐玄宗李隆基本人是一位音樂素養極高的皇帝，他「雅好度曲」，善於學習來自西域的胡樂，一生創作了大量的樂曲，加速了胡漢音樂的滲透與融合。唐玄宗還對佛教音樂進行改造，將源於印度的佛曲《婆羅門曲》改編成著名的《霓裳羽衣曲》。而他寵愛的妃子楊貴妃則是《霓裳羽衣曲》的編舞者。皇帝作曲，貴妃編舞，珠聯璧合，一下子就使《霓裳羽衣曲》風靡大唐。為了培養更多的音樂人才，唐玄宗還創辦梨園，閒暇時親自教授梨園弟子演奏樂曲。由此，唐玄宗本人一直被奉為「梨園祖師」。

在開元年間的唐都長安，來自西域的胡旋舞風靡一時。這種舞蹈以快速旋轉著稱，深受達官顯貴的喜歡，楊貴妃和安祿山都是跳胡旋舞的高手。在敦煌莫高窟的壁畫中，我們仍可以看到唐人跳胡旋舞的畫面。舞蹈者身披飄帶，上身半裸，扭動腰身，急速旋轉，舞姿曼妙。從敦煌壁畫中我們還可發現，唐朝為歌舞伴奏的樂器已達四十多種，其中，打擊樂器、吹奏樂器、彈撥樂器、拉弦樂器等主要的樂器種類都已齊全。這些樂器相當一部分都來自於西域或外國，從樂器的名字（如琵琶、箜篌，羯鼓、答臘鼓）上就可看出這一點。

胡樂、胡舞之外，胡人的服飾也傳到了大唐。胡人女性服飾的最大特點就是「香衫窄袖」，與以前中原人普遍喜歡的「寬袍大袖」的服飾風格迥然有別。史書記載，到開元天寶年間，「小頭鞋履窄衣裳」的服飾就成了流行的趨勢，貴族和普通百姓均「好為胡服及胡帽」。除了直接穿「胡服」外，唐人還調和「漢服」與「胡服」的特點，發明出新的服裝樣式。據說，楊貴妃就發明了

一種新服飾，叫「鴛鴦並頭錦褲襪」，類似於今天的連褲襪。我們從唐朝繪畫中還可看到，唐朝女性愛穿一種叫「羅帔衫」的服裝，這也是一種胡漢合璧的服裝，它一方面袒肩露頸，摒棄了傳統漢服遮蓋全身的裝束風格，另一方面它又是一種寬鬆的服裝，與胡服的緊身設計旨趣有別。這可說是胡人漢化和漢人胡化在服裝上的具體體現。

唐朝人的物質生活和精神生活在各個方面都受到了外來文化的影響。在長安的東市和西市，出售外來的工藝品和奢侈品。在各種娛樂場所，中外藝人表演風格不同的戲劇、滑稽劇及其他的娛樂項目。從印度、波斯和中亞傳來的樂曲，對中國音樂產生了重大影響，其音樂元素很快融入到了中國音樂之中。從波斯傳來的馬球成為唐代男女老少都非常喜歡的一種時尚運動。

唐人對外來文化兼容並收的能力，是建立在強大的文化自信和博採眾長的寬廣胸襟之上的。對此，魯迅先生說：「那時我們的祖先，對自己的文化抱有極堅強的把握，絕不輕易動搖他們的自信心；同時對於別系文化抱有恢廓的胸襟與極精嚴的抉擇，絕不輕易地崇拜或者輕易地唾棄」「凡取用外來事物的時候，就如將彼俘來一樣，自由驅使，絕不介懷」。

在文化自信心極強，社會風氣極度開放、包容的情況下，唐朝的各項文化藝術，如詩歌、音樂、舞蹈、書法、繪畫等，均取得了舉世矚目的成就。唐詩是中國古典詩歌史上公認的高峰，唐代詩人眾多、名家輩出、風格多樣，既有邊塞詩，也有山水田園詩；既有古風，又有律詩和絕句。唐代詩人的思想旨趣和審美傾向也多姿多彩，比如杜甫，他是深懷儒家理想的人，他寫的詩沉

鬱頓挫，憂國憂民，被稱為「詩史」，他本人則被稱為「詩聖」；李白煉丹求仙，在思想上傾向於道家，他的詩想像豐富，瑰麗雄奇，他被稱為「詩仙」；王維是佛教徒，他的詩幽靜、空靈、大有禪意，他被稱為「詩佛」。儒釋道三種不同的思想文化不僅能夠在大唐王朝的統治下和平相處，而且各自都在詩歌創作領域找到了自己的代言人，並為後人留下了膾炙人口的詩篇。

書法也是一樣，唐人在學習王羲之、王獻之等人書法風格的基礎上，大膽創新，湧現出了歐陽詢、虞世南、褚遂良、薛稷、顏真卿、柳公權、鍾紹京等一大批對後世影響深遠的書法家。至此，中國楷書的法度在唐人的手中得以完成，這是唐朝對中國文化做出的又一巨大貢獻。

盛世中的危機

俗話說「勝極而衰」，唐朝的國運正是如此。

從唐太宗時期的貞觀之治到唐玄宗時期的開元盛世，大唐王朝一直是走上升路綫的。開元盛世是唐朝的鼎盛階段。可在人們還陶醉在歌舞昇平的盛世之中時，大唐王朝便開始走上了由盛轉衰的道路。

轉折的關鍵就出在唐玄宗李隆基身上。李隆基本人多才多藝，但他的政治能力遠不如唐太宗李世民。他統治前期，依「貞觀故事」，通過複製唐太宗李世民的治國模式，使國家達到大治，創下了開元盛世。可是，一旦取得了盛世的成就，李隆基便不思進取乃至忘乎所以了，他忙著封禪，忙於享樂，逐漸變得驕縱昏庸。對此，《資治通鑒》稱，唐玄宗「在位日久，漸肆奢欲，怠於政事」。

唐玄宗「怠於政事」之後，在用人上出現了嚴重的失誤。正直的宰相張九齡被罷免，而奸相李林甫上位。李林甫口蜜腹劍，陰險奸詐，善於鑽營，他一味迎合皇上，打擊異己。他當政之後，大唐王朝的政治風氣便一步步地壞了下去。因此，對於唐王朝的由盛轉衰，李林甫負有「養成天下之亂」之責。

在導致唐朝由盛轉衰的過程中，唐玄宗李隆基與

楊貴妃楊玉環之間的愛情故事也不得不說。

楊玉環本是唐玄宗的兒子壽王李瑁的王妃，她因年輕貌美而迷倒了很多人，不幸的是，這其中竟有她的公公、大唐王朝的皇帝李隆基。開元二十八年（公元740年），56歲的李隆基與22歲的楊玉環在驪山溫泉幽會，從此墜入情網，一發不可收拾。為了掩人耳目，李隆基先讓楊玉環出家為道士，然後再以女道士的身份進入皇宮。於是，這位道號「太真」的女道士出家不到一年就又還了俗，進了皇宮，被封為妃子——太真妃。在李隆基61歲生日那天，27歲的楊玉環被封為貴妃。

唐玄宗十分寵愛楊貴妃，誠可謂「三千寵愛在一身」。楊貴妃喜歡吃荔枝，唐玄宗便下詔，專門開闢出一條從嶺南直通長安的貢道，用驛馬專門為楊貴妃送荔枝。詩人杜牧在《過華清宮》云「一騎紅塵妃子笑，無人知是荔枝來」，描述的就是這件事。

楊貴妃本人雖然沒有直接干預朝政，但她的極度受寵還是對朝政形成了惡劣的影響。為了討得楊貴妃的歡心，李隆基命各地官員向宮中進獻各種奇物珍玩。楊貴妃本人的生活更是奢靡無度，據說專門為她刺繡織錦的就有七百多人，雕刻器皿的又有數百人。更可怕的是，享受奢華的遠不止楊貴妃一人，而是以

她為首的一個楊氏團隊。楊貴妃的哥哥姐妹全都被召進了宮，三個姐姐分別被封為韓國夫人、秦國夫人、虢國夫人，每月各賜脂粉費十萬錢，堂兄楊銛、遠房堂兄楊國忠也都在朝中為官，人稱楊氏「五大家」。唐玄宗每收到國內外的貢品，都會分賞「五大家」，比如，賞賜給虢國夫人夜明珠、賞賜給秦國夫人七葉冠、賞賜給楊國忠的鎖子帳，這些都是價值連城的珍寶。

「五大家」的府第靠近皇宮，規模宏大，富麗堂皇。每建一堂，均要耗資數千萬。而且楊氏五個家庭之間還互相攀比，他們一旦發現別人家的建築比自己的更豪華時，就不惜毀掉重建，也一定要超過別家。楊氏家族如此揮金如土，不僅耗費了唐朝大量的財富，而且帶壞了社會風氣。在開元後期和天寶年間，奢華之風彌漫全國，勤儉節約的美德在達官貴人的身上不復存在。統治階層的奢華生活當然是靠剝削底層百姓來支撐的，達官顯貴越崇尚高消費，普通百姓的負擔就越重。

出於愛屋及烏的心理，唐玄宗還重用了楊玉環的遠房堂兄楊國忠。李林甫死後，唐玄宗便讓楊國忠接替李林甫的位置。楊國忠當上宰相之後，其飛揚跋扈的程度比李林甫有過之而無不及。

唐玄宗貪圖享樂，怠於政事，竟將朝政大權交於楊國忠。楊國忠專權誤國不算，他還窮兵黷武，動輒對邊境少數民族地區用兵，不僅使成千上萬的無辜士卒暴屍邊境，也給少數民族地區造成了深重災難，弄得民不聊生。

　　楊國忠為政期間，曾兩次發動了征討南詔的戰爭。天寶十年（公元 751 年），剛當上京兆尹不久的楊國忠就推薦自己的黨羽鮮于仲通為劍南節度使，並命其率兵攻打南詔。結果征討南詔的軍事行動大敗，不僅陣亡將士達六萬人，而且直接導致南詔脫離了大唐，轉而投向吐蕃。

　　為了掩蓋第一次攻打南詔的失敗，楊國忠策劃了第二次攻打南詔的行動。本來大唐王朝兵力不足，為了補充兵員，唐玄宗就命令在長安、洛陽、河南、河北各地廣泛招兵。楊國忠趁機派人到各地去「抓壯丁」，遇到青年男子，就給他們戴上枷鎖，直接送到兵營。湊足兵員之後，楊國忠於天寶十三年（公元 754 年）再次發兵攻打南詔，這次軍事行動又遭慘敗。兩次攻打南詔，損兵折將近 20 萬人。

　　楊國忠對人民的疾苦漠不關心。天寶十二年（公元 753 年），關中地區連續發生水災和嚴重饑荒。唐玄宗擔心災荒會影響莊稼的收成，楊國忠便叫人專揀

好的莊稼拿給唐玄宗看，並說「雨水雖多，並未傷害莊稼」，用「報喜不報憂」的方法欺騙唐玄宗。後來有扶風太守奏報當地出現水災，楊國忠便叫人審問這個太守，懲治他說真話的行為。從此以後，再沒有人敢向朝廷報告實情了。

就在大唐帝國轉向衰落之際，阿拉伯人建立的政教合一的大食帝國在西亞崛起，他們幾乎打敗了所有的歐洲國家，然後掉頭向東，擴張到了中亞。公元751年7月，大食帝國的軍隊和唐朝的軍隊在中亞怛羅斯城（今哈薩克斯坦境內）展開一場大戰。當時，大食帝國的兵力有20萬人之多，而唐朝的部隊只有數萬（關於唐朝軍隊的具體的數量，歷來有兩種說法，一種認為是6萬至7萬人，另一種認為是2萬至3萬人）。唐朝軍隊在名將高仙芝的率領下，憑藉著精良的裝備和先進的戰術手段，與對方血戰五天，殺敵7萬人，重創敵軍。但由於唐朝軍隊兵力不足，沒能攻破怛羅斯城。

戰至第五天，大食帝國的援軍趕到。見勢不妙，唐軍中的一支胡人隊伍葛邏祿部叛變了。在內外夾擊之下，唐朝軍隊潰敗，傷亡兩萬多人。

怛羅斯之戰對中亞格局產生了深遠影響。此戰之後，唐朝無力再經營西域，最終退出了對中亞地區

的控制與爭奪，自張騫通西域以來的中國版圖被更改了，中亞就此逐漸伊斯蘭化。

在怛羅斯之戰中，有一些唐朝的工匠被俘，他們將造紙術帶到了大食，隨後又傳到了歐洲。

唐朝軍隊在戰場上的失利，並沒有讓唐玄宗和楊國忠警惕起來，他們還繼續沉醉在歌舞昇平的盛世幻想之中。不過，很快就有一個更大的動亂到來了，這就是安史之亂。安史之亂一下子打碎了大唐王朝太平盛世的美夢，成了唐朝由盛轉衰的轉折點。

安史之亂

公元 755 年 12 月 16 日，身兼范陽、平盧、河東三鎮節度使的安祿山夥同部將史思明在范陽起兵，以「奉密詔討伐楊國忠」為藉口發動叛亂，兵鋒直指洛陽和長安。由於大唐王朝承平日久，疏於備戰，因此沿途各州縣或陷或降，紛紛瓦解。短短的 34 天，安祿山的大軍從范陽攻打到洛陽。次年，安祿山的叛軍又攻陷了長安。大唐王朝的皇帝唐玄宗在長安陷落之前倉皇出逃，一直沉浸在歌舞昇平之中的大唐，瞬間由盛世轉入了到戰亂之中。

那麼，安史之亂到底是怎樣發生的呢？號稱盛世的大唐為什麼竟然不能抵禦住安祿山的叛亂？安史之亂又對唐朝的政局產生了怎樣的影響呢？……要回答這些問題，我們還得從頭說起。

大唐王朝統一全國之後，國力蒸蒸日上，經過唐太宗、唐高宗直至唐玄宗幾代君王屢次開疆闢土，先後平定遼東、東西突厥、吐谷渾等地區，使唐朝成為一個疆域極為遼闊的國家。為了加強中央對邊疆的控制、鞏固邊防，唐玄宗於開元十年（公元 722 年）在邊疆地區設立了十個兵鎮，由九個節度使和一個經略使管理。節度使相當於大軍區司令，他們率兵鎮守邊地，軍力日漸強大，到天寶年間，邊鎮節度使已經擁兵 50 萬人，而中央禁軍只有兵力 12 萬人，如此也就形成了外重內輕、強枝弱幹之勢。

另外，為了應對邊疆戰事，唐玄宗不得不以募兵制代替府兵制。這些招募職業軍人的兵制解決了徵兵困難的問題，但也增加了中央財政的負擔。更關鍵的是，

募兵制使將兵之間形成了固定的人身依附關係，導致節度使對軍隊的控制能力極大增強。節度使的權力愈來愈大，他們「既有其土地，又有其民人，又有其甲兵，又有其財賦」，慢慢地就形成尾大不掉之勢，各路節度使隨之演變成了地方軍閥。

各路地方軍閥之中，安祿山又最為得勢。

安祿山是混血胡人，父親是康姓粟特人，母親是突厥人。他精通多種胡語，善於賄賂朝野政要。他靠賄賂李林甫、巴結楊貴妃而博得了唐玄宗的寵信和重用。天寶初年，東北邊疆的奚、契丹不斷發動叛亂，唐玄宗感到非常頭疼。安祿山出兵平定了叛亂，這令唐玄宗十分高興，安祿山由此得到重用。

安祿山「外若癡直，內實狡黠」，為了討好唐玄宗，他乾脆認比自己小八歲的楊貴妃為義母。安祿山很胖，「腹垂過膝」。唐玄宗調侃他：「你肚子這麼大，裏面裝的是什麼呀？」他回答：「裏面只有一顆對陛下的赤膽忠心。」這樣的回答讓唐玄宗感到很開心。於是，安祿山官運亨通，一人兼任平盧、范陽、河東三鎮節度使，擁兵近二十萬，實力強大。此時，整個唐朝中央直接控制的兵力才不到 8 萬人。如此一來，安祿山就有了起兵對抗中央的軍事實力。

安祿山最終起兵發動叛亂，還與他和楊國忠之間的私人恩怨有關。楊國忠當上宰相之後，妒賢嫉能，驕縱跋扈，不可一世。為了獨攬大權，他蓄意排擠安祿山，不斷在唐玄宗面前告安祿山的惡狀，說他要造反。此事成了安史之亂的導火綫，後來安祿山叛亂所打的旗號便是「奉密詔討伐楊國忠」，意思是他要「清君側」。可是，當叛軍攻陷洛陽之後，安祿山在洛陽稱帝，號「大燕皇

帝」，改元「聖武」。這充分說明安祿山「清君側」是假，叛亂是真。

唐玄宗出逃長安的第二天，到達馬嵬坡。在這裏，護衛部隊發生了兵變，他們殺死了奸相楊國忠，並逼迫唐玄宗賜死楊貴妃。這便是有名的馬嵬兵變。

馬嵬兵變之後，百姓一度懇求唐玄宗留下來指揮平叛，但唐玄宗拒絕了，他執意向西逃跑。幸好，太子李亨看到了人心所向，留了下來。他在一夥大臣的擁戴之下奔向了朔方節度使所在地靈武，並在那裏稱帝，是為唐肅宗。唐肅宗登基之後，遙尊唐玄宗為太上皇。

登基之後，唐肅宗召集唐朝各部將領，部署平叛行動。郭子儀、李光弼等著名將領迅速加入到平定安史之亂的軍事行動之中。由此，形勢有了轉機，大唐王朝開始了艱難的平叛行動。

反觀叛軍，此時卻出現了嚴重的內鬥。為了搶奪皇帝寶座，安慶緒殺死父親安祿山。而安慶緒本人卻只知道縱酒享樂。唐朝軍隊趁機反攻，收復了淪陷一年多的長安，隨後又收復了洛陽。

到了這個時候，叛亂的主角又變成了史思明。他不願意受安慶緒的管制，兩人發生了矛盾，於是他率領8萬軍隊投降了唐朝。為顯示寬宏大度，唐朝任命史思明做范陽節度使。可是，半年之後，史思明再次反叛，並與駐紮在鄴城的安慶緒遙相呼應。當時，唐軍已經包圍了鄴城。安慶緒向史思明求援，答應鄴城解圍之後將大燕皇帝之位讓於史思明。史思明禁不住皇帝寶座的誘惑，先率兵解救了困在鄴城的安慶緒，隨後又設計殺死了安慶緒。

史思明讓兒子史朝義守鄴城，自己引兵北還，在范

陽自稱大燕皇帝。史思明的軍隊一度攻陷了洛陽，使唐軍陷入被動。關鍵時刻，叛軍再次出現內訌，就像安慶緒殺死父親安祿山一樣，史朝義也殺死了父親史思明。唐朝軍隊抓住機會，打敗了叛軍，再次收復洛陽。兵敗之後，史朝義在逃亡的途中自縊而死。至此，長達八年的安史之亂終於平息。

安史之亂的後果

安史之亂從公元 755 年爆發，到公元 763 年最終平息，歷時八年，中間經歷了唐肅宗、唐代宗兩任君王。唐朝軍隊最後雖然打敗了叛軍，達成了復國的目標，但這場戰爭成了唐朝由盛而衰的轉折點，它對唐朝造成的後果極其嚴重。

其一，長達八年的戰亂讓大唐王朝經歷了一次空前浩劫，開元盛世所積累的財富在這場戰爭中化為烏有。中原地區「宮室焚燒，十不存一，百曹荒廢，曾無尺椽。中間畿內，不滿千戶」，戰亂之下，廣大百姓流離失所，無家可歸，整個黃河中下游都呈現出了「千里蕭條」的荒涼景象。經過安史之亂，唐朝的人口一下子從 5,292 萬人銳減至 1,699 萬人，人口減少近 3,600 萬人，社會元氣大傷。

其二，安史之亂還造成了百姓負擔的加重。由於戰爭造成了人口銳減，勞動力嚴重不足。此等情形之下，百姓還要負擔大量的軍費和朝廷財政開支，稅收勢必加重。統治階級對百姓的殘酷壓榨，又進一步激化了階級矛盾，導致唐朝中後期農民起義比較頻繁。

其三，經過安史之亂，唐朝的統治基礎受到嚴重削弱，統一的中央王朝對地方的控制力持續減弱。自此之後，唐王朝由盛而衰，一蹶不振。在平定叛亂的過程中，為了分化瓦解叛軍，唐肅宗、唐代宗均鼓勵叛軍投降，並准許投降的叛軍將領繼續在原地做官，並統領軍隊。這種措施對儘快平定叛亂有一定的積極作用，但弊端也顯而易見，那就是使全國處於分裂割據的狀態

之中，形成了事實上的藩鎮割據。唐朝末年的藩鎮割據，本質上是安史之亂的延續和發展。安史之亂本來就是藩鎮反對中央的一場軍事叛亂。在平定這場叛亂之後，那些參與平叛的藩鎮愈發有資本擁兵自重。經過安史之亂，唐王朝不僅無力收回各地節度使的兵權，還要封賞他們。如此一來，地方節度使的權力愈來愈大，到後期，唐朝的節度使出現了世襲化的現象，老節度使死了，朝廷很難派新人擔任節度使，而必須由老節度使的兒子或部下繼任才可以。這樣的節度使，事實上已不再是朝廷的命官，而是成了割據地方的「土皇帝」。

其四，安史之亂後，唐王朝失去了對周邊地區少數民族的控制。安史之亂一爆發，不得不將原本駐守在西域一帶的重兵皆調到內地參與平叛，由此，唐朝的西北和西南邊防就出現了空虛，吐蕃乘虛而入，控制了河西走廊一帶。

其五，安史之亂促使中國的經濟重心再次南移。安史之亂對北方生產造成了極大的破壞，大量北方人士南渡。南方相對較為穩定，北方人口的南遷，帶去了先進的生產技術，促進了江南經濟的發展。自此之後，中國經濟重心徹底轉移到了南方。

晚唐悲風

安史之亂之後，大唐王朝開始一步步走向衰落。這一階段自公元 763 年安史之亂結束至公元 907 年朱溫篡位，持續了近一百五十年。這個階段的唐朝，表面上還維持著統一，但中央政府已然失去了應有的權威；這個階段的唐朝，在政治、經濟和社會生活的各個方面都暴露出了難以調和的矛盾；這個階段的唐朝，就像風燭殘年的老人，病態的軀體越來越羸弱，直到生命終結；這個階段的唐朝，有唐代宗、唐德宗、唐順宗、唐憲宗、唐穆宗、唐敬宗、唐文宗等十多個皇帝相繼當政，但他們都沒有能讓大唐王朝重現盛世的光景。

當然，若說大唐王朝在這近一百五十年的時間裏毫無作為，那也是不對的。在唐德宗時期，唐朝一度爆發財政危機。為解決財政危機，宰相楊炎於公元 780 年實施了兩稅法，即將各種賦稅折合在一起，分夏、秋兩次收取。這次稅收改革的一個重大變化是：自此之後，農業稅就按照土地多少來收，而與一個家庭的人頭多少無關了。這是中國古代稅收制度上一次重大改革。實施兩稅法之後，稅收手續簡化了，唐朝的中央財政有所增加。

唐德宗一度想趁機清除藩鎮勢力，恢復中央的權威。當時，成德節度使李寶臣死去，他的兒子李惟岳要求繼任；淄青節度使李正己死，他的兒子李納也要求繼任。唐德宗斷然拒絕了他們的要求，想將節度使的任免權收回中央。不料，李惟岳聯合魏博、淄青等地的節度使發動了叛亂。

為了平定叛亂，唐朝只得繼續使用藉藩鎮打藩鎮的老辦法。平定叛亂之後，參與平叛的幾個節度使藉口朝廷封賞不公，公然對抗中央，其中有四個節度使直接稱王。這還不算完，淮西節度使李希烈認為平叛有功，向朝廷討價還價，自稱「天下都元帥」。正當唐德宗調兵遣將要征討李希烈的時候，涇原節度使又發動了兵變，他們攻入長安。唐德宗只好逃往奉天（今陝西乾縣），叛軍直接擁立涇原節度使朱泚為皇帝。看著朱泚稱帝，李希烈不甘落後，也跟著稱帝。最後，唐朝雖然平定了朱泚、李希烈等人的叛亂，但也不能削弱藩鎮的勢力，只能對藩鎮割據的現實採取姑息的態度。

唐德宗駕崩後，唐順宗繼位，他在位不到一年就被迫退位。隨後，唐憲宗登基。此時唐朝出現了朋黨之爭，以牛僧孺為首的「牛黨」和以李德裕為首的「李黨」互相爭鬥，彼此傾軋，這種內耗讓唐朝的朝政更

加惡化。

平心而論，唐德宗和唐憲宗也都算銳意改革的皇帝，無奈藩鎮勢力已經強大，很難撼動，朝臣也與皇帝離心離德。因此，他們的改革都沒有達到預期的效果，藩鎮割據的痼疾始終困擾著晚唐朝廷。

藩鎮割據和牛李黨爭之外，晚唐政治的另一痼疾就是宦官專權。

唐朝初年政治清明之時，宦官只能主管宮廷內部守衛、灑掃之類的服務性事務，並無政治權力。到了唐玄宗時，他寵信宦官高力士，讓他審閱奏摺。從此，宦官開始登上唐朝的政治舞台。安史之亂以後，宦官逐漸掌握軍權、政權和財權，皇帝的大權旁落於宦官之手。自唐德宗時開始，宦官掌握禁軍已成定制，如此一來，晚唐時期的宦官，經常毒殺和廢立皇帝。

宦官權力過盛，引起了皇帝和朝臣的共同不滿，一些大臣與宦官勢力進行了鬥爭。唐德宗駕崩後，唐順宗繼位。他重用文官王叔文、王伾裁決宮中大事，王叔文、王伾又引進了柳宗元、劉禹錫、韓泰、陳諫、韋執誼等官員，企圖削弱宦官的權力。這便是唐朝歷史上的「王叔文變法」。但由於宦官勢力盤根錯節，難以動搖，加上藩鎮與宦官內外勾結，致使這場

改革中途夭折。

　　宦官與藩鎮兩股勢力互相勾結，使晚唐的朝政愈發黑暗。從唐憲宗開始，到唐朝滅亡，唐朝後期的皇帝都形同傀儡，十個皇帝中，除了最後一個為朱全忠所立，其餘九個都是宦官所立，其中，竟有唐憲宗和唐敬宗兩位皇帝被宦官所殺。連皇帝都成了宦官可以任意擺佈的傀儡，大唐政治秩序之混亂可見一斑。

　　公元 835 年，唐文宗不甘大權旁落，起用李訓、鄭注等人謀誅宦官。密謀之後，李訓令將軍韓約奏報，說發現左金吾後院內的石榴樹上夜降甘露，誘騙宦官頭目仇士良前去查看，企圖趁機一舉殲滅宦官。但仇士良等宦官到達時，看出了破綻，趕緊返回，並劫持了唐文宗。他們帶領五百禁軍對大臣進行報復性屠殺，殺掉了一千多名朝臣，致使朝班一空。這便是有名的「甘露事變」。經此事變之後，唐文宗也只能哀嘆自己受制於家奴，後來鬱鬱而終。

　　唐文宗之後，唐朝又歷經唐武宗、唐宣宗、唐懿宗、唐僖宗、唐昭宗、唐哀宗各朝，這些皇帝也都一直沒能解決宦官專權的問題，宦官之禍一直延續到唐朝結束。

　　最後給唐朝致命一擊的是王仙芝、黃巢農民起義。這場起義爆發於公元 875 年，起義的農民軍馳騁

中原，四次橫渡長江，兩次橫渡黃河，攻佔了東都洛陽和西京長安。聲勢浩大的農民起義不僅屠殺了大量的皇親國戚、達官顯貴，而且徹底摧毀了整個社會秩序，使唐朝再次陷入到動亂之中。

大規模的戰亂之中，又湧現出了一大批武裝割據的軍閥，他們互相火拚，最後形成了兩個最有勢力的集團——以開封為中心的朱溫（後改名朱全忠）和以太原為中心的李克用。公元 907 年，朱溫廢掉了唐哀宗，自立為帝，改國號為梁。至此，唐朝結束，歷史進入到五代十國時期。

晚唐「頑主」唐敬宗

杜牧有一篇古文《阿房宮賦》。這篇文章實際上是一篇借古諷今之作——借秦始皇大興土木、驕奢淫逸的歷史教訓,批判唐敬宗寶曆年間的奢華、墮落之風。杜牧自己就明確指出:「寶曆間大起宮室,廣聲色,故作《阿房宮賦》。」意思是,唐朝寶曆年間,統治者大興土木,過著聲色犬馬的奢靡生活,官場風氣和社會風氣都不太健康,所以他才寫了《阿房宮賦》予以批評。

阿房宮是秦始皇所建的宮苑,據史書記載,其建築極盡奢華,充分表現了秦始皇的殘暴荒淫。唐敬宗登基之初就大興土木,公然步秦始皇的後塵,使原本就江河日下的晚唐朝政更加脆弱不堪。唐敬宗這個人,堪稱晚唐時代的「頑主」——他絕對是一個玩樂高手,絕對不適合當皇帝。

唐敬宗名李湛,登基後根本不把國家大事放在心上,一心追求享樂。比如,他就連皇帝例行的早朝都不能堅持下來。一次,群臣來到朝堂準備入閣議事,可是敬宗一直到日上三竿還沒有上朝。大臣們只得乾等,左等右等,皇帝就是不來,有的大臣在朝堂上站得太久了,直接就昏倒了。這個時候,唐敬宗才當上皇帝不久,剛登基就如此任性,你說讓人多失望吧!諫議大夫李渤對唐敬宗提出了勸諫,唐敬宗在大臣的催促下才姍姍來遲。退朝以後,諫官左拾遺劉棲楚對皇帝更是極力勸諫,他頭叩龍墀,血流不止。敬宗當時表現出很受感動的樣子,但過後仍不改。對他來說,上早朝簡直是比上戰場還可怕的一件事,發展到後來,他一個月也難得

上朝兩三次。皇帝都帶頭「罷工」「懶政」，國家如何治理得好？

唐敬宗對朝政不負責，卻對聲色狗馬的玩樂興趣大增。寶曆元年（公元825年）十一月，唐敬宗突然想去驪山遊幸，大臣們都極力勸阻，他就是不聽。拾遺張權輿在大殿叩頭進諫，還說：「從周幽王以來，遊幸驪山的帝王都沒有好的結局，秦始皇葬在那裏，國家二世而亡，玄宗在驪山修行宮而安祿山亂，先帝（穆宗）去了一趟驪山，享年不長，回來就駕崩了。」

唐敬宗聽了這話，反倒引發了更大的興致：「驪山有這麼兇惡嗎？越是這樣，我越是應當去一趟來驗證你的話。」到驪山遊玩之後，他還對身邊的人說：「那些向朕叩頭的人說的話，也不一定都可信啊！」絲毫不把臣下的意見當回事。

唐敬宗還喜歡到魚藻宮觀龍舟競渡，有一天突然給鹽鐵使下詔，他要造競渡船30艘，要求把木材運到京師修造。這一項的花費總計要用去當年國家轉運經費的一半，諫議大夫張仲方等力諫，他才答應減去一半。

唐敬宗還喜歡打馬球，他不但自己玩，還要求禁軍將士、三宮內人都要參加。寶曆二年（公元826年）六月，他在宮中舉行了一次體育盛會，馬球、摔跤、散打、搏擊、雜戲等，項目很多，參加者也很踴躍。最有創意的是，唐敬宗命令左右神策軍士卒，還有宮人、教坊、內園分成若干組，騎著驢打馬球，史書記載這一天唐敬宗的興致很高，一直折騰到夜裏一二更才結束這次「體育盛會」。

唐敬宗還喜歡打獵，他覺得白天打獵不過癮，就深夜帶人捕狐狸，稱之為「打夜狐」。種種跡象均表明，

唐敬宗的心思全都用到了玩樂上，他在玩樂上也確實頗有「創意」，玩得花樣翻新。他是一位馬球高手，還善手搏，對摔跤、拔河、龍舟競渡之類的遊戲也是樂此不疲。放在今天，他若參加個娛樂達人秀之類的電視節目應該有不錯的表現，可是他當皇帝可就太糟糕了。他喜歡豢養大力士，這些人既做他的保鑣，又負責陪他玩。

可是，唐敬宗一旦玩得盡興，就沒有任何理智了。哪怕是對待自己豢養的大力士，他也是動輒就將其配流、籍沒；他身邊的不少宦官稍有過錯，也遭到捶撻、重罰。皇帝當得這麼「任性」，搞得身邊人都不堪忍受。最終，唐敬宗也因肆無忌憚的玩樂而命喪黃泉。

寶曆二年（公元 826 年）十二月初八日辛丑，敬宗又一次出去「打夜狐」，回宮之後，興致盎然，又與宦官劉克明、田務澄、許文端以及擊球軍將蘇佐明、王嘉憲、石定寬等 28 人飲酒。劉克明、蘇佐明這些陪他玩的人，時刻提著小心，怕遭嚴懲，於是，他們乘唐敬宗入室更衣之際同謀將其殺害，這一年，唐敬宗只有 18 歲，當皇帝的時間也僅有兩年。

◎ 觀點提煉

晚唐時期的黨爭

唐朝晚期的黨爭並沒有什麼實質上的理念之爭、路線之爭，爭鬥的實質就是爭權奪利。雙方越鬥越水火不相容，一派上台，必將另一派「趕盡殺絕」。

唐武宗時，李黨首領李德裕入朝為相，他立馬利用手中的大權打擊牛黨大佬牛僧孺和李宗閔。他以各種藉口，在不到兩個月的時間裏，三次貶牛僧孺和李宗閔，將他們分別流放到循州（惠州）和封州。

後來，唐宣宗即位，牛黨頭目白敏中受到重用，他執政時又打擊報復李黨人士，「凡德裕所善，悉逐之」，即凡是跟李德裕關係好的朝臣，一律遭到清除。白敏中羅織李德裕的罪狀，將其貶為潮州司馬，隨後又貶為崖州司戶參軍。李德裕經不起這樣的嚴厲打擊，死掉了。

牛李黨爭時，朝臣的命運完全與「站隊」捆綁在了一起。牛黨領袖做宰相時，牛黨一派的官員就可以加官進爵，平步青雲。可是，當宰相換成李黨領袖時，那麼，牛黨一派的官員就會遭到貶黜、打擊，騰出的位子則就讓給了李黨人士。

有個李黨成員叫李讓夷，他靠同黨引薦，當上了中書舍人。後來，李德裕失勢，李讓夷也跟著遭到貶斥。唐武宗初期，李德裕再次當上宰相，李讓夷也隨之連升三級，由尚書右丞提拔為中書侍郎、同平章事。

牛黨成員李漢的命運亦是一樣，他「尤為李德裕所憎」。在牛黨得勢時，他官職連升，最後升為吏部侍郎。可在此時，牛黨領袖李宗閔得罪了皇帝，被「罷相」。李宗閔被罷相後，李漢隨之被貶為汾州刺史，「二十三年

不得錄用」，直到死也沒有再回到京城。

著名詩人白居易也受到牛李黨爭的牽連。白居易並未加入到黨爭之中，他只是以詩文會友，與牛黨成員有交往而已。可就是這樣，他還是招致了李德裕的嫉恨。當唐武宗想重用白居易時，李德裕就在唐武宗面前說白居易的壞話，說他有重病，不堪重用。結果，唐武宗改變了主意，白居易也就沒能得重用。

牛李黨爭的背後，還有宦官勢力參與其中，兩黨人士都藉助宦官來打擊異己。比如，牛黨領袖李宗閔勾結宦官王踐言，以此來排擠李德裕。而李德裕則討好宦官楊欽義，兩人合力排擠牛黨。此外，牛李黨爭還和藩鎮之間有著千絲萬縷的聯繫。有支持牛黨的藩鎮，也有支持李黨的藩鎮。牛黨得勢時，有一些藩鎮拍手稱快，而另一些藩鎮則心懷不滿；待李黨得勢時，情況恰好反過來。如此一來，黨爭、宦官、藩鎮三股痼疾搞得唐朝政局十分混亂，元氣大傷。

關於牛黨和李黨的黨爭問題，陳寅恪在《唐代政治史述論稿》中指出，牛黨成員多是通過科舉入仕的官員，而李黨成員則多出身士族，兩黨之爭是士族和庶族之間的權力鬥爭。可是，《劍橋中國隋唐史》一書通過更精確的實證指出：兩黨在科舉出身和士族出身的人數上是旗鼓相當的，兩黨之爭並非「士庶之爭」。後來又有學者對兩黨成員的出生地進行統計分析，得出的結論是：李黨成員主要是山東士族，牛黨成員主要是關隴士族，兩黨之爭完全是士族內部的鬥爭，或可稱為山東派與關隴派之間的郡望之爭。不過有一點是可以肯定的：不論牛黨和李黨如何爭鬥，爭來爭去，全無勝者。黨爭惡化了唐朝的官場風氣，進一步加速了唐朝滅亡的速度。

帝國第三期
——宋元

五代十國：唐宋之間的混亂時代

朱溫篡唐建梁，標誌著五代十國時期的開始。五代十國時期，實質上是唐朝晚期藩鎮割據的延續。

這個時期，在黃河流域地區相繼建立了梁、唐、晉、漢、周五個王朝，為了區別以前已有的王朝，歷史上稱他們為後梁、後唐、後晉、後漢、後周，這便是所謂的「五代」。「十國」是指在南方建立的前蜀、後蜀、吳、南唐、吳越、閩、楚、南漢、南平（荊南）、北漢等十個割據政權。我們先簡單地說說「五代」，然後再說「十國」。

朱溫建立後梁之後，連年征戰，橫徵暴斂，導致了民眾暴動，統治就此衰落。沙陀人李克用之子李存勗滅掉了存在十六年的後梁，建立了後唐王朝。李存勗在歷史上被稱為唐莊宗，他很有軍事才能，統一了中國北方，但他不善於治國，不久就死在了兵變中。李克用的養子李嗣源隨後登上皇位。此人比較明智，統治後唐時推行休養生息的政策，使北方經濟有了一定的發展。不過好景不長，後唐也陷入到了內亂之中。

李嗣源的女婿、河東節度使石敬瑭趁後唐內亂之機，以割讓燕雲十六州為代價，換取契丹人對他的支持。他勾結契丹軍隊，推翻了後唐王朝，建立了後

晉。更為可恥的是，為了鞏固自己的帝位，石敬瑭竟然自稱「兒皇帝」，稱契丹的耶律德光為「父皇帝」。這種自稱「兒皇帝」的做法，把他釘在了歷史的恥辱柱上。

但「兒皇帝」的日子並不好過，他要對「父皇帝」小心侍奉，稍有不恭，就要受到斥責。六年後，石敬瑭死去。他的後繼者稱帝五年，「父皇帝」耶律德光還是發兵南下，滅掉了後晉王朝。公元 947 年，耶律德光在開封稱帝，將契丹的國號改為遼，然後引兵北還。

後晉的河東節度使劉知遠在遼太宗耶律德光北返後，建立了後漢王朝，隨後奪取了開封，並將都城定在那裏。

後漢王朝只存在了四年，就被鄴城（今河北大名縣）留守郭威所推翻。郭威建立了後周王朝，即周太祖。他是一個比較靠譜的統治者，經過他的治理，後周的社會面貌為之一新。郭威死後，繼承者為周世宗柴榮，他也是一位難得的政治家，一面改革政治，一面準備統一。他自己規劃，要做三十年的皇帝，用十年的時間來開疆闢土，用十年的時間來休養百姓，再用十年的時間來開創太平盛世。可惜的是，他本人在位僅僅五年就去世了。又過了五年，發生了著名的陳橋兵變，趙匡胤篡奪後周王朝，建立了宋朝。

在北方改朝換代之際，南方的十個割據政權，利用有利時機發展經濟。吳越和南唐地處富庶的長江中下游，在各個割據政權中堪稱「地大力強，人才眾多」，他們經過二十多年的發展，經濟和文化都呈現出一派繁榮的景象。

在四川一帶的前蜀、後蜀在這一時間也有很大發展，原因就在於：動亂之世，大批文人學士從中原地區避難蜀地，為這裏帶來了發達的中原文化。

最令人刮目相看的，當屬錢鏐治理下的吳越國。生逢亂世，錢鏐深知小國處境艱難，在外交上極力斡旋，不惜放低身段，「以小事大」。他通過這種外交上的努力，換得了吳越國的和平發展環境。在國內，他發動民眾構築捍海石塘，設置龍山閘、浙江閘，治理內澇 —— 為了紀念錢鏐沿江建造石堤的功績，後人就把他治理過的這條河叫錢塘江。錢鏐還擴建都城杭州，修建城內的道路、市場，還擴建靈隱寺，新建了昭慶寺、淨慈寺、靈峰寺、雲棲寺、六通寺等，後來杭州有名的雷峰塔、六和塔、白塔等也都興建於此時。錢鏐治理吳越時取得的良好成績，為後來南宋在杭州建都奠定了基礎。

「五代」均在北方的黃河流域，「十國」則多在長江以南。在史書上，多奉「五代」為正統，原因就在

於他們的政權「上承唐，下啟宋」，其實，「五代」加在一起只有五十四年的時間，卻有六姓、十三君，可見政權更迭之頻繁，此正可說明那時的北方中國實實在在是一個亂世。與之相比，「十國」則國運更長些，治理也較「五代」更有成效。也就是說，經過這一階段之後，北方愈加遭到了破壞，而南方則得到了一定的發展。自此之後，中國的北方開始全面落後於南方。

李克用的三支箭

　　唐朝末年爆發了黃巢起義，為了鎮壓起義軍，唐朝不得不藉助沙陀人的勢力。沙陀將領李克用就此崛起，他因幫助唐朝鎮壓黃巢起義有功，被封為晉王。

　　公元 908 年，晉王李克用病死。臨死前，他交給兒子李存勖三支箭，囑咐他要完成三件大事：一是討伐燕王劉仁恭，原因是李克用曾向唐朝保薦劉仁恭為盧龍節度使，可後來劉仁恭卻反過來出兵打敗了李克用，依附了李克用的仇敵朱溫。二是征討契丹。原來，李克用曾在公元 907 年與契丹首領耶律阿保機結拜為兄弟，結成軍事同盟，相約一起進攻朱溫。可是後來，耶律阿保機背叛了約定，與朱溫通好，共同對付李克用。第三件大事就是要消滅宿敵朱溫。朱溫曾邀請李克用赴宴，趁機將其灌醉，然後想放火燒死他。李克用幸得屬下相救才僥幸免死。另外，兩人爭奪天下，朱溫最後勝出，並篡唐建梁。

　　這三支箭就是李克用的三條政治遺囑。李存勖將三支箭放在精製的絲套裏，鄭重地供奉在家廟裏，每次出征就派人取來，帶著上陣，等打了勝仗，再送回家廟。這樣的做法大有越王勾踐臥薪嘗膽的意味，從這裏也可看出，李存勖並非凡人。

　　李存勖是李克用的長子，自幼擅長騎射，膽力過人。李存勖成年後英勇善戰，還喜愛音樂、歌舞等，堪稱多才多藝。

　　父親病死之後，李存勖承襲晉王之位。他憑著出色的軍事才能，於公元 911 年在高邑（河北高邑縣）打

敗了朱溫的五十萬大軍。接著又攻破燕地，將劉仁恭和他的兒子劉守光活捉，押回太原。三年後，他又大破契丹，打敗了耶律阿保機的軍隊。很快，河北各州縣已盡歸李存勗所有。公元923年，李存勗在魏州（河北大名縣東北）稱帝，國號為大唐，史稱後唐，不久遷都洛陽。同年十二月後唐滅掉後梁，統一了北方。可以說，經過十多年的征戰，李存勗基本上完成了父親的遺願。

如果只看前半段，李存勗的人生堪稱是一個完美的勵志故事。可是，在建立後唐之後，李存勗的人生就發生了逆轉。他是軍事上的強人，卻是治國方面的弱者。稱帝以後，李存勗認為父仇已報，中原已定，便開始享樂。他自幼喜歡看戲、演戲，即位後，常常面塗粉墨，穿上戲裝，登台表演，不理朝政，並自取藝名「李天下」。

他寵信伶人，導致伶人傲視群臣、諸將。眾人敢怒不敢言，有的甚至反過來巴結伶人。伶人中為害最深的就是景進。景進大進讒言，陷害忠臣良將，干預朝政。李存勗還用伶人做耳目，去刺探群臣的言行。李存勗寵信伶人的做法激起了將士們的不滿，為日後的兵變埋下了伏筆。

公元926年，李存勗聽信讒言，冤殺了大將郭崇韜，另一戰功卓著的大將李嗣源也險遭殺害。這年三月，李嗣源在將士們的擁戴下發動叛亂，率軍進攻洛陽。李存勗倉促之中率軍去鎮壓。但大軍行至中牟縣時，聽說李嗣源的軍隊已經進入了汴京，李存勗又急忙返回洛陽，可路上兵士逃走了一半。回到洛陽後，他試圖抵抗李嗣源的進攻，但此時軍心已散。一天，李存勗正用早餐。他的近衛軍在指揮使郭從謙的率領下又發動

了兵變，叛亂的士兵殺入宮內，亂箭射死了李存勗。諷刺的是，這個郭從謙原本就是一個伶人，正是李存勗將他提拔為指揮使的。

針對李存勗的悲劇，宋代大文豪歐陽修寫下了「憂勞可以興國，逸豫可以亡身」的警句，意思是，憂思辛勞可以使國家興盛，而貪圖享樂則可使自己滅亡。李存勗的人生，前半段注解的是「憂勞可以興國」，後半段則恰可說明「逸豫可以亡身」。

契丹的崛起

契丹原本是鮮卑族的一支，北魏時期，它從鮮卑族宇文部中分離出來，主要活動在今內蒙古赤峰市和遼寧西部的廣大區域。隨後，契丹族分為悉萬丹、何大何、伏弗鬱、羽陵、日連、匹絜、黎、吐六於八個部落，各部落平時逐水草而居，過著遊牧生活，並與北魏建立了朝貢關係。

隋朝時，契丹族分別依附於隋朝和突厥，繼續遊牧於遼西地區。大業元年（公元 605 年），契丹族南下營州（今遼寧朝陽）地區時，遭到突厥的襲擊，四萬人被俘，受到重創。

到了唐朝貞觀年間，契丹諸部歸附唐朝。唐設松漠都督府（今內蒙古巴林右旗南），任命契丹部落聯盟首領窟哥為左領軍將軍兼松漠都督府都督，賜姓李，管理契丹事務。

契丹舊制，部落聯盟首領可汗及八部酋長夷離堇（也稱大人、大王），每三年推選一次。隨著社會經濟的發展，這種三年推選一次酋長的舊制逐漸遭到破壞。

唐末國勢衰微，契丹族趁勢興起。未經唐朝許可，他們即自選迭剌部夷離堇及可汗，耶律阿保機就是在這種情況下脫穎而出的。公元 901 年，耶律阿保機擔任迭剌部夷離堇，當年他就率部連破室韋、六奚諸部，隨後又被任為總理軍政事務的大迭烈府（部）夷離堇，次年攻掠河東、代北，第三年討伐女真，又劫掠河東、薊北。隨著契丹勢力日益強大，耶律阿保機也升任為最高官職于越，總知軍國事，成為遙輦氏痕德堇可汗手下的

實際掌權者。此後耶律阿保機又擊敗唐劉仁恭的大軍，聲威大震。

公元 905 年，耶律阿保機與唐河東節度使、晉王李克用結盟。次年，積極進行篡位的梁王朱溫也派使臣與耶律阿保機互聘。於是，依靠強大的軍事力量及日益增高的聲望，耶律阿保機於公元 907 年當上了契丹新可汗，取代了「不任事」的遙輦氏痕德堇可汗。

耶律阿保機擔任契丹可汗後，繼續擴展勢力，建立並完善了契丹的政治制度，吸收漢族文化，發展農墾，建立州縣，以漢制統治漢人。公元 916 年，耶律阿保機稱帝，正式建立契丹國，定都臨潢府（今內蒙古赤峰市巴林左旗林東鎮南），隨後又創建契丹文字。耶律阿保機便是遼太祖。

耶律阿保機於公元 925 年東征渤海國，統治渤海遺民，冊立皇太子耶律倍為東丹王。耶律阿保機還想南征中原，但天不假年，他於公元 926 年病逝。

耶律阿保機病逝後，他的妻子述律平攝政，以次子耶律德光總攬朝政。公元 927 年，耶律德光即位，即遼太宗。

公元 936 年，後唐發生內亂，河東節度使石敬瑭自稱「兒皇帝」，以割讓燕雲十六州為條件，請求耶律德光支援他攻打後唐。耶律德光遂親率五萬騎兵，在晉陽、洛陽等地擊敗後唐軍隊，協助石敬瑭滅掉了後唐，石敬瑭得以建立後晉。契丹國得到燕雲十六州後，勢力大增。

公元 944 年，後晉出帝石重貴即位，他不願向契丹臣服，上表稱孫不稱臣。遼太宗趁機率軍南下，於公元 947 年攻克後晉首都開封，後晉亡。契丹國至此又佔領

大部分的中原地區。二月，耶律德光改國號為大遼，遼朝正式成立。雖然遼太宗有長久經營中國的意圖，然而契丹士兵掠奪百姓財物，招致中原人民的強烈反抗。於是，耶律德光被迫引軍北返，最後在河北欒城病逝。

耶律德光之後，遼國政局一度陷入內亂之中，其勃興的勢頭受到了影響。不過此時的契丹已然形成了一個非常有實力的國家。此時的遼代朝廷多用漢人，不少皇帝也通漢學，其對中國文化學習的態度也算真誠。對此，錢穆先生曾說：「以耶律德光與石敬瑭、劉知遠相較，一樣是胡人，一樣不了解中國傳統文化，然而耶律德光的政治成績要比石敬瑭、劉知遠好得多。此因耶律德光誠心誠意想模仿中國，而石敬瑭只是想用兵力霸住地位。此正是唐藩鎮與五胡之相異點。因一面有理想求上進，一面無理想只求霸佔。所以想上進者，因其為一部族中之優秀領袖，能知為遠大長久之計。所以只想霸佔者，因其本來出身於行伍，徒藉兵強馬壯，非有遠志。」錢穆先生的這個論斷，很是耐人尋味。在統治者都缺少必要文化涵養的情況下，誰能開創一番大基業，往往就要看誰有理想，有追求。

從陳橋兵變到《澶淵之盟》

自唐末藩鎮割據直到五代，割據一方的軍閥通過發動兵變稱帝已形成一種風潮，後唐李嗣源是通過這種方式當上的皇帝，後周郭威也是通過這種方式當上的皇帝。現在又輪到趙匡胤用這種方式當皇帝了。

趙匡胤為了當皇帝發動的這場兵變更有名，那就是陳橋兵變。

陳橋兵變是在一夜之間發生的事，但之前的背景也有必要了解一下。公元 959 年，正謀劃著攻取幽州的後周世宗柴榮突然病逝，年僅 39 歲。柴榮駕崩後，年僅 7 歲的兒子柴宗訓繼承了帝位，是為後周恭帝。

公元 960 年正月初一，忽然傳來遼國要大舉進攻後周的消息。後周朝廷趕緊派大將趙匡胤前去迎敵。不料趙匡胤卻託言兵少將寡，不能出戰。無奈之下，朝廷只得將最高軍權託付給趙匡胤，給予他調動全國兵馬的大權。於是，趙匡胤統率大軍從東京城（今河南開封）出發，趕赴前綫。當部隊趕到開封北面的陳橋驛時，兵變發生了。此時為公元 960 年正月初三。

這一天的清晨，尚在睡夢中的趙匡胤被一陣嘈雜的人聲吵醒，他還沒來得及穿好衣服，房門就被人打開了。然後，就有人（趙光義和趙普）將一件皇帝穿

的黃袍披在了趙匡胤的身上。

睡眼惺忪的趙匡胤將目光投向門外，只見一大群士兵已經齊刷刷地跪倒在地，口中高喊：「萬歲！萬歲！」

此時，趙匡胤做出被迫無奈的樣子，以很不情願的口吻對部下說：「你們自貪富貴，立我為天子，能從我命則可，不然，我不能為若主矣。」

擁立者當然一致表示「唯命是聽」。

於是，趙匡胤當眾宣佈，我們不去前綫打遼國了，先回開封稱帝，同時與部下約定，對後周的太后和小皇帝不得驚犯，對後周的公卿不得侵凌，對朝市府庫不得侵掠，服從命令者有賞，違反命令者族誅。

就這樣，趙匡胤率兵變的隊伍回師開封，把小皇帝柴宗訓請下寶座，自己做了皇帝，並改國號為宋。大宋王朝建立了，趙匡胤也就成了宋太祖。

正史上敘述的陳橋兵變，彷彿趙匡胤是被部下脅迫，在萬不得已的情況下才稱帝的。這種情況可以套用一句流行語言形容：「還沒來得及思考，美好的事情就發生了。」不過也有史學家認為，整個陳橋兵變都是趙匡胤事先策劃好的，他只不過是臨時裝出被迫無奈的樣子，以掩飾自己的篡位野心罷了。

趙匡胤靠兵變篡奪了後周孤兒寡母的江山，自己

這麼奪了別人的江山，他也怕別人效仿，用同樣的辦法篡奪大宋的江山。出於對手握重兵的開國武將的忌憚，他就又導演了一幕「杯酒釋兵權」的戲碼。趙匡胤大擺筵席，請開國的武將們來赴宴。宴席之上，他對石守信、高懷德等高級將領說：「若不是靠你們出力，我是做不了皇帝的，為此我很感念你們的功德。但做皇帝也太艱難了，我現在整個夜晚都不敢安枕而臥啊！」

石守信等人駭然，忙問其故，趙匡胤繼續說：「這不難知道，我這個皇帝的位子誰不想要呢？」

石守信等人聽出話中有話，連忙叩頭說：「陛下何出此言，現在天命已定，誰還敢有異心呢？」

宋太祖說：「不然，你們雖然無異心，然而你們部下想要富貴，一旦把黃袍加在你們身上，你們即使不想當皇帝，到時也身不由己了。」

諸位開國將領趕緊懇請皇上給他們指一條明路。

趙匡胤告訴他們：「人生苦短，人們所求的不過是富貴。我看你們不如交出兵權，多置良田美宅，好好享受人生，也為子孫掙得一份永久的產業。這樣，我們君臣之間兩無猜疑，上下相安，不是很好嗎？」

第二天，石守信、高懷德等開國將軍就紛紛上表，稱自己有病，要求解除兵權，趙匡胤欣然同意。

這就是歷史上有名的「杯酒釋兵權」。

通過杯酒釋兵權，宋太祖趙匡胤將兵權從開國武將的手中收回，消除了造成五代十國混亂局面的藩鎮割據制度。與此同時，趙匡胤還將地方的財權和官員任免權都收歸了中央。如此一來，中央集權的帝國體制重新走上正常軌道。

完成了中央集權之後，趙匡胤將南方的割據政權一一征服。公元 976 年，宋太祖趙匡胤駕崩，他的弟弟趙光義繼位，是為宋太宗。公元 979 年，宋太宗成功征服了山西境內最後一個地方割據勢力 —— 北漢，完成了統一中國的任務。

宋太宗還想著奪回契丹人佔領的關內領土，遂發兵進攻遼國佔據的幽州地區。但宋太宗的這次北征行動失敗了，宋軍大敗，宋太宗本人也中箭潰逃。但他並不甘心，在公元 986 年再次進攻契丹。這次，宋軍還沒有到達幽州，就在今天的北京和保定之間，被契丹人擊敗了。契丹軍隊乘勝追擊，一路進攻到河北南部。

宋太宗兩次進攻契丹失敗後，戰爭的主動權轉到了契丹人統治的遼國手中。到宋太宗的兒子宋真宗當皇帝的時候，契丹人繼續入侵中原，一直進攻到黃河邊上，逼近宋朝的都城開封。一時之間，北宋朝廷

不知所措，是戰是和，動搖不定。幸好，在主戰派大臣寇準的堅持之下，宋真宗趕赴澶淵（今河南濮陽市西），坐鎮指揮。宋真宗御駕親征，極大地激發了守城將士們的士氣，挫敗了契丹人的攻勢，遼國大將蕭撻凜在視察地形時還被宋軍的床子弩射死。

契丹人進攻受挫，只好向宋朝發出議和的請求。於是雙方締結了澶淵之盟。兩國稱兄道弟，宋每年送給遼歲幣銀 30 萬兩、絹 20 萬匹。而遼國則從新佔領的河北南部地區撤軍，向北退到今天的北京至大同一帶。

《澶淵之盟》簽訂之後，宋、遼之間一百多年沒再發生戰爭，雙方禮尚往來，通使殷勤。遼國發生饑荒，宋朝會派人去賑濟，宋真宗崩逝，遼聖宗也「集蕃漢大臣舉哀，后妃以下皆為沾涕」。

以前，曾有史書認為《澶淵之盟》是宋人簽訂的一個屈辱的條約。今天看來，這種觀點恐怕要加以修正。《澶淵之盟》對雙方來說都有收穫，遼國得了財物，宋朝也收回了一部分領土。尤其是，條約簽訂之後確實達到了實現長久和平的目的。因此，我們與其說《澶淵之盟》是宋人軍事上和外交上軟弱的表現，不如說它正是宋朝「以財富換和平」外交策略的一次具體落實。

燭影斧聲和金匱之盟

公元 976 年，宋太祖趙匡胤駕崩，其弟趙光義即位。在這場權力交接的過程中，就有了一樁「斧聲燭影」的疑案。

這一年的十月十九日夜，陰風呼嘯，霰雪紛飛。宋太祖趙匡胤召弟弟趙光義進入宮中，兩人置酒對飲，並令宦官、嬪妃全部退下。

退到遠處的宦官透過燭影看到，趙匡胤和趙光義兄弟兩人時而暢飲，時而交談，時而趙光義又離席做謙讓之狀。

兄弟二人的飲酒交談持續了非常長的一段時間。三更都過了，這場夜飲還未結束。此時，殿外都已積下了一層厚厚的雪。忽然，宦官們從燭影中看到宋太祖趙匡胤手持柱斧（一種文房用具）擊地，同時對趙光義高喊兩聲，「好做！好做！」然後便解衣就寢，鼾聲如雷。這天夜裏，趙光義也留宿在了宮中。將近五更的時候，宦官們發現宋太祖趙匡胤的房中寂靜無聲，進去一看，發現趙匡胤已暴斃。

宋太祖趙匡胤在斧聲燭影之中暴斃，實乃千古難解之謎。有人說，宋太祖趙匡胤的死因是飲酒過量導致猝死；也有人說，是趙光義為了奪取皇位謀害了哥哥趙匡胤。但不管怎麼說，宋太祖駕崩之後，趙光義以弟弟的身份繼承皇位，是為宋太宗。

宋太宗繼承皇位之後，曾於公元 979 年北征契丹，結果大敗。宋軍潰敗之際，朝廷不知宋太宗本人是死是活，有人又準備擁立宋太祖趙匡胤的兒子趙德昭為新

帝。宋太宗回來之後，非常害怕，後來乾脆逼死了趙德昭。兩年之後，趙匡胤的另一個兒子趙德芳也不明不白地死去，年僅 23 歲。

趙匡胤兩個兒子的非正常死亡，再加上此前的燭影斧聲事件，顯然讓人對宋太宗趙光義產生懷疑，這種懷疑甚至足以動搖其執政的合法性。不過，在趙光義當上皇帝的第六年，趙普獻上一份密奏，趙光義的這塊心病隨之藥到病除。趙普在密奏中稱，早在公元 961 年，宋朝杜太后（也就是趙匡胤、趙光義、趙光美的生母）病重，太祖趙匡胤在旁侍疾，杜太后臨終時召趙普入宮記錄遺言，交代未來的皇位繼承問題，勸說宋太祖趙匡胤死後傳位給弟弟趙光義。這份遺書藏於金匱之中，名為「金匱之盟」。

金匱之盟到底是真是假，歷來眾說紛紜。如果說它是假的，正史上有白紙黑字的記錄。可如果說它是真的，那如此重要的東西，為什麼不在宋太祖趙匡胤死後的第一時間就拿出來？這也著實不合常理。

就宋朝當時的情況而論，金匱之盟的出現對於趙光義來說顯然有雪中送炭之效。既然宋太祖趙匡胤傳位給弟弟趙光義是奉母命而為，那麼趙光義不但擺脫了謀害哥哥的嫌疑，而且繼承帝位也是名正言順的，其執政的合法性隨之堅不可摧。

由於燭影斧聲和金匱之盟均有種種疑點，不能證實，亦不能證偽，史學界將二者與陳橋兵變合在一起，稱為「宋初三大疑案」。

大宋王朝的「蝴蝶效應」

現代模糊學有一種叫「蝴蝶效應」的理論，其形象的說法是：南半球一隻蝴蝶偶爾扇動翅膀所帶起來的微弱氣流，幾星期後竟變成了席捲美國德克薩斯州的一場龍捲風！原理就是，一件事物的初始狀態非常重要，初始狀態的極微小差異，往往會導致發展過程和結果的極大不同。對宋朝來說，陳橋兵變和杯酒釋兵權就是蝴蝶扇動的兩隻翅膀，它明確無誤地確立了宋朝重文輕武的立國原則。這一原則深刻地影響了整個宋朝的國運。宋朝後來在經濟和文化上所取得的巨大成就與這一原則有關，宋朝後來在對外關係上的積弱不振也與這一原則有關。

宋太祖趙匡胤是由士兵擁立而當上皇帝的，但他稱帝之後第一要務就是想盡辦法抑制武將的權力。為了壓制武將，宋朝就優待文人士大夫，讓文人永遠壓在武人頭上。宋太祖趙匡胤立有祖制：「不殺大臣及言事官。」這是一項極重要的政治遺囑。兩宋三百多年，歷代皇帝都忠實地執行過這項祖制，對文人持一種少有的寬容態度。對於優待文人的理由，趙匡胤曾對宰相趙普說：「五代方鎮殘虐，民受其禍。朕今選儒臣幹事者百餘，分治大藩，縱皆貪濁，亦未及武臣一人也。」意思是，藩鎮割據在五代時期造成的危害實在是太嚴重了，我大宋王朝堅決不能重用武人，轉而重用文人，文官即便貪污腐敗，其危害性也不及武將的十分之一。

為了顯示對文人的優待，宋朝尤其重視科舉。唐朝時期，文人中進士後還要再通過吏部的考試才能獲得官

職，但到了宋朝，考中進士者立即進入仕途。另外，唐朝錄取進士，每年三四十人，多者不過百。到了宋朝，錄取進士的人數大大增加了。太平興國二年（公元977年），宋朝錄取進士多達七百人。錄取進士的人數多，考進士的人數當然就更多了。太平興國八年（公元983年），應進士試者多達一萬零二百六十人，淳化二年（公元991年）更是多達一萬七千三百人。

宋朝是文人的黃金時代，士人狀元及第，是一件無上光榮之事。皇帝往往會親自主持殿試，得進士者即為天子門生。若名次靠前，則必能在官場中快速升遷。因此，每當殿試後產生新狀元，自公卿至庶民，無不前來圍觀。

宋朝如此優待文人，不僅很快就營造出了重文輕武的社會氛圍，而且還造就了一套成熟的文官制度。皇帝在中央牢牢控制著軍權、財權和用人權，然後用飽讀詩書的文人去處理具體的行政事務，代替皇帝治理地方。這種文官制度顯然比以前的貴族政治更為公正、合理，也比唐末至五代時期的藩鎮割據局面更加安全。在宋朝之前，常有大將、后妃或者重臣奪權篡位的事情發生，但宋朝成立之後，再無大將、后妃或權臣篡權的事件發生。另外，通過大規模科舉的方式選拔文官，成功地將大量人才（尤其是優秀的平民子弟）收羅到了政府之中。優秀的平民子弟可以通過科舉進入官場，參與到國家管理之中，這等於開通了底層人才上升的通道，不致造成社會階層板結、固化的弊端。所有這些，都使宋朝的政治比以前更加穩定，社會的經濟和文化也更加繁榮。

現在的史學界一致認為，宋朝的經濟和文化比唐朝還要繁榮。在宋朝開國的前六七十年，經濟持續增長，

整個社會也在文治思想的貫徹下呈現出蒸蒸日上的局面。宋朝的農業生產有了驚人的發展，在 11 世紀早期從越南引進了能快速成熟的雙季稻，宋朝還修建了許多大型的水利工程，擴大了水稻的種植面積，這些都極大地提高了稻米的產量。在宋朝，種茶、紡織、漆器、燒瓷等技術也日趨成熟，並得到了廣泛的推廣。中國古代著名的四大發明，其中就有指南針、火藥和活字印刷三大發明出現在宋朝，宋朝科技之強悍於此可見一斑。

商業貿易在宋朝得到了較好的發展，商業行會產生了，聚集大量人口的商業大都市也產生了。商業活動不僅局限在國內，而且還拓展到了國外。宋朝的茶葉和絲綢等商品深受遼、金、西夏等國的喜歡。宋朝從這些出口貿易中賺得的資金，不但足以償付給這些國家的「歲幣」，而且還可以購進北方的馬匹及其他物資。

商業經濟的飛速發展打破了自給自足的生產方式，使得整個社會出現了都市化和商業化的傾向。此外，隨著科舉制度的完善，大量平民子弟登上政治舞台，導致豪門貴族的政治影響日益黯淡，世襲的爵位在宋朝已顯得不那麼重要。由於整個社會重視文化和商業發展，相伴而來的是平等思想深入人心，高雅的文化和藝術追求開始受到空前的重視。可以這麼說，兩宋王朝最大的特點就是，在文治思想的指導下，整個社會向著商業化、都市化和平民化的方向邁進了一大步。兩宋王朝在哲學、史學、文學、繪畫、書法等各個文化領域均取得了驕人的成績。著名歷史學家陳寅恪先生就說：「華夏民族之文化，歷數千載之演進，造極於趙宋之世。」

當然，宋朝重文輕武的國策也造成了顯而易見的弊端，最明顯的就是軍事上的軟弱，由於宋太祖趙匡胤對

武人的深深忌憚，所以他在制度設計上就將統兵權和調兵權分開了，此舉使得「將不知兵，兵不知將」，將帥和士兵之間不能形成生死相依的親密關係，避免了武將發動兵變、顛覆政權的內憂。可是，這種制度設計也導致宋朝軍隊的戰鬥力比較低下，在對外作戰中多採取防禦的態勢，不能像漢朝和唐朝那樣具有主動出擊的強大軍事實力。軍隊戰鬥力低，就不得不大量招募兵員，兵員數量龐大，消耗了大量的軍費。另外，宋朝優待文人，不但給文官比較高的俸祿，而且還形成了冗官。冗官太多，消耗了宋朝大量的財政。冗官和冗兵與日俱增，最終導致國家從富強轉為貧弱。對此，錢穆先生說：「宋朝竭力想抑制武人，然而卻根本不能去兵。宋朝又竭力想提高文治，然而亦根本不能對文吏有一種教育與培養。結果雖有兵隊而不能用。兵隊愈不能用，則愈感兵隊之少而兵隊反日增。文臣雖極端優待，而亦得不到文臣之效力。結果，文臣氣勢日高，太阿倒持，文臣一樣像驕兵悍卒般，只來朘吸國家的精血。」

宋朝的變法

　　北宋王朝共有九個皇帝：宋太祖、宋太宗、宋真宗、宋仁宗、宋英宗、宋神宗、宋哲宗、宋徽宗、宋欽宗。在宋仁宗至宋神宗期間，北宋王朝進行了兩次變法運動，分別為范仲淹主持的慶曆新政和王安石主持的熙寧變法。這兩次變法主要都是因為宋朝的財政困難而引發的，而宋朝的財政困難，又與宋朝的「冗官」和「冗兵」兩大痼疾密切相關。

　　宋太祖趙匡胤建國之後，宋朝為了防止軍閥割據，就將行政權、財權、軍權都收歸中央，同時尚文抑武，用文官治國，處處提防武官。宋朝大開科舉，對考中科舉的文人授予官職，此舉導致官僚機構龐大臃腫，出現了很多「冗官」。此外，宋朝為了防止武將專權，實行「更戍法」，即士兵定期換防，這就不得不大量養兵。這種做法導致宋朝「兵多而不精」，軍隊中有大量的「冗兵」。「冗官」和「冗兵」消耗了宋朝大量的政府財政，致使宋朝財政每每入不敷出。

　　宋仁宗當政期間，宋朝與西夏作戰。戰事一起，宋朝的財政愈發窘困，幾乎到了要崩潰的邊緣。在對西夏用兵時，宋仁宗起用了范仲淹、韓琦，這兩個人經略西北很有成績。待西夏邊患解除後，宋仁宗遂任

命范仲淹、韓琦、富弼三人為相,並對三人施以特殊的禮遇,特開天章閣,召對賜坐,給筆札,讓他們當面奏疏,陳述富國強兵的改革方案。

退朝之後,范仲淹等人上奏了一份《十事疏》,詳細陳述了變法主張。范仲淹等人的變法主張,大致分三項:澄清吏治、富國強兵以及建立一套能讓賢能者上升、讓庸者退出的「黜陟」機制。這套變法的整體思路是:欲求強兵,必先富民;而欲行富民之政,必先從澄清吏治下手;而要想澄清吏治,就必須建立一套能者上、庸者下的機制。

對於范仲淹提出的變法主張,宋仁宗全部接受了,慶曆新政由此啟動。可是,范仲淹的改革主張引起了很多官僚的反對。宋朝有上百年的優待士大夫的傳統,官員有很多特權。范仲淹推行變法,首先就要罷黜不合格的官員,將其趕出待遇優厚的官僚隊伍,這不僅是動了官僚的奶酪,而且等於直接砸了一些人的飯碗。這樣一來,怎麼會沒人反對變法呢?

慶曆新政中有一項叫「擇官長」,就是選擇各路的轉運按察使,再讓他們負責來甄別下面的官吏。在選擇各路轉運按察使時,范仲淹翻閱班簿,發現不稱職的人就一筆勾去,毫不留情。

見范仲淹罷黜庸官如此決絕,富弼不無擔憂地

說：「一筆勾之甚易，焉知一家哭矣。」（您一筆把他的名字勾掉很容易，可他的一家人都要痛哭的呀。）

范仲淹回答：「一家哭何如一路哭耶？」（讓一家人哭總比一個地區的百姓都哭要好些吧？）

范仲淹堅決罷黜庸官的做法，對國家來說是十分正當的，可對一些官員來說卻是災難性的。官員是大宋王朝的既得利益集團，大多數的官員都不願意看到自己的特權被剝奪，他們就聯合起來毀謗新政，並指責范仲淹、韓琦、富弼、歐陽修等人是「朋黨」。

在官僚集團的反對之下，范仲淹於慶曆五年（公元 1045 年）被罷去參知政事之職，同一天，富弼被罷去樞密副使。不久，韓琦也被罷去樞密副使，歐陽修被罷去河北都轉運使。至此，主持變法改革的主要人物全被逐出朝廷，實行了僅一年的慶曆新政隨之失敗。

慶曆新政失敗後，宋朝的社會矛盾依然存在，土地兼併日益嚴重，宋朝的財政依舊空虛。很多人對這種積貧積弱的情況強烈不滿，要求改革的呼聲越來越強烈。正因如此，范仲淹被罷官不到三十年，一場規模更大、影響更深、爭議也更大的變法繼之而起，這就是王安石主持的熙寧變法。熙寧變法實際上可說是慶曆新政的繼續與深化 —— 這兩次變法的目標完全一致，都是為了實現富國強兵。

王安石絕對是北宋政壇上一個特立獨行的人物，他志向遠大，生活儉樸，道德學問都是一流的。他參加宴會時，吃菜只吃離自己最近的那一個，離自己遠的都懶得去碰。別人科舉中進士的時候都興高采烈，可王安石考中進士時十分淡定。據說，公佈科舉成績時，他連看都沒看，因為他早就認定自己是重任在肩的人物，區區一個科舉考試又算得了什麼？怎麼會考不過呢？果然，他輕輕鬆鬆地就以第四名的好成績高中進士。科舉成績這麼好，皇帝就想將他留在身邊，但王安石又一次顯示出了他的個性，他拒絕了人人艷羨的在皇帝身邊工作的美差，主動申請到基層去做官。在基層工作的官員經常要參加酒局，但王安石偏偏滴酒不沾。他的全部心思，都用在了調查研究之上。此外，王安石還研究古書典籍，著書立說，以大膽的思想重新解釋儒家經典。

公元 1067 年，宋神宗即位。這位年僅 20 歲的皇帝血氣方剛，心懷富國強兵的夢想，他久慕王安石大名，開始重用王安石，兩年後，他任命王安石為參知政事，實行全面的變法。

王安石一上台，便實施了一系列整頓財政、加強邊防的改革，史稱「王安石變法」，因為這一系列變法發生在北宋熙寧年間，也稱「熙寧變法」。

王安石變法內容主要也是三大項，針對宋朝財政空虛的問題，他從理財的角度實施了均輸法、市易法、青苗法、農田水利法、方田均稅法等，內容分別為：政府設立發運使，掌握各地的生產情況及政府的需要情況，按照「徙貴就賤，用近易遠」的原則，統一收購和運輸，以降低國家開支，是為均輸法。

政府在某項商品價格偏低時買進，以防穀賤傷農，然後再在等價格回升時賣出，這樣用行政手段調整物價的方法，既能穩定物價，國家又可從中獲利，是為市易法。

政府在每年青黃不接的時候向農民放貸，利息為20%左右，夏秋莊稼收穫之後再還本償息。此舉既可打擊高利貸者對農民的盤剝，又可增加國庫收入，是為青苗法。

政府鼓勵墾荒，興修水利，當地百姓可按貧富等級不同集資修建水利工程，也可向州縣政府貸款修建水利工程，是為農田水利法。王安石還派人重新丈量土地，按照土地質量的優劣分級徵收賦稅，是為方田均稅法。

針對宋朝兵多不精、國防力量太弱的現實，王安石實行了保甲法、裁軍法、保馬法、軍器監法。保甲法的內容是將鄉村農民加以編制，十家為一保，民戶

家有兩丁（即兩個成年男性）以上抽一丁為保丁，農閒時集中接受軍事訓練，寓兵於民，以提升國防力量。

針對宋朝軍隊冗兵太多的缺點，王安石實行裁軍法，規定士兵五十歲後必須退役，同時還對士兵進行各項測試，做禁軍不合格者改為廂軍，廂軍不合格者則改為民籍，用這種辦法裁減冗兵。

保馬法是將原來由政府僱專人監養的戰馬改為由保甲戶的百姓來替國家牧養。保甲戶自願養馬，政府則可免除養馬戶部分賦稅，此舉可為國家節省了大量的養馬費用。軍器監法是指要嚴格督造兵器，提高武器的質量。

在改革人才的選拔方式上，王安石則頒佈貢舉法，廢除明經科，而進士科的考試則以經義和策論為主，此外還增設了法科、武學、醫學等專科學校，以培養專門人才。在太學之內，則根據上、中、下三種不同基礎的學生進行有針對性的教學，是為太學三舍法制度。

王安石變法充實了政府財政，提高了國防力量，對豪強大戶的非法漁利行為也進行了有力的打擊，在一定程度上改變了北宋積貧積弱的局面。但是，變法在推行過程中由於用人不當及實際執行中的不良運作，給百姓造成了不同程度的傷害。

熙寧七年（公元 1074 年），天下大旱，大量流離失所的災民湧向都城開封。在重大的天災面前，人們懷疑是王安石的變法措施觸怒了上天。一位叫鄭俠的官員將災民的慘狀畫成《流民圖》，呈給宋神宗，並上疏請求罷除新法，疏稱：「但經眼目，已可涕泣，而況有甚於此者乎？如陛下行臣之言，十日不雨，即乞斬臣宣德門外，以正欺君之罪。」

宋神宗看了《流民圖》和鄭俠的泣血上疏後，「反覆覽圖，長吁數四」「是夕寢不能寐」。第二天，宋神宗下令開封府接受災民，發放救濟糧加以救助，同時暫停了向農民追索因青苗法、免役法而欠下的債務，方田均稅法和保甲法也一併罷除。宋神宗親下《責躬詔》，請求直言。恰巧，三日之後天降大雨，旱災解除。輔政大臣入內祝賀，宋神宗趁機將鄭俠所呈的《流民圖》和奏疏拿給他們看，這些大臣「再拜謝罪」。經過此事之後，王安石的變法措施被廢止，他本人也只好上表請求辭職。

熙寧八年（公元 1075 年），王安石再次拜相，但已經得不到更多支持，加上變法派內部出現了分裂，變法已無法推行下去。熙寧九年（公元 1076 年），王安石的長子王雱病故，王安石辭去宰相，從此隱居江寧（今南京），變法的各項措施陸續被廢。

對於王安石變法，自變法實施之日起就有很多爭論。這場變法取得了很大的成就，但問題也不少。對於變法失敗的原因，美國漢學家費正清在《中國：傳統與變遷》一書中說——

在歷史上，王安石也同王莽一樣，被視為「社會主義者」而毀譽參半，但他並不像王莽那樣關注社會平等的問題。他的某些改革，如分級徵收土地稅，降息貸款和免役諸法，在經濟、政治上都走在了時代的前面。其他一些措施，如政府控制物價和保甲制度不過是襲用前代的做法。他的變法自然引起了大地主、大商人和高利貸者這些既得利益者的堅決反對。由於大部分官僚也都是地主階級出身，他們同樣反對王安石變法。當時大多數的學者型政治家，如司馬光、歐陽修、蘇東坡等人都站在反對者的一邊，而王安石也一直受到正統派史學家的嚴厲指責。

不過，官員和學者們的反對並不是由於階級利益的原因，而是更為深刻地反映了當時這個官僚化國家的統治惰性。這種制度的僵化也是後世各朝的通病。同時，變法也在既定體制內部產生了混亂和失衡。因此，儘管王安石變法並未觸動

當時的根本制度，不過是對已往做法的反撥，但還是引發了尖銳的朋黨鬥爭，並且在後來的幾十年中愈演愈烈。1085 年神宗駕崩，守舊派上台後立刻廢除了新法。新舊兩派力量的對比發生了轉變，在黨爭中新法帶來的經濟、軍事利益於是付諸東流，而黨爭雙方後來也均為一場更大的政治災難所吞沒。

王安石變法的失敗，在某種程度上標誌著大宋王朝已經失去了自我革新、升級再造的能力，等待這個王朝的，也就只有滅亡的命運了。

宋朝的新舊黨爭

宋朝重文輕武，而文人又多有愛爭論的特點。

在王安石變法的過程中，宋朝就出現了新黨和舊黨之間的激烈爭論。新黨的代表人物是王安石，而舊黨的代表人物則是司馬光。

司馬光被譽為「醇儒」，是北宋時期著名的史學家和政治家，其道德文章備受後人讚譽。他少年早慧，七歲時就能熟讀《左氏春秋》，並做出了婦孺皆知的「砸缸救友」之事。司馬光和王安石都是一流的士人、頂天立地的君子，二人之間的爭論，絕非小人與君子之爭，而是君子之間的因政見不同而引發的爭論。比如就如何富國的問題，王安石主張開源，司馬光主張節流；王安石頒佈「青苗法」，司馬光則表示不同意見，認為官府靠權柄放錢收息，要比平民放貸收息危害更大。二人因政見不同而產生了激烈的爭論。

此外，王安石是南方人，他的變法主張代表著南方知識分子一種新興的激進氣息。中國幅員遼闊，南北方之間有很大的差異，王安石制定的一些變法措施，有些對於南方人有利，而對北方人則有害。司馬光是北方人，他對王安石變法中一些不利於北方的主張就尤其敏感。因此他就成了舊黨領袖，反對王安石變法。

公元 1085 年，宋神宗駕崩，宋哲宗即位。哲宗年幼，由祖母皇太后當政。皇太后向司馬光徵詢治國方略，司馬光建議「廣開言路」，並呼籲對貧苦農民不能再加重負擔，提出保甲法、免役法等是「病民傷國，有害無益」，請求廢除王安石當初推行的這些新政。

皇太后接受了司馬光的主張，並下詔令其回朝主政。司馬光主政之後，很快就廢除了王安石變法的各項政策。回朝主政僅一年，司馬光也去世了。

　　王安石和司馬光都是正人君子，兩人之間的爭論還屬政見之爭。但在他們之後，新黨和舊黨之間的「黨爭」非但沒有停下來，反而愈演愈烈，直到演化成了人事之爭、意氣之爭，雙方從面紅耳赤，吵到恨之入骨，到最後，連為什麼爭論都忘了，完全變成了為了打擊對手而爭，為爭權奪利而爭。舊黨得勢的時候，便把朝廷的新黨官員全部趕走；新黨得勢的時候，也會把舊黨的人物全部換掉。如此一來，宋朝政治在王安石變法之後就陷入到了黨爭的可怕泥潭之中。

　　宋哲宗時期，舊黨得勢，趕走了新黨；到宋徽宗時，蔡京又把舊黨定義為「元祐奸黨」，還把司馬光、蘇軾等人的名字刻在石碑上，是為《元祐黨籍碑》。後來，宋徽宗感到不妥，便將石碑銷毀。可是若干年後，舊黨的後人覺得自己的前輩被奸人列為「奸黨」，反倒是一種光榮，於是他們又重新刻了碑。在翻來覆去的折騰之下，北宋王朝也走到了它的末日。公元 1127 年，金軍攻下了北宋的都城汴京（今開封），俘虜了宋徽宗和宋欽宗兩位皇帝，並將繁華的汴梁城洗劫一空，北宋就此滅亡了。

◎ **觀點提煉**

宋朝兩次變法的差異

　　宋朝的兩次變法，目標雖然一致，但二者亦有不少值得玩味的差異之處。就主持變法者的遭遇而言，錢穆先生就說：「反對范仲淹的，全是當時所謂小人；而反對王安石的，則大多都是當時的所謂君子。」甚至連當時贊同范仲淹變法的諸君子，如韓琦、富弼、歐陽修等，亦反對王安石。

　　為什麼會出現這麼大的反差呢？原因很多，一方面跟人有關。首先，范仲淹跟王安石兩人的作風就不一樣。范仲淹可說是宋代士人的精神領袖，他寫下的「先天下之憂而憂，後天下之樂而樂」的名句，不知激勵了多少後人。范仲淹本人極力推舉人才，其道德文章備受推崇。正因如此，後人推崇范仲淹，並不在於他主持變法所取得的事功，而在於在他人格之高尚與推獎人才之宗師風範。王安石則不一樣，他本人的道德文章雖也沒有大的瑕疵，但他主持變法之際卻為小人所包圍，自己也為小人所利用。當時反對王安石的人，如司馬光、蘇軾等，所反對的也不是王安石的人品，而是他推行的政策過於激進以及他的所用非人。主持變法者的作風不同之外，支持變法的兩位皇帝氣質也有很大的差異。支持范仲淹變法的宋仁宗是一個比較溫和的人，變法一旦遭到強烈反對他就不再堅持了；而支持王安石變法的宋神宗則是一個乾綱獨斷之人，變法儘管遭到強烈反對，他也堅決推行。

　　此外，慶曆新政與熙寧變法在改革的側重點上也有細微的差異。范仲淹慶曆新政的側重點特別重視澄清吏

治，而王安石熙寧變法的側重點則在於國家富強。因此後人說范仲淹是儒家，而王安石為申韓之士（法家）。范仲淹的政見，先重視選拔賢人，而後再推行法治；王安石似乎只重視法治的推行，而不在意執行者的人品。正是因為這個原因，范仲淹的身邊有一大批君子，而王安石則為小人所包圍。

王安石變法之所以最後失敗，也與他僅重視法治，而忽視執行者的人品有莫大的關係。一項政策要想取得好的成效，不但政策本身要好，執行政策的人也非常關鍵。如果僅有好的政策，而沒有選好執行之人，那麼好政策也會被執行得變形走樣，造成種種弊端。依宋朝當時的情況，不先澄清吏治，不足以寬養民力；不寬養民力，不可能富國強兵。王安石變法，一面忽略了人的問題，一面又抱有急切的富國強兵的心理期待，所以在執行的過程中就造成了對民眾的種種盤剝。如此一來，王安石變法在上層受到官僚階層的強烈反對，在底層又出現與民爭利的致命弊端。兩面夾擊之下，變法最終失敗也就不可避免了。

偏安的南宋

公元 1127 年，金兵攻佔北宋都城汴京之後並沒有長期佔據，而是搶掠一番就撤軍了。撤軍時他們立張邦昌為偽楚皇帝。

張邦昌原為宋臣，後來才投降了金國，百姓因此對他恨之入骨。金兵撤走之後，張邦昌根本無力統治宋朝的舊地，無奈之下，他只得以孟太后之名下詔書，立宋欽宗的弟弟康王趙構為帝，是為宋高宗，南宋王朝由此開始。

宋高宗登基的第二年，金國以張邦昌被廢為名，再次大舉南侵。宋高宗一路南逃，他從陸地逃到海島，又從海島逃到船上，總算沒有被金兵捉住。

金兵追擊到南方之後，金兵在地形上已經處於劣勢。江南河汊縱橫，已不再是便於騎兵縱橫馳騁的北方平原。在追到浙江的時候，金兵又遇到了風暴，被宋軍擊敗。隨後，宋朝名將韓世忠在黃天蕩擊潰了金兵。這樣一來，金兵無力再戰，只好撤軍北還。於是，宋高宗將都城遷到臨安（今杭州），穩定了政局。

乘金兵疲憊之機，宋朝將領率軍收復了幾個戰略要地。其中最有名的將領就是岳飛，他率領岳家軍抗擊金兵，幾乎從未戰敗過。金兵對岳家軍聞風喪膽，

發出了「撼山易，撼岳家軍難」的感慨。

公元 1140 年，岳飛率軍北伐，打到了距離汴京不遠的郾城。在這裏，岳飛指揮的岳家軍戰勝了金兵統帥完顏兀術指揮的金國王牌軍。至此，南宋的北伐形勢一片大好。岳飛也雄心勃勃，與部下相約「直搗黃龍府，與諸君痛飲！」

可就在此時，南宋王朝向岳飛連下十二道命令，催促岳飛退兵回朝。原來，宋高宗並不打算乘勝追擊金兵，收復失地。他主張向金國求和，以確保自己的統治。

岳飛無奈，只得退兵。班師回朝之後，宋高宗和宰相秦檜又以「謀反」的罪名將岳飛下獄，並於當年除夕前夜（公元 1142 年）殺害了岳飛。

岳飛是南宋主戰派的靈魂人物，岳飛被冤殺後，幾乎所有支持過岳飛抗金的文武官員都遭到了貶斥。至此，南宋的「主和派」控制了朝政，北伐事業付諸東流。就在岳飛被冤殺的這一年，南宋與金簽訂協議，將金人佔領的整個華北地區拱手相讓，大宋王朝只保住了長江流域以及福建、廣東等華南地區，成了一個偏安的王朝。

宋高宗之後，宋、金兩國各自發展，相對穩定。金國也有過幾次南侵行動，但都半途而廢。南宋也在

宋孝宗年間進行了北伐，同樣未取得實質性成果。

到了 13 世紀，金國的實力大不如前，不但已經無力南征，而且還要時刻提防來自西北日漸興起的蒙古軍隊。

到了此時，歷史出現了驚人相似的一幕。北宋與契丹人建立的遼國對峙的時候，東北地區的女真部落迅速崛起，建立了金國。後來，北宋和金聯合進攻遼國。在北宋的幫助之下，金國於公元 1125 年滅掉了遼國。隨後，金國又於 1127 年滅掉了北宋。到了南宋與金國對峙之時，蒙古人在北方草原迅速崛起。公元 1206 年，鐵木真統一蒙古各部，號「成吉思汗」。他和兒子窩闊台多次率大軍進攻金國。這時，南宋又與蒙古人聯手攻擊金國。這彷彿是把當年北宋與金國聯手攻擊遼的劇目重演了一遍，只不過角色稍稍變換了一下而已。公元 1234 年，金國被蒙宋聯軍攻陷，金哀宗自縊，金滅亡。

金滅亡之後，南宋不僅沒有換來和平，反而還要面對更為強大的敵人 —— 蒙古大軍。公元 1235 年，蒙古大軍不斷南侵，被宋擊退。但蒙古軍隊並不甘心失敗，之後又多次南侵。

公元 1260 年，忽必烈奪得汗位。奪得汗位之後，忽必烈重新啟動消滅南宋的計劃。公元 1267

年，蒙古軍隊大舉伐宋。公元 1271 年，忽必烈改國號為「大元」，次年定都大都（今北京），元朝正式建立。公元 1276 年，蒙古大軍圍困南宋都城臨安，謝太后攜年僅五歲的宋恭帝投降，交出了傳國玉璽。

南宋一些舊臣不願投降元朝，就組建流亡朝廷，堅持與元朝軍隊斡旋。公元 1279 年，南宋的最後一支軍隊與元朝的軍隊在崖山（今廣東新會南崖門鎮）展開決戰。宋軍戰敗，宰相陸秀夫背著八歲的宋帝趙昺投海而死。這對君臣以死殉國的一幕是大宋王朝極為悲壯的尾聲。

宋朝的滅亡，可說是中國農耕文化盛極而衰的一個結果。宋朝是中國歷史上經濟最繁榮、文化最昌盛、藝術最精深、科技最發達、人民生活水平最富裕的朝代。宋朝在航海、造船、醫藥、工藝、農技等方面都達到了前所未有的高度。有人估算，宋代的 GDP已經佔到全球的 50%，是當時世界的第一經濟大國。宋朝的商品經濟非常發達，有些地方甚至已經出現了資本主義萌芽。可是，宋朝有一個致命的弱點，那就是一直奉行「重文輕武」的國策，造成軍事實力太弱，根本不足以抵擋遊牧民族的進犯。

與宋朝相比，契丹、女真、蒙古等遊牧民族，常年在馬背上打獵，其日常生活與戰爭狀態相差無幾，

所以他們更加驍勇善戰。一個經濟繁榮、百姓富庶、生活安逸卻又武備不足的政權，往往會被文化落後、武力強悍的部落政權所打敗。在西方，經濟繁榮、文化發達的羅馬帝國就毀於蠻族入侵之手，此事與宋朝為遼、金、元所困、所滅是一個道理。

中醫上講，一個人要想健康長壽，就要保持各器官的和諧運轉，「金、木、水、火、土」要「相生」，而非「相剋」。一個人是這樣，一個國家亦是如此。一個國家既要搞好內政，也要搞好外交；既要發展經濟和文化，也要增強國防力量。文明程度和武備實力缺一不可，且不可偏廢。宋朝滅亡的教訓就在於，一個經濟富庶、文化繁榮的王朝，卻沒有足夠的武備力量來保護自身的文明。

與宋朝形成鮮明對比的王朝是秦朝，秦有極強的武力，南征北戰，窮兵黷武，在開疆闢土方面極有建樹，可在內政方面卻管理得一塌糊塗，以嚴刑峻法治理國家，最後激起了農民起義，王朝也隨之土崩瓦解。秦朝的致命弱點是「武太盛，文太弱」，而宋朝的痼疾則是「文太盛，武太弱」，兩個王朝的氣質迥異，但他們都沒有處理好文武之間的平衡，秦朝是「武剋文」，宋朝是「文剋武」。

宋代理學 —— 儒家學說的新發展

宋朝是一個文化極其發達的朝代，體現在哲學思想上就是宋人將儒家思想發展到了一個新階段 —— 理學階段。

宋朝人研究儒家思想的主流是探討義理、性命之學，所以後人稱之為宋代理學。理學是儒家思想的宋代化，是宋人在借鑒佛教、道教思想之後發展起來的一整套的思想體系。北宋時期的石介、胡瑗、孫復被稱為「理學三先生」，但實際的開創者為北宋五子，即邵雍、周敦頤、張載、程顥、程頤。這其中，周敦頤是宋代理學真正的開山鼻祖，他將道家的無為思想和儒家中庸思想加以融合，闡述了理學的基本概念與思想體系。而宋代理學的集大成者，則非朱熹莫屬。

朱熹生活在南宋孝宗至寧宗時代，他繼承了程顥、程頤的學說，完成了儒學的復興。在中國思想史上，朱熹是孔子、孟子之後又一偉大的儒學大師。他的學術思想被後人稱之為「朱子學」。

朱熹認為，宇宙中間有一定不變的「理」，「理」是事物最完備的形式與標準。萬物有萬理，萬理的總和是「太極」。要想了解和體認「太極」，就必須從「格物致知」做起，多窮一物之理，就能夠多一些體認「太極」。

朱熹有著淵博的學識和精密的分析方法，他不僅能從哲學的高度重新闡釋儒家的經典，而且還善於以具體化、通俗化、生活化的方式推廣儒學教育。而他對後世影響最大的，也正是他對儒學普及化、通俗化的解釋著作。他編著的《四書章句集注》，以理學思想重新解釋

《論語》、《大學》、《中庸》、《孟子》。此書後來成為官方的儒學教科書，影響深入人心。直到今天，我們要學習儒家的「四書」，朱熹的《四書章句集注》依然是最重要的參考書目。

此外，朱熹還編著了《小學集注》，旨在教育青少年遵守道德規範；他編寫《論語訓蒙口義》及《童蒙須知》，提出了一整套操作性極強的少兒行為規範，涉及少兒的衣食住行及說話、讀書、寫字等各個方面，其核心思想就是教孩子如何「修身」，即在生活中要懂得「持敬」，保持外表與內心的統一、整肅，而不可放逸、放縱自己。

朱熹這樣一位道德學問極佳的儒學大師，在其生前竟然也受到當權派的嚴厲打壓。他的學說被污衊為「偽學」，他本身也被潑污水，說他霸佔已故友人的家財，還說他與尼姑有「不正當的男女關係」。公元 1200 年，朱熹在政治高壓之下，孤獨地離開人世。九年之後，他的冤案得到昭雪，朝廷為朱熹恢復了名譽，他的學說也不再是「偽學」，門生也不再是「偽黨」。公元 1227 年，宋理宗下詔，追贈朱熹為太師、信國公，提倡學習他編著的《四書章句集注》。從此之後，朱熹的學說由「偽學」變身為官方學說，成了顯學，後世甚至科舉取士都一直以朱熹對儒家經典的解釋為標準答案。

宋、遼、金、西夏的列國體系

中國傳統的王朝敘事將宋代作為中國的正統王朝，而將遼、金、西夏放在中國史的圈外，這樣的敘事方式在今天看來已經不可取了。宋朝固然是歷史更迭中的正統王朝，但它的疆域並沒有涵蓋漢唐時期的全部。漢朝和唐朝時期的中國疆域，不僅包括宋朝的國土，還要包括遼、金、西夏的疆域。因此我們可以說，兩宋時代的中國，並不是一統天下，而是一種列國體系，即宋朝和遼、金、西夏等幾個同時並存的王朝共同構成了那一時期的「中國」。

遼、金、西夏與宋朝之間的關係，並不同於過去匈奴、突厥和中央王朝之間的關係。原因就在於，匈奴、突厥在漢唐時期並不是完整意義上的國家，他們入侵邊境，主要目的就在於掠奪財富和人口。而遼、金、西夏則不同，他們都建立國家，與宋朝時戰時和，其最主要的目的並不在於掠奪土地，而是要求宋朝向其「納貢」，給予絲帛和金銀。他們甚至還將宋朝贈予的絲帛，轉賣到西方，以牟取利潤。也正因為這個原因，宋朝對這幾個北方敵國也不以常規的軍事打擊為首選，而是以金錢來購買和平。宋朝在向北方敵國購買和平的同時，也從這些國家購買馬匹。在和平時期，宋、遼之間還聯手做過香料貿易，宋朝將南海諸島上出產的香料轉運到遼國，再由遼國運往西方。如此一來，宋朝增加了香料出口的貿易額，遼國也獲得了香料貿易的中轉利潤。這樣的關係儼然是國與國之間的貿易合作，與漢唐時期以軍事手段打擊匈奴和突厥等遊牧部落的方式大不相同。

就文化而言，遼國和西夏都相當程度地接受了中國文化，也與漢唐時代的匈奴、突厥不可同日而語。在當時，人們在方式上雖然也有南方和北方之分，但即便是北方的胡人國家（如遼和西夏），他們的文明也達到了相當高的程度。西夏國生產的鋼劍鋒利無比，質量比宋朝人生產的還好。遼國由於較好地繼承了唐代文化，他們的醫術和算術也早已普及到了民間，其水平也與宋人不相上下。而且，遼國和西夏的知識分子也與宋朝的士人一樣，學習的都是中國儒家的典籍。這兩個國家都創造了自己的文字，整體的文化水平並不低下。這也說明，到了宋朝時，北方遊牧民族的政權也學習了中原地區的先進文化，已經非常漢化了。

元帝國的興衰

　　蒙古是一個古老的民族，其祖先是室韋人的一支，與鮮卑、契丹同屬一個語系。隋唐時期，蒙古人分佈在大興安嶺北端、額爾古納河一帶，被稱為韃靼，受制於突厥。唐朝強大之後，不斷打擊突厥，蒙古人趁機擺脫了突厥的控制，轉而投靠唐朝。也就是從那時起，他們不斷西遷，進入了蒙古高原一帶。

　　蒙古人在漠北草原上形成了許多個部落。為了掠奪人口、牲畜和土地，這些部落之間不斷發生戰爭。最後，草原英雄鐵木真統一了蒙古各部，在公元 1206 年登上蒙古大汗的寶座，被尊為成吉思汗。

　　統一之後的蒙古帝國迅速走上了對外擴張之路。公元 1218 年，蒙古大軍滅掉了西遼國；1219 年，成吉思汗以蒙古商隊被劫殺為由，親率大軍西征花剌子模國。蒙古大軍橫掃中西亞、波斯和印度的廣大地區。西征之後回途的過程中，蒙古軍隊又一舉滅掉了西夏。

　　就在攻取西夏的前夕，成吉思汗去世，他的三子窩闊台繼承汗位。他又發動了對金國的進攻。南宋王朝此時犯下了重大的戰略錯誤，與蒙古人達成協議：聯手進攻金國，滅掉金國後，黃河以南的領土歸宋，

黃河以北的領土歸蒙古。南宋王朝的這種決策無異於引狼入室。待滅掉金國之後，蒙古大軍隨即把南宋列入了征服名單。

滅掉金國的第二年，窩闊台再次做出西征的決定，遠征今天的俄羅斯、波蘭、匈牙利一帶。蒙古西征軍攻勢凌厲，攻下了莫斯科、基輔之後，揮師進入今天的波蘭和匈牙利，並在波蘭南部打敗了波蘭和德國的聯軍。隨後蒙古大軍又征服巴格達、侵入了敘利亞。經過多年戰爭之後，蒙古人在歐亞大陸的腹地建了四個大汗國：欽察汗國，統治區域在今天東歐、俄羅斯的歐洲部分和北高加索地區；察合台汗國，統治區域在今天天山南北及阿姆河、錫爾河之間；窩闊台汗國，統治區域在今天新疆、中亞一帶；伊兒汗國，統治區域在今天伊朗、伊拉克一帶。四大汗國橫跨歐亞大陸，地域空前遼闊。

公元 1260 年，成吉思汗的孫子忽必烈繼承了蒙古汗位。1271 年，忽必烈改國號為「大元」，定都大都（今北京），元朝正式建立。1276 年，元軍攻克南宋都城臨安。隨後，元軍以摧枯拉朽之勢追擊堅持抵抗的南宋軍民，1279 年，元軍在崖山之戰中打敗宋軍，徹底消滅了抵抗勢力，統一了中國。

接下來，忽必烈又在亞洲發動了幾場戰爭。他於

1274 年和 1281 年派兵遠征日本，但是，蒙古艦隊被一場突如其來的海上颱風颳散，攻佔日本的行動宣告失敗。同樣，蒙古人曾試圖遠征越南、緬甸等地，也因海戰不利而宣告失敗。這說明在陸地上縱橫馳騁、驍勇善戰的蒙古軍隊，在面對茫茫大海時便喪失了他們的優勢，不能繼續取得攻無不克的戰績。

元朝的版圖空前遼闊，民族和種族的問題也就變得非常複雜。可是，元朝處理民族問題的政策卻相當粗暴：按照征服的先後順序，將人分為四個等級。第一等蒙古人；第二等色目人，指的是從中亞到歐洲那一帶種類繁多的民族；第三等漢人，指的是消滅南宋之前所征服的漢人、女真人和契丹人等；第四等是南人，指的是最後征服的南宋人。元朝的法律還明確規定，蒙古人、色目人毆打漢人和南人，漢人和南人不得還手，只能向官府申訴。即便漢人和南人被打死，行兇者也不過是出一些喪葬費而已；可若第四等人殺了第一等人，那問題就嚴重了，不但行兇者本人要被處死，他們的家族都要受到牽連，家產還要充公。

元朝法律還規定，漢人不得打獵，不能習武，不得聚眾買賣、祭祀，不能夜行。在任用官吏方面，中書省、樞密院、御史台等重要部門的官職非蒙古人不授，就連次要的地方官職也多由蒙古人和色目人擔

任，漢人和南人一般是當不上官的，即便當官也只能是做為蒙古人和色目人服務的事務性官吏。

蒙古人長於征伐，短於治理。當年成吉思汗的兒子和功臣都被賜予數量可觀的土地，他四個兒子所統治的四大汗國，就相當於四個獨立王國。這樣的治理結構，顯然易於分裂而不利於統一。果不其然，到了忽必烈統治時，他便不能成功處理家族內部的關係了。先是欽察汗國拒絕承認忽必烈的宗主權，隨後察合台汗國也分裂了出去，伊兒汗國雖然名義上依附元世祖忽必烈，但也因地域的阻隔而自成一體。如此一來，忽必烈的蒙古大汗之位有名無實，並不能號令蒙古帝國各部，他所能做的就是做好中原人的皇帝。

元朝也確實在忽必烈的統治下取得了一些成就：忽必烈學習用儒家學說來治理國家，啟用了一批漢族官員，改革了一些落後的蒙古舊制，採用中原王朝的政治體制。這些實行漢化的措施使忽必烈贏得了明君的稱號，也在一定程度上緩和了階級矛盾和民族矛盾。可惜的是，忽必烈死後，元朝的統治迅速惡化。他之後的皇帝，有的在權力爭鬥中失敗，有的早夭，有的被刺殺，有的荒淫無道。統治者的昏聵加速了元朝滅亡的腳步，至元順帝時，政局動蕩不安，民族矛盾和階級矛盾日益尖銳，漢人不斷在各地造反。

公元 1344 年，黃河下游決口，淹沒了大量的農田，許多農民流離失所。元朝下大力氣治理水患，直到 1351 年，元朝徵調了二十萬名民夫修築河堤才解決了黃河水患問題。可就在治理黃河水患的過程中，活躍於江淮地區的白蓮教首領韓山童領導了大規模的農民起義。隨後，徐壽輝、郭子興、陳友諒、方國珍、張士誠等豪傑都聚眾起義。

在風起雲湧的反元起義大軍之中，朱元璋趁機崛起，麾下聚集了不少精兵強將。他在南方消滅了陳友諒、張士誠、方國珍等其他起義軍，隨後出師北伐，痛擊元軍主力。此時的蒙古軍隊早已失去了當年神勇。

朱元璋擊潰元軍主力之後，於公元 1368 年在應天（今南京）稱帝，建立了明朝，元朝在中原的統治宣告結束。隨後，朱元璋派大軍追擊北逃的元軍，攻克了元朝的都城大都。元順帝倉皇北逃，在漠北又維持了數十年的政權，史稱「北元」。到 1399 年，北元政權滅亡。至此，這個蒙古人創建的跨歐亞大陸的元帝國煙消雲散。

蒙古政權在歷史上迅速崛起，建立元朝後又迅速衰落。整個過程就像蒙古大軍的騎兵一樣，快速衝殺，搶掠，然後又快速離去了。蒙古民族靠著快馬彎刀創建了一個地跨歐亞的大帝國，這樣的血腥征服對

西夏、金、宋及中亞各國來說都是一場巨大的災難。就中國歷史而言，蒙古人滅宋建元也導致了經濟和文化的倒退。元朝的建立，使中國第一次完全被北方遊牧民族所統一，華夏文明也第一次全面受挫於少數民族入侵。此事對國人的心理影響十分巨大。可以說，自元朝之後，中國的帝國制度就開始走下坡路，中國的思想文化發展也失去了漢唐時期元氣充沛、昂揚向上的博大氣象。

不過，英國著名歷史學家湯因比站在文明交流的角度也看到蒙古人創建元帝國的積極意義，他指出：蒙古帝國使得許多區域性文明發生相互接觸。他說，在那一度秩序井然的歐亞大平原穿越往返的使團，其文化上的作用遠較政治上的成果重要得多。蒙古人憑藉強悍的武力打通了歐亞大通道，他們在戰時的征服路綫，在和平之際變成了貿易路綫。沿著這條綫路，波斯人、阿拉伯人、猶太人源源不斷地來到中國，確實「使得許多區域性文明發生了迅速的接觸」。

魯班天子元順帝

元順帝是元朝的末代皇帝，他很聰明，受過良好的漢學教育，還特別擅長書法。可惜的是，元順帝並沒把聰明才智用在治國理政之上，而是用在了鑽研木工和建築上。史書記載，元順帝曾設計出一艘長一百二十尺、寬二十尺的大龍舟。這艘豪華的大龍舟行駛在水中，就像真龍一樣，眼睛、嘴巴、爪子、鬃毛都會動。龍舟之上，有吃的地方，遊玩的地方，也有開會的地方，不同的地方有不同的設計；文武百官在這個龍舟上也有不同的房間，不同的房間有不同的擺設，可謂構思精巧、美輪美奐。就連龍舟上水手所穿的衣服，都是元順帝精心設計的，「上用水手二十四人，身衣紫衫、金荔枝帶、四帶頭巾，於船兩旁下各執篙一」。

元順帝的才華在設計龍舟上得到了淋漓盡致的體現，老百姓為此特意送給他一個綽號：魯班天子。因為魯班是木匠的祖師，是能工巧匠的代名詞。據說，元順帝聽到百姓如此稱呼自己還很自豪呢。

此外，元順帝還發明了一種鐘漏，也就是原始的自鳴鐘。這隻鐘漏每天在固定的時間會自己鳴叫，而且鐘上的獅鳳還隨著叫聲翩翩起舞。

待明軍攻克元大都時，元順帝發明的這個鐘漏被作為戰利品獻給了明太祖朱元璋。朱元璋看後說：「廢萬幾之務，而用心於此，所謂作無益害有益也。使移此心以治天下，豈至亡滅？」

說完，朱元璋就命人將這個鐘漏搗毀了。

草原帝國及征服者的命運

中國歷史教科書通常都將元朝列為中國的朝代之一，順帶著也將成吉思汗建立的蒙古大帝國視為中國的一個政權。對此，歷史學家許倬雲持不同看法，他說：「我們不能承襲舊習慣，將這一個外族征服的時代簡化處理，實際上蒙古帝國並不以中國為主體，應是中國朝代歷史的一個變形。」原因就在於，成吉思汗建立的龐大帝國，東到東北亞，西到中亞、中東，南到印度半島。蒙古大汗是由若干個汗國共同推舉的，成吉思汗的四個兒子各有領地，稱為四大汗國。中國部分和蒙古草原的東半邊則由小兒子拖雷管理。在這樣一個多元共存的大集團中，中國雖然已經全部被蒙古征服，但也不過是蒙古大汗國中的五分之一，而且還是較小的部分。

後來，忽必烈建立元朝，統治中國部分，這等於是自成格局，在他治理下的疆域，可稱為「中國」。但蒙古帝國屢次選舉大汗，忽必烈並沒有得到其他汗國的一致擁護，他的大汗之位是自封的，有名無實。可以這麼說，我們對成吉思汗時期建立的大蒙古帝國和忽必烈建立的元朝要區別對待，因為成吉思汗所征服的大部分地區，並不在中國範圍內。理性的態度應該是：中國人既不能將成吉思汗所征服的廣袤疆域據為己有，同時也不必將忽必烈創建的元朝當作中國以外的歷史。

總的來說，蒙古王朝是一個征服王朝，在征服的過程中造成了許多災難，不僅改變了中國的社會格局，甚至也在一定程度上改變了世界的政治和文化格局。不過，在使用暴力征服歐亞大陸的過程中，蒙古帝國並沒

有形成一個統一而穩定的國家體制。在成吉思汗之後，尤其是在忽必烈之後，蒙古帝國逐漸解體。其中，欽察汗國的統治權逐漸轉移，俄國從欽察汗國獨立出來。而察合台汗國、窩闊台汗國、伊兒汗國則幾經演變，成為後世的帖木兒帝國和莫臥兒帝國。

　　大蒙古帝國的各個汗國，在其演進中都經歷了一個本土化的過程，並且最終被統治地區的文化所同化。欽察汗國最後被俄羅斯化，察合台汗國、窩闊台汗國、伊兒汗國的絕大部分地區則都被伊斯蘭化，忽必烈所建立的元朝更是被漢化了。靠著快馬彎刀橫掃歐亞大陸的蒙古帝國，其後裔最終被同化、融入廣袤歐亞大陸的各種人群之中，他們改變了生活方式、改變了語言、改變了信仰，有的甚至已經忘記了祖先曾經是蒙古人這一久遠的歷史。

第五輯

從帝國到共和——明清民國

「雄猜之主」朱元璋

公元 1398 年，明朝的開創者朱元璋在做了整整三十年的皇帝之後去世。去世之前，他在遺詔中說：「朕膺天命三十有一年，憂危積心，日勤不怠，務有益於民。奈起自寒微，無古人之博知，好善惡惡，不及遠矣。」他說自己一輩子為了國家十分操勞，但畢竟沒有文化，比古人差得很遠。應該說，朱元璋還是個有自知之明的人，他對自己的這個評價還是十分恰當的。

朱元璋是大明王朝的開創者，他出身底層，文化水平不高，少年時期給地主放過牛，當過和尚，還一度以乞討為生，生活十分艱辛。當上皇帝之後，他以性格孤僻嚴厲著稱，他猜忌手下大臣，常常大開殺戒，堪稱冷酷無情。他不信任任何人，所做的一切努力都是為了把大權控制在自己手裏，是有名的「雄猜之主」（錢穆語）。

公元 1380 年，朱元璋以「擅權枉法」的罪名誅殺了丞相胡惟庸，並下詔廢除丞相制度：「以後嗣君毋得議置丞相，臣下有奏請設立者，論以極刑。」自秦朝以來輔佐天子處理朝政的丞相制度，自此廢去。

廢除丞相之後，朱元璋將原屬中書省的權力分

解到六部之中，然後設立「大學士」一職，由若干大學士組成一個隸屬皇帝的內閣，代皇帝草擬詔書、御批，並處理日常公文，協助皇帝處理政務。大學士們最初手中並無實權，只能奉皇帝之命行事。可是發展到後來，大學士們的權力開始變大，到了張居正時期，首席大學士已儼然握有丞相之權。

廢除丞相之外，朱元璋開的另一個壞頭就是「廷杖」大臣 —— 在朝廷之上當眾責打大臣，這嚴重違背「刑不上大夫」的古訓，是對士大夫人格的一種嚴重羞辱，也是對士人精神的一種粗暴踐踏。

宋太祖趙匡胤有感於唐朝中葉以後武人的飛揚跋扈，所以在宋朝實行「尚文抑武」之國策，優待士大夫。經宋朝養士三百年的積澱，中國已然形成了一種尊重士人、崇尚士氣的風氣，也形成了一種士大夫勇於擔當、輔佐天子治理國家的士人政治傳統。可朱元璋建立明朝之後，既不信任跟自己一起打天下的功臣，也不信任飽讀詩書的士大夫，甚至覺得兩者都會對皇帝的權力構成威脅。於是一面大開殺戒、製造冤案、誅殺功臣，一面又以「廷杖」之法羞辱、摧折士大夫，強迫其徹底臣服於皇帝的權威之下，只能為皇帝所用而不能為皇帝所患。朱元璋的這種想法、做法全從有利於皇帝專權的角度考慮，而不顧及整個社會

的均衡、健康發展，實乃是一種將私心置於國家之上的做法。

此外，為了加強皇帝集權，朱元璋還創辦了特務機構錦衣衛。錦衣衛直接聽命於皇帝，為皇帝搜集情報、替皇帝監督、緝捕大臣。錦衣衛享受特權，可以逮捕任何人，包括皇親國戚，並且不用公開的審訊就可以處決被捕者。錦衣衛所設立的監獄稱為「詔獄」，即皇帝特批的監獄。朱元璋為大肆屠戮功臣而製造的「胡惟庸案」「藍玉案」就都是通過錦衣衛來實施的。在胡惟庸案中，通過不斷牽連，有二十多位公侯大將被滅族，被誅殺者竟有三萬多人；在藍玉案中，被牽連誅殺的也有一萬五千多人。經過朱元璋這兩次有預謀的大清洗，明朝的開國元勳幾乎被剷除殆盡。

恐怖統治使明朝初年的官場人人自危。官員每天上朝，不知是否可以平安回家，以至於出門前都要與妻子訣別，吩咐後事。因此，清代學者趙翼批評朱元璋為「殘忍實千古所未有」。

當然，在屠戮功臣的同時，朱元璋也痛恨貪官污吏，懲治貪官的力度也前所未有。他規定，凡是貪污到白銀六十兩以上者，就要「梟首示眾，剝皮楦草」——朱元璋將貪官處死還不解恨，還要把他們的皮剝下來，裏面塞上稻草，以這種極其驚悚的方式警

告官吏不可貪污腐敗。據統計，在朱元璋統治的洪武一朝，大小官吏因貪污腐敗而遭受梟首、凌遲、族誅的，就有幾千例，被殺頭的官員更是有一萬多人。在朱元璋的嚴厲懲治下，明朝初期的吏治比較清明，人民所受的壓迫大為緩解。

朱元璋也同情百姓，實行輕徭薄賦的稅收政策，同時鼓勵墾荒，興修水利。這些措施促進了明朝農業的發展，對維護明朝社會的長期穩定也起到了重要的作用。

朱元璋也重視文化教育，他大力興辦學校，完善了一套自中央到地方的教育 —— 科舉系統。不過明朝的科舉有它的問題，那就是完全以朱熹注釋過的儒家經典（尤其是「四書」）作為考試的依據。儒家學說中本來有士大夫勸諫、批評君王的傳統，但朱元璋討厭這一點，遂刪掉了儒家經典中這部分內容，就連《孟子》一書中的有些章節都遭到了朱元璋的粗暴刪除。經過這樣的改造之後，明代儒生所接受的教育基本上也可說是一種洗腦教育，這種教育的核心目的就是把人培養成絕對效忠君王的奴僕。

朱元璋身為明朝的開國之君，統治國家喜歡殺伐立威，他通過製造冤案屠戮功臣，通過廷杖摧折文武大臣，通過剝皮楦草震懾貪官，其種種嚴酷手段都是

為了將大權集中到皇帝一人之手。可以說，朱元璋的統治使得皇帝極權制度化了，這種影響極其深遠，不僅有明一朝未被改變，而且還被後來的清朝所沿用、加強。明、清兩朝連續對中國人實行專制極權統治，壓制了中國思想文化的活力，對中國人精神上的健全發育造成了不可低估的傷害。

胡惟庸案和藍玉案

朱元璋當上明朝的開國皇帝後,他昔日的謀臣李善長,出任左丞相,名將徐達出任右丞相。由於徐達常年帶兵在外,所以李善長在朝臣中權勢最大,成為淮西集團的首領。

本來,朱元璋打天下主要依靠的就是淮西集團的勢力,他的功臣之中,淮西舊部也是絕對多數。可是,當坐穩天下之後,朱元璋對淮西集團勢力過大並不滿意,想加以抑制,於是,就想撤換李善長。

朱元璋曾打算用足智多謀的劉基代替李善長。

劉基是浙東派的代表人物,他深知在淮西集團當權的情況下,他很難在朝廷中施展手腳,於是堅決辭謝了。他勸朱元璋不要撤換李善長,因為李善長能夠「調和諸將」。

朱元璋又問劉基,楊憲、汪廣洋、胡惟庸這三個人哪個可以擔任丞相?

劉基認為這三個人都不適合當丞相,原因是楊憲「有相才,無相器」;汪廣洋「偏淺」,還不如楊憲;胡惟庸則更不可,此人好比一匹劣馬,要他駕車,勢必會翻車壞事。

朱元璋見以上人選都不合適,再次敦請劉基出任丞相,說:「吾之相,誠無逾先生。」我的丞相人選,還是先生您最合適。

劉基推辭說:「臣疾惡太甚,又不耐繁劇,為之且辜上恩。」意思是,我也不是合適的丞相人選,您還是再找別人吧。

後來，朱元璋還是根據李善長的推薦，選擇了胡惟庸。胡惟庸是個精於拍馬屁的小人，他痛恨劉基說他的壞話，就打擊報復，最後甚至毒死了劉基。更關鍵的是，胡惟庸當上丞相之後，獨斷專行，飛揚跋扈，這與朱元璋提高皇權、專制獨裁的執政思路正好相悖。於是，朱元璋在公元 1380 年以「擅權植黨」的罪名處死了胡惟庸。處死胡惟庸之後，朱元璋又將他的罪狀升級，不斷株連，將包括李善長在內的一大批功臣都借機誅殺了。這顯然是在借胡惟庸案來剪除功臣，並實現廢除丞相制度的目的。

　　藍玉案與胡惟庸案的情形大同小異。藍玉是常遇春的妻弟，以能征善戰、所向披靡著稱。明朝建立之後，藍玉被封為大將軍。大權在握、炙手可熱之際，他不禁有些飄飄然，也開始驕橫跋扈，這讓朱元璋感到將權也對皇權構成了挑戰。於是，朱元璋就在公元 1393 年以「謀反」的罪名處死了藍玉，並連坐處死了一萬五千多人，將打天下的將領幾乎一網打盡。

　　朱元璋製造胡惟庸案和藍玉案的根本目的就是要屠戮功臣，屠戮功臣則是為了清除潛在威脅，強化皇權。為了把大權獨攬在皇帝手中，朱元璋可謂心思用盡。相權有可能威脅到皇權，那就殺相；將權有可能威脅到皇權，那就殺將。這真有點「逢魔斬魔，遇佛殺佛」的味道。

朱元璋廢相的後果

朱元璋廢除丞相的後果極其嚴重。明末清初的思想家黃宗羲就說:「有明一代政治之壞,自高皇帝廢宰相始。」原因就在於,廢除宰相制度之後,大權完全落到皇帝一個人的手中。皇帝的權力高度集中,表面上看有利於鞏固皇帝的地位,可它同時也對皇帝的能力提出了極高的要求。如此龐大的帝國,政事千頭萬緒,這麼多的事情都要皇帝一個人來做決策,皇帝就必須精通政治、精力旺盛,而且還要勤奮異常、無比英明 —— 也就是要成為「聖賢君王」—— 才能勝任。若非如此,則朝政勢必惡化。明朝後來的歷史發展證明,把國家的治理都寄託在代代都出現「聖賢君王」之上是多麼不靠譜!

自 1368 年到 1644 年,明朝共有十六位皇帝,其中及格者不過三四人而已,其餘皆在及格綫之下,是有名的「問題皇帝」。尤其是明朝中後期的皇帝,大都任性變態、胡作非為。比如,明憲宗、明武宗、明世宗、明神宗、明光宗、明熹宗等,皆是不稱職的皇帝。明憲宗朱見深有深深的戀母情結,寵幸大自己十九歲的萬貴妃,並任由萬貴妃飛揚跋扈、為非作歹;明武宗朱厚照身為帝王,卻偏要自封為「大將軍」,本該在皇宮裏處理朝政,可他卻四處遊蕩,熱衷於「遊龍戲鳳」。即便回京,也多是住在「豹房」之中,瘋狂享樂;明世宗朱厚熜痴迷道教,常年不上朝,天天想著修仙煉丹之事;明神宗朱翊鈞更是有名的「怠工皇帝」,創下了近三十年不上朝的紀錄;明光宗朱常洛極其好色,因吃一粒「紅丸」而命喪黃泉;明熹宗朱由校熱衷於木工,將朝政

大權委託給了大太監魏忠賢。一方面，廢相之後的制度安排需要明朝的皇帝個個聖明才能勝任，可另一方面，明朝中後期的皇帝卻又如此不堪。巨大的反差不只造成了明王朝的最後衰落、滅亡，而且也使中國在明朝時丟掉了領先世界的地位，並且喪失了重要的歷史機遇。自此，中國開始逐漸落後於西方。

廢除丞相的做法也讓另一種人攫取了極大的權力，那就是宦官。朱元璋曾嚴禁宦官干政，並在宮中立了一塊鐵牌，上有：「宦官不得干預政事。」他還對宦官的人數、品級、職務、衣服樣式都做了規定，甚至還規定宦官不得由識字者擔任。朱元璋做這些安排可謂用心良苦，目的只有一個，就是盡最大可能預防宦官干政。可是歷史還是給朱元璋開了個玩笑，他死後沒幾年，他生前所做的這些規定就形同廢紙了。朱棣當上皇帝後，很快就派宦官統領軍隊，隨後又派大名鼎鼎的宦官鄭和率領著龐大的船隊出海。從此以後，宦官的政治勢力就愈來愈大，直到後來出現了劉瑾、魏忠賢這樣的大太監，而且發展成了「閹黨」。

朱元璋無疑是少有的政治強人，可政治強人再強，也只能在活著的時候控制政局。當他死了之後，當他的血肉之軀變成一個牌位的時候，後繼者們是否還拿他的「政治交代」當回事，是否還願意把他的「政治交代」落到實處，那就不是他能控制的了。李亞平在《帝國政界往事》一書中曾這樣評價朱元璋：「朱元璋心思細密，考慮重大問題時，常常繞殿徘徊，正思逆想，反覆斟酌。當他自以為一切安排都完美妥帖、天衣無縫時，偏偏忘記了自己的那些子孫，他們不會都是像他一樣的工作狂。他們是要在深宮膏粱中出生、在滿身脂粉香氣的女

人懷裏和不男不女的宦官堆兒裏長大的。於是，在後來的時代裏，朱元璋的如意算盤都演變得面目全非。」

美國歷史學家費正清也說，在廢除丞相之後，朱元璋「把他自己的個人作用制度化了」「自此皇帝完全可以為所慾為了」。既然皇帝「完全可以為所慾為」，那他就既可以勤政、簡樸，也可以奢侈、胡鬧，甚至是「罷工」。所以，在朱元璋之後，明朝出現那麼多的荒唐皇帝也實在是在情理之中的事。

從靖難之役到土木堡之變

明太祖朱元璋有二十六個兒子，他把長子朱標立為太子，其餘的兒子都封王建藩（早死的兩個兒子除外）。可惜的是，太子朱標於公元 1392 年去世，朱元璋就又立長孫朱允炆為皇儲。這樣，朱元璋在公元 1398 年駕崩後，朱允炆就繼承皇位，是為建文帝。

建文帝二十多個身為藩王的叔叔根本不把這個姪兒皇帝放在眼裏，他們個個擁兵自重，建文帝也時時感受到了各位藩王的威脅。於是，他與大臣齊泰、黃子澄、方孝孺等商量，採取措施削奪藩王的權力。

藩王們當然不會坐以待斃，其中勢力最大的燕王朱棣起兵發難，打著「清君側」的口號，於公元 1399 年發動靖難之役。

經過四年的內戰，燕王朱棣的大軍攻下了首都南京城，朱棣隨後稱帝，而建文帝則下落不明。朱棣懷疑建文帝逃亡到海外，就又派人去海外搜索。他派去搜尋建文帝的人就是著名的太監鄭和。

朱棣派太監鄭和率領龐大的船隊，於公元 1405 年正式從江蘇太倉劉家港出發，出使西洋。據史書記載，鄭和下西洋的船隊中，最大的船有 151.8 米長，寬約 61.1 米，比一個足球場還大。這麼大的「寶船」

高達四層，有九條桅桿，可以張開十二面帆，船的排水量達 1.4 噸，需要動用二百多人才能起航。到了二戰時期，德國的海上巨無霸「俾斯麥號」戰列艦，排水量也不過 4 萬噸。在沒有機械動力的時代，建造這麼大的艦船，算得上是一個奇蹟。可以說，在 15 世紀之初，中國的航海技術絕對是世界一流的。

鄭和率領的船隊有 2.7 萬人之多，團隊裏有官員、軍人、水手、會計、翻譯等，其中人數最多的就是軍人。但這支軍人最多的船隊出海，並不是為了征伐侵略，而僅僅是為了「耀兵異域，示中國富強」。

鄭和率領著龐大的船隊，一路訪問各國，一面打探建文帝的下落。他們沿途受到各國國王、酋長的歡迎，因為他們根本不敢想像世上竟有如此強大的國家和艦隊，都表示願意歸順大明王朝。鄭和則代表大明王朝的皇帝朱棣賞賜南洋諸國的國王、酋長及各級官員。當鄭和船隊返航時，許多國王和使者又搭乘鄭和的航船來到中國，向朱棣皇帝朝貢。

鄭和下西洋是人類航海史上的壯舉。鄭和船隊先後抵達了亞非三十多個國家，最遠到達非洲東海岸，打通了中國到東非的航綫，把亞、非之間的廣大海域連在一起。鄭和下西洋，比哥倫布發現新大陸早了 87 年，比達·迦馬發現新航路早了 93 年，比麥哲倫到達

菲律賓早了 116 年。

鄭和下西洋並沒有找到建文帝，也沒有像西方的航海家那樣憑藉航海優勢佔領土地、掠奪財富，這次浩大的航海行動本質上是一場耗資巨大的國家面子工程。它也算是一次金錢外交，用收買性質的貿易，換得南洋各國對大明王朝的朝貢。鄭和先後七次下西洋，南洋諸國對明朝的朝貢達三百多次，平均每年有十多次，大有「萬國來朝」之勢，給足了大明王朝面子。

鄭和下西洋耗費了大量的財力，這在當時就招致了許多大臣的批評，有人說：「三保（鄭和原名馬三保）太監下西洋，費錢糧數十萬，軍民死者萬計，縱得珍寶，於國家何益？」這種批評是很有道理的。鄭和船隊從海外買回來的都是香料、寶石、珍奇異獸等奢侈品，對國民經濟和百姓的生活並沒多大的幫助。因此，下西洋的活動在鄭和去世之後迅速偃旗息鼓。

在明成祖朱棣的統治時期，除了鄭和下西洋的航海壯舉，還有幾件大事也值得一說。其一，朱棣將明朝的都城從南京遷到了北京，完成了遷都之舉；其二，朱棣曾五次率軍北征蒙古，鞏固了北方邊疆；其三，朱棣集國家之力，編撰了一部《永樂大典》，這是一部中國古代百科全書式的文獻集。

朱棣去世之後，他的兒子朱高熾繼承皇位，是為明仁宗。仁宗當上皇帝一年就去世了，帝位傳給太子朱瞻基，是為明宣宗。明宣宗當了十年皇帝。在仁宗、宣宗這對父子統治期間，大明王朝四海承平，百姓安居樂業，史書上稱之為「仁宣之治」。可這段時間也僅有十一年，宣宗之後，明英宗朱祁鎮繼承皇位。到了英宗之時，明朝就開始走下坡路了，國勢迅速衰落。衰落的典型事件就是土木堡之變 —— 這場戰爭險些讓明朝亡國。

元朝滅亡之後，元順帝率蒙古貴族逃出大都（今北京）後，繼續統治漠北地區。隨後，蒙古分裂為韃靼、瓦剌及兀良哈三部。這三個部落之間互相征戰，也不時出兵南下，騷擾明朝邊境。經長期征戰，韃靼勢力不斷削弱，瓦剌逐漸強大。

明朝統治者一直害怕蒙古人強大，明成祖朱棣乾脆把國都從南京遷到北京，緊緊盯住北方，形成「天子守國門」之勢，以遏制蒙古人南侵。

不過到了明英宗統治期間，瓦剌部落出了一個名叫也先的首領，他想跟明朝做生意，比如，將蒙古的馬匹賣個好價錢；他還向明朝下聘禮，希望娶一個明朝的公主。按說，這樣的要求完全可以通過談判的方式和平解決。可明英宗寵信的宦官王振辦事不力，不

僅大大削減了蒙古馬匹的價格，而且還將也先送給要迎娶公主的聘禮給退了回去。這讓也先很沒面子。

為了找回面子，也先就在公元 1449 年集結兵馬，進攻明朝。在蒙古軍隊的進攻之下，明軍連連失利。

前方戰事失利的消息傳到北京後，明英宗依然找王振商量對策。而王振出的主意是要明英宗御駕親征。王振跟明英宗說，如果效法曾祖父朱棣的做法，御駕親征，一定可以大獲全勝。明英宗聽信了太監王振的蠱惑，在兩天之內集結了五十萬大軍，匆忙之中就率軍出發了。

由於組織不當，大軍還沒有與瓦剌交戰，在路上就凍死、餓死了很多人，可謂出師不利。當明軍抵達大同時，傳來了前方戰敗的消息。聽到前方使者描述的戰爭慘狀，宦官王振被嚇破了膽，決定班師回朝。

如果明朝軍隊快速返回北京，問題也不大，可是在後撤之時，王振又讓明英宗繞經他的家鄉蔚州，「駕幸其第」，以讓他顯示威風。結果，當明軍行至土木堡的時候，遭到了瓦剌追兵的突然襲擊。明軍猝不及防，三萬騎兵被「殺掠殆盡」，就連明英宗本人也被瓦剌的大軍給俘虜了。而給明英宗出壞主意的宦官王振，則被痛恨他的明朝將領給殺掉了。這件事就是有

名的「土木堡之變」。

土木堡之變可以說是明王朝由盛轉衰的轉折點。經此一戰，明王朝的五十萬大軍被擊潰，皇帝本人也被俘虜，跟隨皇帝出征的五十多位文武大臣全部遇難，這讓明朝上上下下極為震驚。為了應急，朝臣聯合奏請皇太后，立郕王朱祁鈺為皇帝，是為明代宗。

瓦剌俘虜明英宗後，便大舉入侵中原。也先以送太上皇為名，令明朝各邊關開啟城門，乘機攻佔城池。這年十月，瓦剌攻陷了白羊口、紫荊關、居庸關，直逼北京。

面對瓦剌的入侵，大明朝廷惶惶不安，有的大臣甚至提出了南遷都城的逃跑方案。幸好，兵部侍郎于謙力排眾議，組織軍隊堅守京師，同時命令各地武裝力量至京勤王。

于謙分遣諸將率兵二十二萬，於京城九門之外列陣迎敵。他率軍出城之後，就令守城者關閉城門，以示不擊敗瓦剌軍隊不回城的決心。

于謙先指揮騎兵與也先部隊交戰，以佯敗的戰術引誘也先追擊。也先果然中計，當他率軍追至德勝門時中了明軍的埋伏，被擊潰。也先又轉攻西直門，城上守軍也早有準備，也先的軍隊又被擊潰。

也先一看明朝有了新皇帝，他俘虜的明英宗失去

了價值，就將其釋放了，自己也宣告退兵。至此，明朝取得了北京保衛戰的勝利。

于謙指揮北京保衛戰，立下了汗馬功勞，得到了百姓的敬重和愛戴，可是卻得罪了明英宗。後來，明英宗發動了「奪門之變」，從明代宗手中搶回了皇位。重新當上皇帝的明英宗製造冤案，殺害了于謙。

土木堡之變充分暴露了明朝宦官專權的弊端。經此事變之後，這一致命的弊端非但沒有根除，反而愈演愈烈。明朝禍國殃民的宦官，除了明英宗時期的王振之外，還有明憲宗時的汪直、明武宗時的劉瑾、明熹宗時的魏忠賢等，這幾位宦官都權傾天下。

明武宗朱厚照當上皇帝時只有十五歲，他非常貪玩。而宦官劉瑾恰恰抓住這一特點，經常在明武宗玩興正濃的時候把奏摺拿去請他批閱，明武宗這時就說：「你怎麼什麼事都煩我呀？你自己看著辦吧。」如此一來，劉瑾就把內閣的大權掌握在了自己的手裏。

大權在握之際，劉瑾瘋狂地接受官員們的賄賂。當時地方官到京城朝覲的時候，每個人都要送給劉瑾兩萬兩白銀，如果沒有那麼多錢，就得先向京城的富豪借貸，待回到地方後，再想法從老百姓身上盤剝、搜刮。劉瑾後來失勢被抄家時，從家中搜出黃金250萬兩，白銀五千多萬兩，其他珍寶無法統計。

魏忠賢是明朝又一個著名的宦官，他憑藉著明熹宗的寵信控制了朝政。朝廷中的很多大臣紛紛投靠魏忠賢，認其為義父，稱其為「九千歲」，這樣就結成了「閹黨」。「閹黨」勢力牢牢地把持了東廠、西廠等特務機構，實行恐怖統治，打壓東林黨人，把整個朝廷搞得烏煙瘴氣。直到明熹宗死後，繼位的崇禎皇帝才採取果斷手段，嚴懲了魏忠賢和他的「閹黨」。可是此時的明朝，已經被折騰得千瘡百孔、危機四伏了。

張居正改革

明朝自明英宗時期就開始走向衰落，到了中後期，兼併土地的現象非常嚴重。在江南，有的大地主佔田 7 萬頃。在朝廷，內閣大學士徐階一家就佔田 24 萬畝。全國的土地約有一半為大地主所侵佔。這種情況激發了社會矛盾，也使明朝出現了財政危機（因為高官和大地主總能設法避稅）。為了化解危機，明朝萬曆年間的內閣首輔張居正發動了一場有名的變法革新運動，史稱「張居正改革」。

張居正是湖北江陵人，於公元 1547 年中進士，因才能出眾，得到了明穆宗的賞識。公元 1572 年，張居正在太監馮保的支持下，取代高拱，成了內閣首輔。明穆宗去世後，明神宗繼承皇位。明神宗當時只有十歲，他的母親李太后信任張居正，於是，張居正得以總攬朝政，從軍事、政治、經濟等各方面進行改革。

張居正首先創制了「考成法」，嚴格考察各級官吏貫徹朝廷命令的情況，以此罷免因循守舊、反對變革的頑固派官吏，選用並提拔支持變法的新生力量。「考成法」規定，各衙門在辦理公務之前，要根據事情的緩急，制定出一個公務完成的最後期限，並記錄在文簿上，若事情在規定期限內完成了，便在文簿上註銷掉；若沒有按時完成，就要進行處罰。張居正執行「考成法」非常嚴格，務求「法之必行，言之必效」。實行此法加強了中央集權，提高了明朝衙門的辦事效率。

軍事上，張居正整頓武備，編練新軍，啟用了一大批名將鎮守邊防。他還與韃靼汗進行茶馬互市，以貿易

的方式達成和平的目的。從此，北方的邊防更加鞏固，在二三十年中，明朝和韃靼沒有發生過大的戰爭，使北方暫免於戰爭破壞，農業生產有所發展。

經濟方面，張居正在全國開展清丈土地工作，經過清查，全國土地比弘治年間多出了三百萬頃。張居正還對賦稅制度進行改革，推行「一條鞭法」，將原來的田賦、力役和其他各種雜役合在一起，按照田畝多少來徵收賦稅，田多多徵，田少少徵。這使得政府增加了稅源，改善了國家的財政狀況。張居正還選拔官員，治理黃河、淮河，疏通運河。黃河得到治理後，漕船可直達北京。

張居正的全面改革進行了十年，取得了很大的成效。改革提升了明朝國家機器的運轉效率，使明朝政府的財政收入有了顯著的增加，社會經濟有所恢復和發展。張居正也因此被稱讚為「救時宰相」。但由於積弊太深，已成積重難返之勢，張居正的改革並不能從根本上扭轉明朝的頹勢。再加上張居正的改革觸動了既得利益集團，引發了反對派的反撲。公元 1582 年，張居正病死。反對他的勢力立馬對張居正群起而攻之，對張居正心懷不滿的明神宗隨即下令削奪了張居正的官爵，並查抄張居正的家產。如此一來，張居正生前所推行的各項改革措施隨之人亡政息了。

張居正改革失敗之後，大明王朝重振生機的最後一絲希望也破滅了，等待明王朝的，只剩下了一條衰亡之路。

朝貢體系與全球化貿易的巨大錯位

朝貢體系是古代中國處理與海外各國關係的一個長期傳統，這種做法的核心是：中國皇帝以「中央之國」的心態，把周邊各國都看作是中國的藩屬。藩屬要接受中國皇帝的承認與冊封，還有向宗主國朝貢的義務，而中國則要在軍事上保護藩屬國，在經濟上也會對藩屬國多加賞賜。此種外交關係的核心在於，中國方面通過威懾和利誘兩種手段來「懷柔遠人」，讓中國之外的鄰邦表示臣服，從而達到自衛的效果。在這種朝貢體系中，中國方面第一位考量的遠遠是政治意義，而經濟貿易則是附屬的、次要的。

可是到了 15 世紀，隨著全球化貿易的不斷拓展，中國人慣用的朝貢體系已然跟不上時代發展的步伐了。15 世紀到 16 世紀，是世界歷史上公認的地理大發現和大航海時代。歐洲的航海家發現了繞過非洲好望角通往印度和中國的新航路，這標誌著一個「全球化」時代的開始。自此以後，人們的視野與活動範圍，就已經不再局限於某個地區，而是遍及整個地球。世界各大洲之間的經濟聯繫大大加強，國際貿易迅速增加，世界市場慢慢形成。在這個全球化的時代，中國當然不能置身事外。

葡萄牙人最先進入印度洋，佔領了印度西海岸的一些貿易重鎮，他們率先在中國的東南沿海進行走私貿易。葡萄牙人之後，西班牙人也隨之而來，他們來到菲律賓群島，並開拓了海上絲綢之路，將中國的絲綢遠銷西方。再稍後，荷蘭人與葡萄牙人、西班牙人展開商業競爭，於公元 1602 年建立了聯合東印度公司，總部建在

巴達維亞（今天印尼雅加達）。這些新興的歐洲強國與中國進行貿易往來，將中國的絲綢、瓷器運往歐洲和南美洲。

最初，明朝在與葡萄牙、西班牙和荷蘭人做生意的過程中，始終處於貿易順差的優勢地位。可是，貿易順差彌補不了制度上的缺憾。明朝對內實行的皇權專制制度及其外交上奉行的朝貢體系與新的「全球化」時代格格不入。新型的貿易模式需要更有效率的經濟組織以及更能保證經濟持續增長的制度保障和社會環境，而這顯然不是皇權專制的大明王朝所能提供的。因此，明朝錯過了「全球化」的第一班車。這一次錯過，使得中國與整個世界的發展大勢擦肩而過。

社會的發展就像新軟件的開發與升級，15 世紀以後，正是西方人研發出一種名為「全球化」的新軟件並不斷升級之時，而此時的明朝還沉浸在皇權專制和朝貢體系的舊夢之中，拒絕下載「新軟件」。若干年後，待西方人攜其「新軟件」之威，取得突飛猛進的成果之際，中國則因長期的「閉關鎖國」而遠遠地落後於西方了。

明亡清興

　　明朝的最後一位皇帝是明思宗朱由檢，也就是人們常說的崇禎皇帝。公元 1627 年他當上皇帝時只有 17 歲。大明王朝傳到這名少年的手上時已是一個充滿內憂外患的爛攤子。

　　內憂表現在政治上和經濟上。政治上，大明王朝的統治機器經過兩百多年的運行，已經從內部腐爛，宦官專權、黨爭嚴重，政治環境極為惡劣。經濟上，此時明朝的財政面臨著崩潰的危險，土地大量集結在大地主及貴族的手中，越來越多的農民失去了土地。失去土地的農民有的投奔地主，成為佃農；還有的背井離鄉，逃亡在外，成了流民。流民一多，各地就不斷發生饑民暴動事件，農民起義此起彼伏。

　　外患則表現為後金的迅速崛起上。後金是滿族人建立的政權，滿族是女真族的一支後裔，一直居住在中國東北。明朝永樂年間，朝廷欲壓制北元殘餘勢力，在中國東北一帶設立遼東指揮使司，控制女真各部落。到公元 1616 年，建州女真部的首領努爾哈赤統一了各部，建立起後金政權，定都赫圖阿拉（今遼寧新賓縣），割據遼東。後金看到明王朝政治日益腐朽，邊防日益廢弛，就一再向明朝發動進攻，佔領了

遼東地區大小城池七十多座。公元 1636 年，努爾哈赤之子皇太極登基，把後金的國號改為大清，正式建立清朝，與明朝相抗衡。

　　崇禎時的明朝恰好陷入到了內外交困的境地之中。一方面，農民起義形成了兩股巨大的武裝集團，一股為李自成率領，一股為張獻忠率領。另一方面，山海關外的清朝時刻窺視中原，一有機會就舉兵進犯。

　　應該說，在內憂外患的局勢之下，崇禎皇帝還是很想振作起來，挽救大明王朝的。他剛登基兩個月就剷除了宦官魏忠賢及其「閹黨」的勢力，把朝政大權奪回到自己手中。這一舉動，讓很多人看到了希望；他還非常勤政，雞鳴即起，深夜才睡，夜以繼日地工作。他經常召見大臣，研討治國良策。一次，他因「偶感微恙」而沒上早朝就遭到了內閣輔臣的批評。可崇禎皇帝並沒有惱火，他還親筆寫敕書，一面做嚴屬的自我批評，一面褒獎批評自己的輔政大臣。這樣的做派更讓很多人心生感動。崇禎皇帝自幼就非常儉樸，小時候練習寫字時，如果紙張較大，臨摹完 本上的字還有剩餘的空白，那他就會再把剩下的地方都寫滿，以免浪費。當上皇帝之後，他依然保持這種艱苦樸素的作風，衣服破了，他捨不得扔掉，讓皇后給補好繼續穿。

內憂和外患,先解決哪一個?這是一個頗讓崇禎皇帝費腦筋的問題。他也拿這個問題去徵求大臣的意見,結果大臣們的意見不統一,導致此事議而不決,耽誤了不少時機。

　　崇禎皇帝一度採納了內閣大學士兼兵部尚書楊嗣昌「攘外必先安內」的策略,集中優勢力量鎮壓農民起義。可是明朝派出去的官兵比所謂的「流寇」還兇惡,他們經常把大批逃難的百姓殺掉,冒充起義軍的士兵,以向朝廷邀功領賞。這種做法愈發激化了官民矛盾,導致了大量百姓轉而投靠農民起義軍。

　　最初,農民起義主要集中在陝西、山西一帶,可到了公元 1633 年,農民起義反而擴大到了河南、湖廣、直隸、四川等地,成了全國性的農民起義。在這些農民起義軍中,闖王李自成的勢力最大,他於公元 1640 年佔領了河南和陝西。李自成的農民起義也一度快被明朝的軍隊剿滅,但就在他快被剿滅之際,滿族人在遼東挑起了戰事。一看邊關吃緊,崇禎皇帝趕緊調與李自成作戰的部隊去邊關防禦。於是,李自成的農民起義軍又得以存活,並發展壯大起來。

　　當然,在明朝走向滅亡的過程中,崇禎皇帝也犯了不少錯誤。崇禎皇帝這個人本身就是一個矛盾體,他有行事果斷、雷厲風行的一面,但也有多疑多慮、

優柔寡斷的一面；他既有自律甚嚴、生活儉樸的一面，也有大肆斂財，關鍵時刻不肯多掏一分錢的吝嗇的一面；在對待大臣方面，他既有知人善任、重用人才的一面，也有刻薄寡恩、翻臉無情的一面；他對袁崇煥、楊嗣昌、洪承疇等人，任用時言聽計從，優遇有加，可一旦翻臉，就嚴酷無情，說殺就殺，這導致很多好的政策不能執行到底，達不到預期效果；在對待百姓方面，他既體恤民眾疾苦，常下「罪己詔」做自我批評，但又加派無度，置百姓於水深火熱之中。尤其嚴重的是，在面對「攘外必先安內」還是「先攘外後安內」的重大抉擇時，崇禎皇帝一直猶豫不決，結果「內外失據」，滿盤皆輸。

公元 1644 年，李自成在西安稱王，建國號大順。隨後李自成的軍隊，一路進攻到了北京。此時明朝最精銳的一支部隊被吳三桂統領，正在山海關防禦滿族人的入侵。李自成的農民起義軍不費吹灰之力就攻下了北京。崇禎皇帝走投無路，在紫禁城北面煤山（今景山）的一棵大樹上自縊身亡。明朝就此滅亡，而李自成則以大順皇帝的身份在北京登基。

局勢似乎朝著有利於李自成的方向發展，可是李自成手下的將領迅速腐化墮落，他們在京城拷掠王公貴族，大肆搶奪金錢和美女。李自成本來想招降吳三

桂，可就在吳三桂準備接受招降之際，李自成手下的大將劉宗敏卻搶劫了吳府，霸佔了吳三桂的愛妾陳圓圓。吳三桂獲悉此事之後，怒不可遏，發佈聲討李自成的檄文，並寫信給清朝的攝政王多爾袞，請求出兵相助，聯合攻擊李自成的部隊。清朝多爾袞的軍隊正想揮師入關，於是雙方一拍即合，達成了聯合對付李自成的協議。

李自成率主力部隊在山海關與吳三桂和清軍展開大戰，結果戰敗，一路潰逃。僅當了 42 天皇帝的李自成逃離北京，北京城由大順易手到大清。

清朝大軍佔領北京城後，擁立皇太極的兒子愛新覺羅‧福臨稱帝，是為順治皇帝。作為對吳三桂的回報，清廷讓吳三桂以陝西總督的名義繼續率軍追剿李自成。吳三桂一路追剿，很快撲滅了李自成的起義軍，李自成也兵敗被殺。

崇禎皇帝冤殺袁崇煥

袁崇煥（公元 1584—1630 年）是晚明時期最著名的將領，他雖是文人出身，但有膽略，好談兵。他於天啟二年（公元 1622 年）單騎出關，考察關外地形地貌和敵我形勢，還京後，自請守衛遼東。獲准後，他守衛寧遠（今遼寧興城）。天啟六年（公元 1626 年）正月，努爾哈赤統領 6 萬大軍進攻寧遠。袁崇煥堅守孤城寧遠（相關地區的明軍紛紛撤退），以不到 2 萬的兵力擊退了努爾哈赤的進攻，取得了寧遠之戰的勝利，史稱「寧遠大捷」。第二年，袁崇煥又在寧遠、錦州等地打敗了前來進犯的皇太極，史稱「寧錦大捷」。袁崇煥本人因軍功卓著而升任兵部尚書兼右副都御史，督師薊遼，人稱「袁督師」。

皇太極要經山海關進攻北京城，就必須除掉袁崇煥，於是就設計了一個反間計。首先，皇太極向袁崇煥發書，要求和談。袁崇煥考慮到明軍也需要時間備戰，就同意和談。同時，皇太極又提出了條件，要求袁崇煥提著名將毛文龍的頭顱來議和。原來，當年滿洲人攻下遼東後，毛文龍逃到沿海島嶼，招募百姓四十多萬，屢次襲擾滿洲人。

袁崇煥此時犯了一個大錯誤，他接受了皇太極的條件，打著犒勞軍士的幌子前往毛文龍駐守的小島，殺掉了毛文龍。此事傳到朝廷，讓崇禎皇帝頗為震驚。崇禎皇帝雖然賦予了袁崇煥「先斬後奏」的權力，但袁崇煥未經奏報就自作主張，殺掉了毛文龍這樣替朝廷鎮守一方的將領，其做法實在有些過分。崇禎皇帝雖然沒有

追究袁崇煥「擅殺毛文龍」的責任，但已對袁崇煥起了戒心。

接著，皇太極避開山海關，繞道漠南進攻北京。袁崇煥在巡視山海關時獲悉了皇太極進攻北京的軍報，趕緊率領九千精兵晝夜兼程，赴京救援。

袁崇煥率領精兵在廣渠門和左安門戰勝了後金軍，保衛了京城的安全。可就在北京轉危為安之時，京師之中謠言四起，說後金軍是袁崇煥帶領而來的。崇禎皇帝不辨是非，直接將袁崇煥拒於京師門外，命令其屬下滿桂率軍入京師護衛。

皇太極得知袁崇煥駐守城外的消息後，又讓兩名將士在被俘的明朝太監帳外談話，說皇太極已與袁崇煥有密約，大事將成云云，故意讓太監聽到這番話，之後再將其放走。

崇禎皇帝接到太監的密報後果然中計，他以商議軍餉為由，將袁崇煥召到宮中。當時，北京城戒備森嚴，九門緊閉，袁崇煥只得坐在筐中，被人用繩索吊到城上。等到了宮中，還未議餉，崇禎皇帝就下令將其逮捕，下錦衣衛獄，隨後以「叛賊」的罪名將袁崇煥凌遲處死。

值得一說的是，在袁崇煥被凌遲處死之際，京城的百姓不但不同情「袁督師」，反而「以錢爭買其肉」「將銀一錢，買肉一塊，如手指大，啖之，食時必罵一聲……崇煥肉悉賣盡」。袁崇煥被凌遲處死可以說是崇禎一朝最大的冤案。崇禎皇帝冤殺袁崇煥，堪稱為「自毀長城」。

「洪武型財政」與明朝滅亡的關係

「洪武型財政」是歷史學家黃仁宇先生提出的一個概念，他研究發現，在導致明朝滅亡的諸多原因中，財政危機也是一項重要的因素。而明末之所以頻頻陷入財政危機的狀態中，又與明朝統治初期朱元璋所採取的財政政策密不可分。因為明代的財政經濟政策是具有連貫性的，它由明代開國君主朱元璋一手設計，其特點就是徹底放棄商業化的努力，使財政經濟退回到以小農經濟為基礎的局面。「洪武型財政」的核心就是以節儉的原則維持國家運行的最低水準，而從來不考慮增加財政收入。朱元璋甚至幾次警告官員，凡膽敢提出增加國庫收入者，均被視為國家的敵人。在這種理念的指導下，國家的稅收主要為農業稅，對商業稅和海關稅則從不重視。

黃仁宇先生認為從一開始，明太祖主要關心的是建立和永遠保持一種政治現狀，他不關心經濟的發展。在他的財政計劃中，他除了在全國建立一個統一的財政制度外，很少注意其他內容。他的實踐和徵稅標準，總是定在最低而不是最高水平之上，這種做法實際上限制較進步的經濟活動發展，所以較落後的部門也能在統一稅制中存在。……可以毫不誇張地說，許多指責，如政府的腐敗和官員的弊病、與公共財政有聯繫的社會醜惡現象、工商業停滯等等，都可以部分或者全部地，直接或者間接地歸因於明太祖建的財政措施。……明朝政府不但不創造發展經濟的條件，而且積極反對介入商業活動。

就經濟管理而言，「洪武型財政」可說是經濟政策的一種大倒退。我們知道，古代中國的大多數統治者都重

農抑商，可是到了宋朝，宋太祖趙匡胤從建國伊始就對工商業十分重視，宋代的工商業也空前繁榮。後來經過王安石變法，更是將宋代的商業化社會推向了一個新的高峰。

可是，明太祖朱元璋卻不能順應這種發展大勢，他十分痛恨王安石變法，說：「宋神宗用王安石理財，小人競進，天下騷然，此可為戒。」他的財政政策就又恢復到重農抑商的舊框架之中，以最簡單的農業稅為財政稅收的核心，將大明王朝建築在了小農經濟之上。這意味著明朝不鼓勵發展工商業。自此，明朝經濟成為一個龐大的扁平體，除了成千上萬戶農民家庭，再就是統治者。民眾直接面對國家，沒有中間的商業機構，審計、會計等商業技術機構也隨之不能得到發展。如此一來，當國家日後面對越來越繁複的社會事務時，也就找不出恰當的技術手段來處理。社會問題越積越多，社會矛盾愈來愈大，明朝的「維穩工作」也就變得困難重重。

更關鍵的是，由於國家的財政稅收來源過於單一，到了後來土地兼併嚴重時，明朝的稅收逐漸減少，而內憂外患又一起爆發，國家需要花大筆的錢財才能應付對外的遼東戰事和對內的鎮壓農民起義。這個時候，明朝在經濟政策上找不到更好的調控辦法，就只能加重對農民的剝削。而對農民剝削越重，就越會引發農民起義，成了惡性循環。最終，李自成的農民起義推翻了大明王朝。

清朝前期的統治

多爾袞在公元 1644 年率清軍入關，最初宣稱是來幫助消滅「流寇」的，可是等趕走李自成的農民起義軍之後，滿族人自己佔領了北京，開始統治中原。

明朝有許多文武官員，並不甘心接受滿族人的統治，他們找來一位明朝的皇室子孫福王做皇帝，在南京城重建了一個小朝廷，是為南明政權。可惜的是，南明王朝的皇帝和官員忙於享樂和內鬥，不能有效抵抗清軍的進攻。

公元 1645 年，清軍圍攻揚州，鎮守揚州的史可法誓死不降，組織全城軍民拚死一戰。清軍最後用大炮轟開了城牆，攻陷了揚州城。史可法被俘，遭到殺害。憤怒的清兵開始屠殺揚州百姓，十天之內殺掉了 80 萬人，繁華的揚州城一下子變成了人間地獄，史書上將這次大屠殺定名為「揚州十日」。隨後清兵又攻陷了南京城，南明小朝廷的福王被活捉，押往北京處死。

清軍在向南方推進的過程中，還頒佈了「剃髮易服」令，要求十日之內，所有的男子，一律要把頭髮的前半部分剃光，後面留一條辮子，就是要讓漢人男子的髮型與滿族男子保持一致。這樣的命令讓所有的

漢人大為憤慨，大家認為，髮型和服飾是祖先留下的文化習俗，怎麼能說改就改呢？於是，圍繞著「剃髮易服」令，江南人民與清兵又展開了激烈的鬥爭。公元 1645 年夏天，10 萬名江陰百姓面對 24 萬名清軍的進攻，堅守孤城 81 天，擊斃清軍 7.5 萬人，其中親王 3 人，大將軍 18 人。城破之日，清軍下令屠城，聲稱「滿城殺盡，然後封刀」。結果江陰全城百姓「咸以先死為幸，無一順從者」。嘉定的百姓也奮力抵抗，城陷之後也慘遭清軍屠城。

在福建沿海一帶，鄭成功寧可與父親鄭芝龍斷絕父子關係，也不肯投降清朝。他打出「背父救國」的旗幟，號召人民反清復明。為了獲得反清復明的根據地，鄭成功率軍擊敗了佔據台灣的荷蘭人，將台灣收復到中國人的手中。

為了隔離沿海人民與鄭成功等反清勢力的聯繫，清朝統治者頒佈「遷海」令，強迫山東、江蘇、浙江、福建、廣東等地的沿海居民離開海岸，向內陸遷徙。這一次強制性移民，不僅給東南沿海地區的人民帶來了深重的災難，而且也開啟了清朝「閉關鎖國」的政策。從此之後，清朝一直對來自海上的力量採取躲避、封鎖、不接觸等消極性的政策。此等政策直接導致了中國與外部世界的隔絕。

在經過血腥的征服之後，清朝建立起穩定的政權。之後，清朝的統治者開始調整政策，一面想盡辦法把權力牢牢地掌握在皇帝手中，一面努力學習中原文化，採用懷柔策略來管理國家。清朝統治者為了減少漢人的疑慮與隔閡，在政治上基本沿用了明朝的體制，也設有內閣、六部等。不過，在所有行政機構中均採用「滿漢雙軌制」的管理方法，即設置滿、漢兩個首長，滿人掌握核心權力，漢人負責具體工作的實施。

清朝的皇帝自順治皇帝起，就帶頭學習漢語、漢文。順治皇帝在登基的第一年就封孔子的 65 代孫為「衍聖公」，表達清朝政權在意識形態上的「尊孔」態度。順治之後，康熙、乾隆均多次到山東曲阜祭孔。清朝還恢復科舉取士的做法，鼓勵人們學習儒家的「四書五經」。這些做法爭取了中原士人的支持，對穩定社會秩序大有裨益。

順治皇帝之後，清朝進入到了康熙、雍正、乾隆三朝所謂的「康乾盛世」階段。康熙是有名的賢明君主，他的文治武功備受讚譽。他 8 歲登基，14 歲親政。他先清除了擅權的大臣鰲拜，然後又平定了三藩（吳三桂、耿精忠、尚可喜）的叛亂，將大權全部收歸中央。在對外事務上，他遏制了沙皇俄國的擴張，簽

訂了《尼布楚條約》，劃定了中俄東段的邊界，使中國的東北方維持了一百五十多年的和平。解決完東北領土問題之後，康熙皇帝又揮師西北，討伐準噶爾汗國，擊敗了它的首領噶爾丹。在台灣打出反清復明旗幟的鄭氏政權，在鄭成功去世後，他的孫子鄭克塽也在康熙統治期間歸順了大清朝。

與武功相比，康熙皇帝的文治似乎更讓人刮目相看。他倡議編修了一部《康熙字典》，裏面收集了近五萬漢字；他還組織編輯了九百多卷的《全唐詩》和一萬多卷的《古今圖書集成》；他甚至還派遣傳教士到全國測量地形、地貌，繪製出了中國第一部實測地圖——《皇輿全覽圖》。

康熙在當了 61 年皇帝後去世了，接替皇位的是他的第四個兒子胤禛，也就是雍正皇帝。雍正在位的時間雖然只有 13 年，但他的政績也比較可觀。他整頓吏治，打擊朋黨，在用人和理財方面多有建樹。在雍正統治期間，清朝國庫存銀達 6,000 萬兩，是清朝最富庶的一個階段。

雍正之後，乾隆繼承了大清國的皇位。由於祖父和父親已經把國家建設得強大富足了，乾隆在位期間乘勢不斷征伐，建立了所謂的「十全武功」，征服了南方的緬甸、安南以及平定西藏的內亂。這其中尤以

成功管理西藏最值得稱道。公元 1750 年，西藏發生叛亂，乾隆皇帝派兵平定了叛亂，並趁機將西藏喇嘛教的教權也納入到了清朝的行政管理框架之中。他創造了「金瓶掣籤」的方法，用來確定達賴和班禪的轉世靈童。這些做法既在當時穩定了西藏的秩序，又為後世所沿用。

清代的人口壓力

中國現在的人口有 13 億之多，是世界上的第一人口大國，可在歷史上，由於絕大多數時間都處在農業時代，中國人口的增長是很緩慢的，直到宋朝才突破 1 億，明朝末年全國的總人口才達到 1.5 億，人口的迅猛增長是到清代才發生的事。乾隆年間，全國總人口數突破 3 億大關。清朝前期，人口迅猛增長的原因，主要是由於經濟的高速發展，經濟總量的擴大為人口的持續增長提供了物質保障。當然，康熙在 1712 年宣佈「盛世滋生人丁，永不加賦」的政策也刺激了人口的迅猛滋生。

在清代以前，人口的持續增長一向被認為是盛世的標誌。清朝統治者最初也是這麼認為的。可是當人口突破 3 億大關以後，土地上的出產已經難以滿足越來越多的人生存的需要。清代學者洪亮吉在乾隆年間就看到了人口增長對社會造成的巨大壓力，提出了他自己的「人口論」，其內容可概括為三點：其一，耕地的增長速度趕不上人口的增長速度。其二，當人口壓力過大時，為解決過剩人口，就得用「天地調劑之法」和「君相調劑之法」。所謂「天地調劑之法」，就是發生水旱、瘟疫等自然災害，天災會造成人口的大量減少。所謂「君相調劑之法」是指政府通過移民、墾荒、救濟等方式盤活資源，盡最大的可能來養活越來越多的人口。其三，如果「天地調劑之法」和「君相調劑之法」都失效了，那麼人口急速增加就會引發社會動亂。

乾隆末年和嘉慶初年的白蓮教起義，可在一定程度上看作是人口壓力引發的一次社會危機。清朝早期，大量流民進入了四川、湖北、河南交界的荊襄地區，靠開

發那裏的原始森林賴以謀生。到了清朝中期，這一地區的人口達到了它所能容納的最大限度。在這種情況下，一旦遇到災荒，農民就會流離失所，成為流民，流民一多，則必引發社會動蕩。

白蓮教起義就是在這種情況下發生的。乾隆後期，官僚、地主、富商大肆兼併土地，導致社會矛盾愈發激烈。荊襄地區人口激增，人均耕地嚴重不足，糧食出現短缺，糧價隨之猛漲，饑民越來越多。此時，再加上統治階級生活奢侈、貪官污吏橫行，人們的反抗情緒日益高漲。白蓮教教首樊明德成功地利用了人們對朝廷的不滿情緒，在河南向教徒提出已到「末劫年」、將要「換乾坤，換世界」的所謂教義。稍後，白蓮教的領袖劉松、劉之協、宋之清等人在湖北、四川、安徽等地傳教，又提出「彌勒轉世，當輔牛八」（牛八即朱字拆寫，暗指反清復明）。他們向信徒許諾，入教者不僅可免一切水火刀兵之災，而且習教之人「穿衣吃飯，不分你我」「有患相救，有難相死，不持一錢可周行天下」等。這種帶有平均主義和民粹主義傾向的宣傳滿足了底層民眾的要求。因此，白蓮教迅速發展壯大，他們很快將「吃飯穿衣，不分你我」的口號轉化成了名為「吃大戶」的聚眾哄搶行動。零散的聚眾哄搶最後在 1795 年釀成了大規模的武裝起義。白蓮教起義者以白旗為號，白布包頭，互相聯絡，聲勢浩大。

白蓮教起義不斷蔓延，波及湖北、陝西、四川、河南、甘肅五個省，歷時九年。清朝動用了大量的軍隊，耗費了 2 億兩白銀（相當於清朝當時四年的財政收入）才平定了這場社會動亂。平定這場動亂讓清朝元氣大傷，清朝就此結束了康乾盛世，轉而走向衰落。

清朝的文字獄

清朝統治者是以少數民族的身份入主中原的，他們的統治帶有鮮明的「部族」特點，即他們的所有政策都以有利於維持滿族人的統治地位為最優先的選項。因此，清朝前期的統治者在開疆闢土、發展經濟的同時，也製造了大量的文字獄，以鉗制人民的思想。

比如，雍正時期的禮部侍郎查嗣庭出任江西考官，出了一道「維民所止」的考題，就因為出這考題被捕自殺，原因是有人將「維」和「止」兩個字解釋為要去掉「雍正」的頭。乾隆時期，文人全祖望撰文歌頌順治，其中有「為我討賊清乾坤」之句，這個句子使他差點喪命，乾隆的解釋是「竟敢冠賊字於清字之上，尤為悖逆」。在今天看來，清朝皇帝所搞的文字獄，簡直就是「雞蛋裏挑骨頭」，毫無道理可言。可清朝前期的幾代皇帝，一共製造了大大小小一百多起文字獄，很多讀書人因為撰文、寫詩而被處斬，他們的家人、朋友和學生也都遭受了株連。

清朝統治者製造的文字獄摧殘了中國的思想活力和文化創造力。中國古代的士大夫，原本有以天下為己任的情懷和氣節，可是在清朝大規模文字獄的高壓之下，讀書人只好放棄崇高的理想和士人的擔當精神，轉而做沒有風險的「考據學」「金石學」等遠離政治的學問。時間一長，讀書人便從有節操的士大夫變成了甘心為皇權效命的奴才。

乾隆皇帝甚至在組織編輯《四庫全書》之時，仍然不忘以專制者的心態來閹割中原文化。乾隆皇帝命人把

所有重要的書籍搜集完整，重新編寫一套有史以來最大的叢書，取名《四庫全書》。《四庫全書》分經、史、子、集四部，基本上囊括了中國古代所有圖書，可就在整理大量古籍的同時，乾隆命人乘機銷毀了對清朝統治者不利的書籍。可以說，乾隆組織編輯《四庫全書》，表面上是在做一項浩大的文化工程，可實質上則是借機對中國古書進行一次大審查——凡是不利於清朝統治者的古籍，一律銷毀。有人統計，乾隆編輯《四庫全書》時銷毀的書籍有十五萬冊之多，此外還銷毀版片一百七十多種，八萬多塊。此外，乾隆還借機對明朝檔案進行了系統性的銷毀，致使明朝檔案僅剩三百多件，估計不少於一千萬份的明朝檔案被銷毀。因此，歷史學家吳晗說：「清人纂修《四庫全書》，而古書亡矣。」

在中國延續了兩千多年的帝國制度，到了明朝的時候其實就已經失去活力了。明朝中後期出現那麼多不靠譜的皇帝，這從一個側面也能說明，把一個巨大的帝國交付給皇帝一個人來管理是多麼不靠譜。專制獨裁的壞處，不但普通民眾能感受得到，而且就連身為最高統治者的皇帝也不堪重負、深受其苦。清朝取代明朝之後，繼續沿用帝國制度，而且皇帝專制的程度比明朝有過之而無不及。清朝前期之所以取得了「康乾盛世」的局面，原因根本不在於制度創新、文化創新，而僅僅在於清朝的統治者「舊瓶裝新酒」，靠著特殊生命力給瀕於滅亡的帝制又輸了一次血而已。所謂的「康乾盛世」，在某種程度上也可看作是帝制的最後一次迴光返照。

清朝的衰落

　　歷史中充滿了因果。前一個朝代滅亡的原因，往往會讓新王朝的統治者倍加警惕，實現良好的治理。一段難得的盛世之中，往往也會埋下了後來衰敗的種子。

　　大清王朝也是如此。或許是鑒於明朝中後期不靠譜的皇帝太多的教訓，清朝前期的皇帝，均勤政、好學，再加上統治所造成的精神緊張和文化焦慮，康熙、雍正、乾隆等皇帝在治理國家時無不小心翼翼、兢兢業業。正是在這樣的背景下，才有了所謂的「康乾盛世」。

　　「康乾盛世」算是一段相對承平、秩序井然的歲月，可是在這盛世之下，衰落的因素已然呈現。就在乾隆統治的後期，清朝便轉入了衰運。由盛轉衰的原因，最直接的表現就最高統治者的氣度一代不如一代。以國家富強程度而論，當然是乾隆一朝最盛，可就帝王的個人氣質而言，乾隆之好大喜功，不如雍正之勵精圖治；而雍正之刻薄寡恩，又不如康熙之寬仁厚重。

　　清朝由盛轉衰的另一個原因則在於清朝官僚日益腐敗、墮落。清朝剛剛建立之初，統治者對中原漢

人充滿了戒備之心，不敢有絲毫懈怠。可在經過一百多年的承平歲月之後，他們覺得統治已然穩固，戒備之心日漸放鬆，而人性卑劣的一面則日漸暴露，政治上出現了大面積的貪腐現象。比如，乾隆晚年寵信和珅，和珅則瘋狂貪污。及至嘉慶打擊和珅，對其抄家之時，發現其家中珍寶無數，家財有 8 萬萬之多，相當於當時清朝十年的財政收入。巨貪到如此程度，可謂駭人聽聞，故有「和珅跌倒，嘉慶吃飽」之說。和珅不過是清朝官場腐敗的一個例子而已，當時清朝的很多官員都望風貪腐，官場風氣日益敗壞。

吏治敗壞之後，官民矛盾增加，再加上人口的急劇增長超過了耕地出產糧食的供給限度，乾隆末年的社會矛盾和階級矛盾十分尖銳，由官逼民反而導致的民變現象屢見不鮮。到了嘉慶初年，則爆發了大規模的白蓮教起義。白蓮教起義讓清朝元氣大傷，盛世局面從此結束。到了道光年間，中英之間爆發了鴉片戰爭，揭開了中國近代史的開端。

鴉片戰爭之所以具有劃時代的意義，就在於它標誌著清朝對外關係的一種重大轉變：由原來的中國人慣用的朝貢體系轉向世界通行的條約體系。這種轉變是被迫完成的，但它也意味著中西方交流的大勢不可阻擋。鴉片戰爭既是清朝衰敗的一個結果，同時又是

中國人發現西方、認識西方、學習西方的一個開端。

在鴉片戰爭之前，中國在世界上是一個孤立的國家，沒有加入任何國際團體，除在康熙年間因戰事與俄國簽訂了《尼布楚條約》外，沒有與世界上的其他各國簽署協約。與國際上的孤立處境相匹配的，是中國的通商制度極不合理。公元 1757 年，乾隆皇帝下令，只允許廣州一地為通商口岸，隨後又規定外國人必須經過「公行」的溝通，才能與中國通商。「公行」由此操縱了對外貿易的專營權，並利用特權敲詐勒索外商，肆意盤剝。公元 1792 年，英國國王喬治三世派出以馬戛爾尼勳爵為首的訪華使團，希望能和中國通商。可是，自命不凡的乾隆皇帝一口回絕了英國的通商要求。23 年之後，英國再次派出使團訪華，繼續要求通商。結果，因使團拒絕向嘉慶皇帝行跪拜大禮，直接就被驅逐出境了。

大清帝國在衰落之際還如此傲慢，全因其不了解世界大勢。就在乾隆皇帝忙著下江南遊玩之際，世界已經發生了天翻地覆的變化，一位叫瓦特的英國人改良了蒸汽機，工業革命由此揭開了序幕；在美洲大陸，一群英國移民建立了一個嶄新的國家，叫美利堅，這是一個完全沒有皇帝的國家；在歐洲，法國人民發動了大革命，處死了國王路易十六，把貴族也趕

跑了，建立了法蘭西共和國。此時，西方已經升級到了工業化時代，「主權在民」的民主體制也已經確立，「自由、平等、博愛」等人權觀念逐漸成為社會共識。而中國人對這些則一無所知，在國人眼裏，西方人只不過是一種長著高鼻樑、藍眼睛的野蠻人。對於這樣的人，還是不接觸為妙。這種保守的觀念讓中國自絕於世界體系之外，變得越來越落後。

以英國為首的西方人要在全球範圍內發展貿易，他們絕不會放棄中國這個巨大的海外市場。既然用外交協商的方式不能實現與中國通商的目的，那他們就選擇用鴉片交易來敲開中國的大門。鴉片大量輸入，不僅危害了國人的健康，而且導致中國白銀大量外流，引起銀價劇烈上漲，給中國社會造成了巨大的破壞。道光皇帝於是命令欽差大臣林則徐去廣東禁煙。林則徐用圍困英國使館、扣押英國商人等嚴厲的手段查禁了二萬多箱鴉片，並於公元 1839 年 6 月在虎門海灘銷毀了查禁的鴉片。

嚴厲的銷煙運動使中英兩國的矛盾迅速升級。為了挽回面子和實現通商，英國議會於 1840 年通過決議，對中國發動戰爭。鴉片戰爭中，英國最初只派出了遠征軍七千人，後來逐漸增加到兩萬人，僅僅憑著這樣的兵力，就擊敗了總人口超過四億、軍隊人數世

界第一的大清王朝。這足以說明，中國確實落後了。還停留在古代農業時期的中國及其軍隊，根本不可能與已經崛起的先進工業國進行對抗。在鴉片戰爭失敗後，清朝與英國人簽訂了《南京條約》，清政府向英國賠償銀元兩千一百萬兩，把香港割讓給英國，同時開放廣州、福州、廈門、寧波、上海五處通商口岸，允許英國人在這五地通商、居住。

　　但鴉片戰爭並沒有讓國人的觀念發生根本改變，清朝官員對待英國人依然用老一套的外交手法，不願意切實履行條約的規定。例如《南京條約》約定，英國商人可以住在廣州城，但實際上英國人進不了廣州。英國人找中國官員談判，則沒人回應，中國官員採取能躲就躲、能拖就拖的戰術，消耗英國人。於是中英雙方又產生了很多摩擦和矛盾。公元 1856 年，廣東巡撫葉名琛派兵登上英國「亞羅號」商船搜查，此事再次引發了戰爭。這一次，英法兩國組成聯軍，一直打到北京，咸豐皇帝出逃熱河，英法聯軍洗劫並燒毀了圓明園。

　　在外部受到列強侵略的同時，大清國的內部也不斷爆發民變。民變事件的發生，一則是官逼民反，二則是潛伏於民間的「反清復明」思想趁大清國衰落之際重新燃起。自公元 1840 年鴉片戰爭爆發到公元

1851 年太平天國起義的這 11 年間，清朝無一年不爆發「民亂」。「民亂」不斷聚積，最終就引發了規模巨大的太平天國運動。

太平天國運動的領導人是洪秀全。他創辦拜上帝教，打著宗教的旗號組織農民起來反抗清朝。他於公元 1851 年在廣西金田村率領農民起義，隨後攻佔了永安縣城，建號太平天國，洪秀全自稱天王，正式挑戰清政府。太平軍一路進兵，於公元 1853 年攻下了南京，定都於此，改名天京，形成了與大清王朝爭奪天下的局勢。太平天國直到公元 1864 年才被湘軍消滅，前後歷時 14 年，是歷史上規模最大的農民起義。

在鎮壓太平天國起義的過程中，曾國藩和他創辦的湘軍趁勢崛起。曾國藩和他的同僚、門生們開始創辦洋務，推動中國走向工業化。他們興辦近代軍事工業和民用工業，並對清廷的軍事、外交、文化教育及相關機構進行改革。這在當時是一種進步的力量。但在轟轟烈烈地搞了三十多年「洋務」之後，中國還是在甲午海戰中敗於日本，不得不再次簽訂屈辱條約，割地賠款。甲午海戰失敗及隨後中日《馬關條約》的簽訂，標誌著洋務運動的最終失敗 —— 洋務運動並沒有使中國真正強大。

中國在甲午海戰中失敗，在外部引發了列強瓜

分中國的狂潮。各國看到日本在中國獲得實際利益，就競相爭奪，紛紛要求劃定勢力範圍。甲午戰爭也促使中國人猛醒：既然洋務運動不能救中國，那麼中國該往何處去呢？於是就有了「改良」和「革命」兩種思路。

提出改良方案的代表人物是康有為，他在中日《馬關條約》簽訂後，發動在北京考試的舉人聯名上書，主張遷都抗戰，這便是有名的「公車上書」。「公車上書」揭開了維新變法運動的序幕。維新變法運動在公元 1898 年（戊戌年）達到了高潮，這一年，康有為上書光緒皇帝，提出了一系列的改革建議。光緒皇帝對康有為大加讚賞。於是，康有為、梁啟超、譚嗣同等人在光緒皇帝的支持下推行變法。在 103 天之內，維新派發佈了兩百多項改革措施，如罷免了許多頑固守舊大臣的職務，裁撤了一些不必要的機構，廢除了八股文，等等。

維新變法運動打碎了很多人的鐵飯碗，引起了一些保守官員的反對。更關鍵的是，光緒皇帝大批裁撤官員，讓慈禧太后感到大權旁落。於是，慈禧太后發動政變，囚禁了光緒皇帝，並下令逮捕參與變法的人，維新變法運動宣告失敗。康有為、梁啟超等人逃到了日本，譚嗣同、林旭、楊深秀、劉光第、楊銳、

康廣仁六人則喋血菜市口，是為「戊戌六君子」。

維新新派的戊戌變法運動失敗後，剩下的就只有「革命」一途了。提出革命主張的代表人物是孫中山，他早年曾上書李鴻章，提出改革主張，但李鴻章置之不理。孫中山由此得出結論：與清朝統治者談改革無異於與虎謀皮。只有通過發動武裝革命，徹底推翻清王朝，才能最終救中國。公元 1894 年，孫中山在檀香山成立了革命組織「興中會」。

戊戌變法運動失敗後，孫中山的革命主張得到了許多社會精英的認同。革命事業發展得很快，全國各地都成立了革命團體，孫中山將各地的革命團體聯合起來，組成了「同盟會」。同盟會發動了好多次武裝起義，都失敗了。可是在公元 1911 年 10 月 10 日，湖北新軍中的革命黨趁著清軍被調往四川鎮壓保路運動之機發動了武昌起義，這次起義成功了。

武昌起義之後，各省紛紛宣佈獨立，大清帝國由此土崩瓦解。公元 1912 年 2 月 12 日，隆裕太后攜 6 歲的溥儀皇帝舉行了最後一次早朝，頒佈退位詔書，宣佈「將統治權歸諸全國，定為共和立憲國體，近慰海內厭亂望治之心，遠協古聖天下為公之義」。此舉標誌著 268 年的大清王朝正式終結，同時也宣告自秦始皇以來實行了兩千多年的帝制徹底走到了盡頭。

馬克思對太平天國的兩次評價

洪秀全本是個落第秀才，他所創立的「拜上帝教」不過是借用了基督教中的「上帝」之名而已，他宣稱耶和華為「天父」，耶穌為「天兄」，自己則為「天弟」。他自稱是奉天父、天兄之命來救世界的。「拜上帝教」還拋卻了基督教中教人隱忍的修身內容，強化善惡對立，號召信徒「誓滅清妖」。同時，在禮拜唯一真神「上帝」的名義之下，太平天國還取締了祖先祭祀，搗毀孔子牌位，焚燒儒家經典。這實際上是挑戰中國倫理綱常和道德信仰的野蠻行為。這一點，恰如李澤厚所言：「洪秀全的上帝不是近代資產階級的『博愛』之夢，而是農民弟兄的復仇之神。」可以說，洪秀全創辦「拜上帝教」，不過是借「上帝」之名，假託神權來維護自己的統治而已。

在洪秀全領導太平天國攻擊清朝之時，西方列強對中國的局勢並沒有明確的判斷，他們不知道是該支持清廷還是該支持太平天國。可是，隨著時間的推移，洪秀全及其統治集團無知、奢靡、粗暴、顢頇的一面越來越為世人所熟知。尤其是在定都天京之後，太平天國的統治階層，就迅速腐化變質，他們一面大肆享樂，一面互相猜忌、傾軋。洪秀全等人口口聲聲說諸王是天父所生的平等兄弟，可結果卻是兄弟相殺；他們宣揚廢除私有制，建立「有田同耕，有飯同食，有衣同穿，有錢同使，無處不均勻，無人不飽暖」的美好天國，可實際上是洪秀全和諸王聚斂了大量的財富；他們倡導夫妻分營而居和一夫一妻制，可天王洪秀全卻有 88 個嬪妃，比清

朝皇帝的還多。這哪裏是基督教所允許的？至此，「拜上帝教」為西方傳教士所深深唾棄，西方人對待太平天國的態度發生了逆轉，他們最終選擇了支持清朝，美國人腓特烈·華爾還組建洋槍隊，與太平軍作戰。

最能說明外國人對太平天國態度轉變的就是馬克思。太平天國起義剛爆發不久，馬克思即撰文支持這場運動，他詩意地預言：「世界上最古老最鞏固的帝國，八年來在英國資產者大批印花布的影響下，已經處於社會變革的前夕，而這次變革必將給這個國家的文明帶來極其重要的結果。如果我們歐洲的反動分子在不久的將來逃奔亞洲，最後到達萬里長城，到達最反動最保守的堡壘的大門，那麼他們說不定就會看到這樣的字樣：中華共和國──自由、平等、博愛。」

這樣的預言顯然過於樂觀了，12 年之後，公元 1862 年，當馬克思充分了解情況之後，他又在《中國紀事》一文中毫不留情地抨擊太平天國：「除了改朝換代之外，他們沒有給自己提出任何任務，他們沒有任何口號，他們給予民眾的驚惶比給予老統治者們的驚惶還要厲害。他們的全部使命，好像僅僅是用醜惡萬狀的破壞來與停滯腐朽對立，這種破壞沒有一點建設工作的苗頭……太平軍就是中國人的幻想所描繪的那個魔鬼的化身。但是，只有在中國才有這類魔鬼。這類魔鬼是停滯的社會生活的產物！」

洋務運動為什麼會失敗？

從 19 世紀 60 年代初期到 90 年代中期，在這三十多年的時間裏，洋務運動在中國呼風喚雨，風光一時。它是清廷在內外交困之際所採取的一種自保性質的改革。當時，外有列強環伺，內有太平天國起義，在這種情況下，清廷的一部分當權官僚決定首先把「心腹之害」的太平天國鎮壓下去，而後再設法抵禦被認為是「肢體之患」的外國侵略。為此，他們開始實行所謂的「自強新政」，引進和學習西方先進的科學技術（首先是軍事技術），一方面企圖通過與西方搞好關係，以爭取軍事支援，另一方面也想通過此舉實現中國的工業化，最終達到「自強」的目的。

洋務派的想法當然是不錯的，可是，一開始，洋務運動就在體制和技術之間出現了脫節的現象。按照張之洞的說法，洋務運動之學習西方是「中學為體，西學為用」，意即堅持大清帝國的整個體制和意識形態「不動搖」，僅僅學習西方的技術。豈不知，「體」和「用」在很多時候都是不可分離的。正如嚴復所說：「體用者，即一物而言之也，有牛之體，則有負重之用；有馬之體，則有致遠之用。未聞以牛為體，以馬為用者也。」道理很簡單，如果中國的整個體制和意識形態不變，僅僅學習西方的先進技術於「自強」無補，正如將馬腿強行移到牛身上一樣，兩者因不配套而互相扞格，雙雙失效。洋務運動的失敗最終證實了嚴復的判斷，「體」「用」之間的嚴重脫節可說是洋務運動失敗的最根本原因。洋務運動以它的失敗告訴後人，沒有體制變革的足夠配合，

單純靠技術變革和實業發展是走不遠的。

洋務運動的另一個脫節之處是：它追求的目標是國家富強，可在實際操作的過程中，它不但沒有能讓底層民眾享受到變革的好處，而且還在一定程度上造成了民生凋敝。洋務運動是一場自上而下的變革，變革一直就是以國家為本位而非以民生為本位的。洋務派建軍械所也好，製造軍火和輪船也罷，主要目的都是為了增強清廷的軍事實力和工業實力，對於普通百姓能否從這場變革中獲得好處，他們考慮不多。甚至，為了所謂的國家富強，他們還不惜侵害普通百姓的切身利益。

洋務運動大力修建鐵路、建造輪船、發展機器製造業和採礦業，這些產業當然是中國所需要的，可是，產業的升級換代往往會讓一些底層勞動者失業。因此，在一個負責任的社會體制下，政府在推行技術變革、實現產業升級的過程中，必須顧及底層民眾的承受力，不能讓最底層的百姓生活得更加悲慘。可洋務運動不是這樣。鐵路運輸和輪船航運業的發展讓大量的「船戶」「車戶」「腳夫」失業。這些最底層的勞動者被洋務運動擠出了舊業，卻又難以進入新業，伴隨他們的只有每況愈下的困頓和日復一日的怨恨。所以，當時就有人批評洋務運動是「刮天下貧民之利而歸之官也」。就連洋務派的代表人物李鴻章也承認：「今之熟悉洋務者，往往於吏治、民生易於隔閡」。

洋務運動既然「隔閡」於民生，甚至還「刮天下貧民之利而歸之於官」，那麼它得不到廣大普通百姓的支持也就在情理之中了。離開了廣大民眾的參與和支持，它最後失敗不也是在情理之中嗎？一場改革也好，一次技術變革也罷，如果不從民眾的本位出發，不以改善民

生為出發點和落腳點，而只把底層民眾當作一種工具，使其承受改革的陣痛，那麼，這樣的改革必將被廣大民眾所拋棄。這可以說是洋務運動給我們的又一重要啟示。

最後還得說一說洋務運動中用人的問題。毛澤東曾說：「政治路綫確定之後，幹部就是決定的因素。」那麼，在洋務運動中，李鴻章、張之洞等人提拔使用的「幹部」都是些什麼樣的人呢？簡單地說，具體經辦洋務的人在事功和道德之間嚴重脫節。一方面，這批洋務分子買船造炮、開礦練兵，積極地為中國引進西方的近代工業和先進技術，另一方面，這批人也借經辦洋務之際中飽私囊，大搞腐敗。這就使得一批奔競之徒聚集在洋務運動的旗幟之下，而有理想、有操守的正直之士因恥於與小人為伍而日漸疏遠洋務，結果就造成了一種奇怪的人事現象：洋務運動本為當時一股先進的力量，可是，參與洋務運動的人卻多是追名逐利、沒有道德操守的「腐敗分子」。這一點，就連洋務派的代表人物張之洞也不諱言，他說：「近年習氣，凡稍知洋務者，大率皆營私漁利之徒。」梁啟超後來總結歷史，更是稱洋務中人為「一世鄙夫」。

一項從理論上講絕對先進的事業，最終卻落到了一批「營私漁利之徒」的手裏，歷史的詭譎在此暴露無遺。理論上的先進性與實際操作中的腐敗行為交織在一起，暴露出了洋務派在做事與做人之間的嚴重脫節。李敖曾說：「與什麼人一起奮鬥有時比為什麼奮鬥更重要」，既然搞洋務運動的「大率皆營私漁利之徒」，所以，它最後以失敗收場也就不足為奇了。

民國風雲

孫中山領導的辛亥革命成功地推翻了清王朝，結束了皇權專制的帝國制度。鑒於孫中山的崇高革命威望，各省都督府代表於公元 1911 年 12 月底在南京選舉孫中山為中華民國臨時大總統。公元 1912 年 1 月 1 日，中華民國臨時政府在南京成立。

中華民國臨時政府成立之時，清帝尚未退位。北方地區的實權還掌握在手握重兵的袁世凱手中。新成立的南京臨時政府沒有足夠的兵力來統一全國，所以只能與袁世凱達成妥協：若袁世凱贊同共和，並能促使清帝和平退位，則孫中山同意將臨時大總統之職讓給袁世凱。

經過一番斡旋，袁世凱果然促成了清帝退位。溥儀退位的第二天，袁世凱通電贊同共和，孫中山也按照此前約定，辭去了中華民國臨時大總統之職。隨後，袁世凱於公元 1912 年 3 月 10 日在北京宣誓就任中華民國第二任臨時大總統。

在將臨時大總統一職讓給袁世凱之前，孫中山和他的戰友們制定了一部《臨時約法》，企圖以此來約束袁世凱的權力。可是袁世凱當上總統之後，權力不斷擴大。為了抑制袁世凱，孫中山的盟友宋教仁在公元

1912 年 8 月將同盟會改組為國民黨，並在公元 1913 年的國會選舉中獲勝。按照規定，宋教仁將出任內閣總理一職，這一職務足以限制袁世凱權力的擴張。但此事為袁世凱所不容，他指使刺客刺殺了宋教仁。

宋教仁被暗殺後，孫中山等國民黨人再次「革命」，是為「二次革命」。袁世凱借機宣佈國民黨為亂黨，並以武力鎮壓了「二次革命」。公元 1913 年 10 月，議會選舉袁世凱為中華民國總統。隨後，袁世凱又強行頒佈了一部新憲法，規定總統可以任職終身。

當上終身總統後袁世凱依然不滿足，他又於公元 1915 年 12 月 12 日復辟帝制，當上了皇帝。此舉引發了眾怒，蔡鍔將軍首先在雲南組織軍隊，起兵反對袁世凱，其他各省紛紛響應。在眾叛親離的反對聲中，做了 83 天皇帝的袁世凱在絕望中病死。

袁世凱去世後，北洋軍閥內部分裂為皖系、直系、奉系三大派，各派軍閥之間為了爭奪權力，展開一系列的混戰。歷史學家費正清對這種情況的分析是：「革命黨人在公元 1911 年有黨無兵，沒能掌握權力；如今的軍閥有兵無黨，同樣的軟弱無力。他們不斷利用、濫用國會和口號正好說明他們缺乏充分的原則和制度。公元 1913 年以來，軍備復興，黨派卻分崩離析。沒人能夠將新興的軍事力量和新的政治組織結合起來。軍閥統治

下的中國政府崩潰了，人民承受了深重的災難，中國社會在一個世紀的衰落之後到達了混亂的極點。」

　　就在皖系軍閥統治中國時期，中國於公元 1917 年對德宣戰，加入到了第一次世界大戰的協約國陣營中。可是一戰結束後，西方列強在巴黎召開和平會議，竟然將原來德國在中國山東的特權轉讓給了日本，而北洋政府竟然準備在這份合約上簽字。此消息傳到國內後，輿論嘩然。公元 1919 年 5 月 4 日，大量的學生上街遊行示威，抗議北洋政府的賣國行徑。這便是著名的「五四運動」。

　　五四運動不僅催生出了公元 1921 年成立的中國共產黨，而且也重新點燃了處於低潮的共和革命。孫中山重組國民黨，以反對當時的北洋政府。孫中山得到了蘇聯的支持，在廣州建立了南方國民政府。當時，蘇聯向南方國民政府提供大量武器，廣州政府所需要的革命經費則由第三國際的著名顧問鮑羅廷籌集。作為對蘇聯支持的回報，孫中山領導下的國民黨則確定了「聯俄、聯共、扶助農工」的三大政策，允許中國共產黨黨員加入國民黨。這樣一來，蘇聯、國民黨和共產黨三方合作，於公元 1924 年在廣州創辦了中國國民黨陸軍軍官學校，即大名鼎鼎的黃埔軍校，受到孫中山賞識的蔣介石當上了黃埔軍校的校長。

公元 1925 年 3 月，孫中山因病在北京逝世。

公元 1926 年 6 月，國民黨中央決定出師北伐，以武力打敗北洋軍閥，統一中國。軍閥吳佩孚被打敗，北伐戰爭取得了勝利。在父親張作霖被日本人炸死之後，張學良於 1928 年底毅然宣佈「改旗易幟」，蔣介石領導下的國民黨政權在形式上統一了全國。

就在北伐戰爭節節勝利之時，蔣介石於公元 1927 年 4 月 12 日在上海下令「清黨」，搜捕並處決了大批中國共產黨黨員。國共兩黨就此決裂，共產黨的勢力被迫退出城市，轉移到了農村，在江西井岡山地區組建了中國工農革命軍。

從公元 1928 年到公元 1937 年是國民黨鞏固和取得成就的一個時期。國民黨政府進行了一系列基礎設施建設，經濟、文化、教育、司法等方面均有一定程度的發展，中國向著工業化、現代化的方向又邁出了一步。

公元 1937 年，日本發動了全面侵華戰爭，中華大地又一次陷入到了戰火之中。經過全民族艱苦卓絕的抗戰，中國人民取得了抗日戰爭的勝利。

抗日戰爭勝利後，中國人民並沒有迎來和平。國民黨和共產黨因和談破裂又爆發了內戰，這場戰爭從公元 1946 年打到公元 1949 年，結果是共產黨徹底推翻了國民黨反動政權，建立了新中國。

新文化運動倡導的「德先生」和「賽先生」

　　民國時期是中國歷史上的一段亂世，可就在此亂世之中，在北洋軍閥統治之下，中國的知識分子卻在思想文化領域掀起了一場影響深遠的新文化運動。

　　經過洋務運動、維新變法、辛亥革命等一系列探索之後，中國一些優秀的知識分子認識到，中國之所以落後，根源在於國民頭腦中缺乏民主共和理念。要救中國，就必須從思想文化上來進行啟蒙。於是，公元1915年9月15日，陳獨秀在上海創辦《青年雜誌》，標誌著新文化運動的開始。陳獨秀是一名激進的民主主義者，他痛恨當時的軍閥統治，希望在中國實現真正的民主，而要實現民主制度，就必須消滅封建宗法和封建倫理。他號召青年不要留戀將死的社會，要努力創造青春的中國。

　　《青年雜誌》在公元1916年遷往北京，並改名為《新青年》。胡適、李大釗、魯迅、周作人、錢玄同等一大批優秀的知識分子團結在《新青年》周圍，撰文提倡民主（德先生）和科學（賽先生），他們從政治、思想、學術、文學藝術等諸多方面向人們進行文化啟蒙，傳播民主共和的理念。

　　從1917年起，陳獨秀、胡適等人舉起了「文學革命」的大旗，提倡白話文，反對文言文；提倡新文學，反對舊文學。《新青年》首先做表率，從1918年1月出版的第四卷第一號起改用白話文，採用新式標點符號，刊登一些新詩。1918年5月，魯迅就在《新青年》上發表了中國現代文學史上第一篇白話小說《狂人日記》，

對舊禮教進行了無情的鞭撻。在《新青年》的影響下，一些進步刊物迅速改用白話文，使全國報刊的面貌為之一新。

新文化運動激活了中國人的思想力和創造力，不到二十年的時間裏，中國文學呈現出了百花齊放的局面，取得了十分可觀的成就，湧現出了一大批著名作家和藝術家，如魯迅、胡適、茅盾、老舍、巴金、沈從文、徐志摩、朱自清、徐悲鴻、張大千、黃賓虹等。

在新文化運動的帶動之下，女性的社會地位不斷提高，大批女工進入了工廠，還有很多女性受到了現代化的高等教育，甚至出國留學。

在這一時期，現代教育也在中國生根發芽，中國引進西方的現代教育理念和教學課程，培養了數以萬計的大學生。北京大學、清華大學和後來的西南聯大等著名大學成了思想開放、大師雲集之地，在中國教育史上寫下了輝煌的一筆。一批傑出的教育家也在辦學的過程中脫穎而出，如蔡元培、蔣夢麟、竺可楨、羅家倫等。高等教育之外，新式中學更是遍地開花，幾乎每個縣都有一所新式中學。新文化運動在政治混亂的局面下取得如此巨大的成就，產生了深遠的影響，這不能不說是一個奇蹟。

民族國家意識的形成

　　民國歷史雖然只有短短的 38 年，但意義十分巨大。它是中國現代化轉型過程中不可或缺的一環，在這一階段，中國開始由傳統的農業國向現代化的工業國轉變，中國的政體也由帝制轉向了共和（雖然轉得並不徹底），中國的文化生態也由古典的「經、史、子、集」轉向了由「德先生」「賽先生」提領的新文化、新思潮；中國的外交關係也由原來的朝貢體系轉向了世界上通行的條約體系；中國的民族企業和現代學術也在這一時期有了可喜的發展。總之，這一階段是中國開始打破封閉，融入世界，並迅速進行現代化轉型的一個時期。但我覺得民國風雲最重要的一個成果就是在全體中國人的心目中塑造了一個民族的國家意識。

　　中國人傳統觀念中的「天下國家」理念與現代的民族國家並不是一個概念。在皇權時代，普通國民對國家政治並不怎麼關心（因為關心也沒什麼用），他們的情感大多寄託在鄉鄰親族和家鄉郡望之上，喜歡關起門自成格局，正所謂「天高皇帝遠」。可是到了民國時期，這種文化心理徹底改變了。皇帝下台了，帝制解體了，世界也變大了。中國不再是獨立於世界之外的孤單存在，而是與世界發生著密切聯繫的一個國家。此等情形之下，各種文化思潮紛至沓來，西方的民主共和、自由平等觀念在民眾中廣泛傳播，重構了人們的思維方式。

　　民國時期的中國經常處於四分五裂的狀態之中，西方列強也不斷「打中國的主意」，在中國劃分各自的勢力範圍。這種積貧積弱的情況無疑讓中國人感到屈辱，於是，「救亡」就成了中國人天天要面對的現實。救亡的

危機感促使人們不斷思考：我們到底怎樣才能讓中國變得強大起來？中國到底該往何處去？不同的人從不同的角度進行研究、探索、找出路。大家也會因觀點不同而發生激烈的論爭，但總的目標都是「尋找救國救民的真理」。這樣一種時代氛圍，促成了中華民族的整體覺醒。

尤其是到了抗戰期間，在中華民族面臨著亡國滅種的危機之時，中國人的民族國家意識更是變得空前強烈，「每個人被迫著發出最後的吼聲」，全體中國人被動員起來，投入到保家衛國的戰爭之中，真可謂「地無分南北，年無分老幼，無論何人，皆有守土抗戰之責，皆應抱定犧牲一切之決心」。為了取得抗戰的勝利，國共兩黨擱置爭議，實現了第二次合作；為了抗戰，一些原本想著割據一方的軍閥也放棄了私利，率軍為國血戰。正因為形成了清醒的民族國家意識，所以中國人拚了性命也要打贏這場戰爭。十四年抗戰，中國損失兵力七百萬人，直接死於戰爭的平民不下兩千萬人，這絕對是中國人用血肉鑄成的長城。在付出了巨大的代價之後，中國最終戰勝了日本。

自鴉片戰爭以來，中國在對外戰爭中就一再戰敗，每次戰敗都要割地、賠款、簽訂不平等條約。這種屈辱的歷史終於在抗日戰爭中被改寫了，經過十四年血戰，中國戰勝了日本，這既是中國民族國家意識覺醒的明證，反過來也進一步強化了中國的民族國家意識。

可以說，十四年抗戰是日本強加給中國人民的一場巨大災難。但中國人民像浴火的鳳凰一樣，通過殘酷的戰火洗禮而涅槃重生。

取得抗日戰爭勝利之後，中國以戰勝國的姿態出現在世界的政治舞台上，並成為聯合國五個常任理事國之一，其國際地位與積貧積弱的晚清帝國不可同日而語。

策劃編輯	梁偉基
責任編輯	張　娟
書籍設計	a_kun

書　　名	一本讀懂中國史
著　　者	鄭連根
出　　版	三聯書店（香港）有限公司
	香港北角英皇道 499 號北角工業大廈 20 樓
	Joint Publishing (H.K.) Co., Ltd.
	20/F., North Point Industrial Building,
	499 King's Road, North Point, Hong Kong
香港發行	香港聯合書刊物流有限公司
	香港新界大埔汀麗路 36 號 3 字樓
印　　刷	美雅印刷製本有限公司
	香港九龍觀塘榮業街 6 號 4 樓 A 室
版　　次	2020 年 3 月香港第一版第一次印刷
規　　格	大 32 開（132 × 210 mm）352 面
國際書號	ISBN 978-962-04-4584-2

© 2020 Joint Publishing (H.K.) Co., Ltd.

Published & Printed in Hong Kong

原著作名：《極簡中國史》

作者：鄭連根

本書中文繁體字版本由山東齊魯書社出版有限公司授權三聯書店（香港）有限公司在中國內地以外地區獨家出版、發行。